U0627423

GAODENG XUEXIAO FAREN
NEIBU ZHILI JIEGOU YANJIU

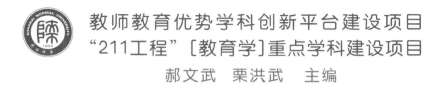

教师教育优势学科创新平台建设项目

"211工程"［教育学］重点学科建设项目

郝文武　栗洪武　主编

教育科学研究新视野

高等学校法人内部治理结构研究

祁占勇　著

教育科学出版社

·北京·

"陕西师范大学优秀著作出版基金"资助项目

2009年度教育部人文社会科学研究青年基金项目"现代大学制度视域下的我国公立高等学校法人内部治理结构研究"（项目编号：09YJC880066）最终研究成果

序　一

教育是亘古的事业，有了人类就有了教育，也就有了人类对教育的认识；教育又是未来的事业，是为未来社会培养人才的实践，所以教育研究既要温故又要知新。陕西师范大学教育学院的年轻学者，在精心耕耘于教坛、收获丰硕成果的同时，深入钻研教育问题，在继承之基础上不断创新，取得了显著成绩，并作为学校"211工程"重点学科建设项目的成果，以"面向当代教师教育的教育科学研究""教育科学研究新视野"与"教育科学研究新进展"等系列专著的形式结集出版，以此从一个侧面展示其教育学学科建设、教育学人学术研究承传与发展的风貌，这是一件令人高兴的事情。

我与陕西师范大学的老师们有着密切的交往。北师大、陕师大同是教育部直属的师范大学，而且陕师大的不少老师来自北师大，因此我们这两所大学有着天然的兄弟情谊。两校的教育干部培训中心和教师培训中心，都是教育部下属的兄弟单位。我曾经担任过北师大这两个中心的领导，所以无论是开会、讲学，我们都会会聚在一起讨论共同遇到的问题。陕师大教育学院也是我最熟悉的单位之一，那里有我国老一辈的学者如刘泽如、吴元训等先生，有我们同辈的张安民、孙昌识等先生，也有我们的学生辈郝文武等学者。

陕师大也是我到西安的主要立足之地。我第一次到西安，就住在陕师大。那是1980年的事，我来西安参加在陕师大召开的中国教育学会教育史研究会的成立大会。西安这个美丽而朴实的古都，它的文化底蕴，给中华民族带来的文明，给我以极大的震撼。会议之余，我两次跑到碑林去欣赏我国古代书法艺术，半坡村、华清池遗址当然也没有错过。以后我又多次到西安，东西两边的古迹都跑了一个遍。陕师大就坐落在这个文化窝子里，你想，她的身上能不散发着浓郁的文化气息嘛!

在长期的交往中,我对陕师大教育学院有了更多的了解。陕师大教育学院与陕师大一起经历了60余年的发展历程。它的前身——陕师大教育系走过了曲折的道路,特别是"文革"期间遭受到严重的破坏,一度停办。改革开放以后开始重建,并且由教育系扩展为教育科学学院。最近教育科学学院又分为教育学院和心理学院。改革开放以来,在学校领导的重视下,经过几代教职员工的不懈努力,陕师大教育学科在人才培养、教师队伍建设、学科建设、科学研究等方面都取得显著成绩。特别是在近几年,学科建设取得了历史性的突破:2002年,教育学专业被陕西省人民政府命名为"名牌专业";2003年,获得教育学原理博士点和基础心理学博士点;2004年,西北基础教育与教师教育研究中心被陕西省教育厅批准为陕西哲学社会科学重点研究基地;2005年,获得课程与教学论博士点;2006年,获得教育学、心理学两个博士后流动站;2008年,学校又将"面向当代教师教育的教育科学与认知科学研究"列为"211工程"重点学科建设研究项目。我衷心地祝贺他们所取得的这些成绩,并祝愿他们在新世纪取得更大的成就。

现在,展现在大家面前的这一系列专著,便是陕师大教育学院和心理学院教师近年来在学术研究领域辛勤耕耘所取得的新收获。该系列专著以"三个面向"和科学发展观的战略思想为指导,坚持理论与实践相结合、教育科学与教师教育研究相结合的原则,比较深入地探讨了新世纪教育转型、改革和发展中重要的基本理论与实践问题,这对更新教育观念,推进教育实践发展,培养高水平、应用型基础教育的优秀教师都有积极意义。

追求精品是学术性著作的本性。该系列专著无论是基础理论研究,还是实践领域的应用研究,都能在广泛占有资料的基础上,反映出学科研究的前沿水平,体现创新见解。而且,多数作者为中青年学者,他们思维敏锐,观念新颖,研究方法独特,每本著作都各有特色。同时,为了提高书稿质量,各书还分别邀请相关专家作为特约审稿人,对书稿的质量进行全面把关。

相信该系列专著的出版,将会进一步提升陕师大教育学科的研究水平,为教育科学研究的百花园增色添彩,在西北地区乃至全国发挥良好的作用。承蒙陕师大教育学院不弃,要我写几句话,是为序。

2009年4月

序　二

　　具有 60 多年历史的陕西师范大学，近十几年来在教学、科研、学科建设等方面发生了历史转折性的巨大变化，2006 年被国家列为"211 工程"重点建设大学，2009 年开始承担国家"教师教育优势学科创新平台建设项目"。为了圆满实现"以教师教育为主要特色的综合性研究型大学"的发展目标，学校坚持优先发展教育科学，把教育学科列入"211 工程"重点建设学科和"教师教育优势学科创新平台建设项目"重点建设学科。在学校领导的大力支持和广大教师的共同努力下，近年来，教育学学科建设快速发展，教学科研和教师队伍建设取得显著成果。

　　陕西师范大学 2008 年开始启动的国家"211 工程"重点学科建设三期项目，包括"马克思主义发展理论与中国西北经济社会发展研究"、"面向当代教师教育的教育科学与认知科学研究"、"长安文化与中国文学"、"中国古代文明研究"、"表界面化学及其应用"、"动植物的整合生物学"以及"西北地区人类社会与资源环境的协调发展"7 个子项目。当时的教育科学学院承担了"面向当代教师教育的教育科学与认知科学研究"项目。2009年陕西师范大学开始启动的国家"教师教育优势学科创新平台建设项目"，包括"教师教育学科专业建设"、"教师教育理论创新与研究中心建设"、"免费师范生学科专业能力拓展与创新实验中心建设"、"教师专业能力发展中心建设"、"教师教育资源中心建设"、"教师教育创新实验区建设"、"教师教育师资队伍建设"以及"中小学教师专业能力训练和教学技能大赛平台建设"8 个子项目。以教育学院教师为主的教学科研团队承担了"教师教育理论创新与研究中心建设"子项目。

　　"教师教育优势学科创新平台建设项目"和"'211 工程'[教育学]重点学科建设项目"科学研究的总体内容主要有两个部分，一是实证和实验研究，二是理论研究。实证和实验研究成果主要通过《西部教育报告》反映，理论研究的成果主要通过系列专著反映。《西部教育报告》将全面反映西部教育学人及国内外专家学者对西部教育的实证和实验研究成果，经过近三年的努力，2011 年卷已经出版；系列专著则主要反映陕西师范大学学者对教师教育和教师发展、教育基本理论、各级各类教育教学改革和发展的研究成果。在"'211 工程'重点学科建设项目"支持下，2009 年由中国社会科学出版社和教育科学出版社出版的"陕西师范大学'211 工程'重点学科建设项目面向当代教师的教育科学研究"系列专著和"教育科学研究新视野"、"教育科学研究新进展"等系列专著（共 17 部），在全国教育界产生了良好反响。从 2011 开始，实施"教师教育优势学科创新平台建设项目"和"'211 工程'［教育学］重点学科建设项目"系列专著出版计划。以后出版的"陕西师范大学'211 工程'重点学科建设项目面向当代教师的教育科学研究"系列专著和"教育科学研究新视野"、"教育科学研究新进展"等系列专著，都是这个计划的组成部分。

在此我们要感谢学校领导和各职能部门对教育学科的大力支持，感谢各位专家学者坚持不懈追求真理、从事科研的辛勤劳动，感谢教育科学出版社求真务实的认真态度。特别要感谢著名教育家顾明远先生对我们的关心和厚爱，老先生不辞辛苦欣然为本系列专著作序，使后学晚辈倍感荣幸和深受鼓舞。

我们期盼本系列专著能对我国教育理论与实践的发展产生积极影响，并诚恳欢迎专家、学者对存在的问题提出宝贵意见。

编委会
2011 年 3 月

目　　录

第一章

导　言

　　健全高校法人内部治理结构是现代大学制度建设的关键之举。建设适合中国国情的、有中国特色的现代大学制度，是当前我国高等教育面临的重要制度创新，是现代大学制度的再造，也是高等教育领域内中的重建运动。现代大学制度的建设是一个长期的、复杂的、动态的、持续的，甚至会有反复的系统工程，是作为学术组织的大学的共同追求，是办好大学的一种必然的制度选择和制度设计，是对高等教育领域内权力利益再分割与权利资源再确认的解构与建构。

　　2010 年 7 月 29 日中共中央、国务院颁布的《国家中长期教育改革和发展规划纲要（2010—2020 年）》第四十条明确指出要"完善中国特色现代大学制度"，并进一步指出要"完善治理结构。公办高等学校要坚持和完善党委领导下的校长负责制。健全议事规则与决策程序，依法落实党委、校长职权。完善大学校长选拔任用办法。充分发挥学术委员会在学科建设、学术评价、学术发展中的重要作用。探索教授治学的有效途径，充分发挥教授在教学、学术研究和学校管理中的作用。加强教职工代表大会、学生代表大会建设，发挥群众团体的作用。加强章程建设。各类高校应依法制定章程，依照章程规定管理学校。尊重学术自由，营造宽松的学术环境。全面实行聘任制度和岗位管理制度。确立科学的考核评价和激励机制。"在第六十四条指出：要"大力推进依法治校。学校要建立完善符合法律规定、体现自身特色的学校章程和制度，依法办学，从严治校，认真履行教育教学和管理职责。尊重教师权利，加强教师管理。保障学生的受教育权，对学生实施的奖励与处分要符合公平、公正原则。健全符合法治原则的教育救济制度。"同时，在第六十七条中将"现代大学制度改革试点"作为"组织开展改革试点"中的一项，可见国家层面对中国特色现代大学制度建构的重视程度和盈盈关切。但是，在当前现代大学制度研究中，基于理性指导、制度重构与法规制约等的多重标准，无论是理论界还是实践界都对现代大学制度法人内部治理结构等问题缺乏共性与共识的研究，在此背景下，对现代大学制度法人内部治理结构进行探讨，既是实践的客观要求也是研究者的理性选择。

一、大学改革的迫切任务：建立现代大学制度

大学是以学术为本质生命力的有机体，一个国家的发展需要强有力的智力资本。智力资本的获取、培育与长久发展需要强大的高等教育作后盾。因此，高等教育的发展规模、速度、质量、结构等问题直接决定着其提供的智力资本的数量与质量。

依据马丁·特罗的高等教育发展阶段理论，当一个国家的高等教育毛入学率低于15%时，其高等教育的发展依然处于精英化高等教育阶段；当一个国家的高等教育毛入学率在15%—50%时，其高等教育的发展处于大众化高等教育阶段；当一个国家的高等教育毛入学率高于50%时，其高等教育的发展就进入了普及化高等教育阶段。从我国高等教育的发展规模与速度来看，以1999年高等学校大幅度扩招为起点，走超常规、跨越式的发展道路，到2002年高等教育毛入学率已超过15%，进入了高等教育大众化阶段。从高等教育在学人数来看，2006年中国高等教育在学人数为2 500万人，比1993年翻了5番，2010年，中国高等教育在校学生总规模达到3 105万人，高等教育毛入学率达到26.5%（教育部，2012），到2020年，我国

将努力实现高等教育毛入学率 40% 的目标（李喆，2005）。而且在中共中央、国务院颁布的《国家中长期教育改革和发展规划纲要（2010—2020年）》第三条明确提出"到 2020 年，高等教育大众化水平进一步提高，毛入学率达到 40%"的战略目标。

　　然而，我们必须清醒地认识到，中国只是高等教育大国而非高等教育强国，中国高等教育与世界发达国家的高等教育之间还有相当大的距离与鸿沟，实现我国高等教育从大国向强国转变将是未来很长一段时间内中国高等教育的重要任务与必然要求，高等教育强国建设的重大战略决策是中华民族伟大复兴赋予高等教育发展的历史使命与重大责任。中国高等教育要成功地实现从大国向强国转变，迫切需要改革承担高等教育主体职能任务的大学。

　　一直以来，大学的改革都是社会关注的焦点，大学改革该何去何从，也是人们谈论的焦点。从大学改革的动因来看，一方面是为了适应国家政治、经济、文化、社会四位一体的需要，另一方面是为了使高校自身能够以相对独立的地位与身份保持健康的运行与发展。前者更多地表征为大学对政治、经济、文化、社会体制的适应以及为国家的发展提供更优质的人力资源。后者表征为大学如何按照自身的发展逻辑来得以和谐地行进以及少受外在力量的干预与控制。

　　大学改革不仅要适应政治、经济、文化、社会的体制，而且要照顾到大学自身内在发展的逻辑结构与游戏规则，忽视任何一方的需要，大学改革都最终会走入歧途与迷雾。要顾及两方面的力量，就必须加强制度建设，使大学改革不因人的意志而半途而废或朝令夕改，这就需要建立现代大学制度。

　　现代大学制度的建设，不仅是高等教育内在发展的必然要求，也是国家宏观教育政策的必然选择，更是高等学校进行人才培养、从事科学研究、服务社会等职能的转移结果，而且是国家宏观政治、经济、文化、社会体制改革过程中的相随产物。我国要建立的现代大学制度，不仅要学习西方有关大学制度改革方面的优点，同时也要符合中国的国情，建立有中国特色的现代大学制度。

　　按照制度经济学的观点，制度有正式制度与非正式制度之别。非正式制度是各式各样的道德、习俗、习惯、传统、惯例等的集合体，表现为高等学校的软文化建设。正式制度是各式各样的规章、公约、政策、法令等的集合体，表现为高等学校的硬文化建设。一般意义上来讲，软文化是附着于硬文化之上的，是难以把握的、捉摸不透的。而硬文化是可以改造的、建设的，这也是我们建设现代大学制度的重中之重。所谓现代大学制度，是指在特定的时代背景（知识经济初见端倪、全面建设小康社会、从人口大国到人力资源大国、建设社会主义新农村、构建国民教育体系、建设学习型社会）下，构建能够规范现代大学各个主体行为并调整现代大学内外部关系行为，以促进与维护现代大学按照自身内在逻辑结构良性运转并实现可持续发展的规则体系。

显然，现代大学制度具有丰富的内涵：一是要适应特定的竞争日趋激烈的时代环境并服务于特定的社会背景；二是构建的现代大学制度应能起到规范与调节现代大学的内外部关系，比如，大学与政府、社会、市场的关系，大学与大学的关系，大学与教师、学生的关系，这些关系的和谐调整有利于大学的可持续发展；三是建立的现代大学制度是按照自身内部逻辑结构良性运转的规则体系，如要能够推动学校形成较为清晰的产权制度、要完善大学的法人治理结构即大学的法人制度、要形成大学内部权力结构的合理调配与运行的办学与管理制度、要形成保障各个权益主体利益的激励与追究、问责制度等，实现大学自主发展。

同时，参照斯格特"制度的三个概念"，即制度是由认知的、规范的、管理的三种要素构成，我们对现代大学制度内涵的揭示，不仅有规范、管理层面的，更应该侧重于认知层面的，因为"制度就是关于博弈如何进行的共有信念的一个自我维系系统。制度的本质是对均衡博弈路径显著和固定特征的一种浓缩表征，该表征被相关领域几乎所有参与人所感知，认为是与他们策略决策相关的。这样，制度就以一种自我实施的方式制约着参与人的策略互动，并反过来又被他们在连续变化的环境下的实际决策不断在生产出来。"（青木昌彦，2002）[28]

换言之，我们所建设的现代大学制度，不仅要适应特定的竞争日趋激烈的时代环境并服务于特定的社会背景，也要能起到规范与调节现代大学的内外部关系，更要使建立的现代大学制度是按照自身内部逻辑结构良性运转的规则体系，最终实现大学健康、快速、可持续地发展。

二、走向法治化的现代大学制度正遭遇着体制性障碍

新中国成立以来，我国有关教育方面的改革一直未间断过，而高等教育真正进入实质性改革，则源自于 20 世纪 70 年代末的改革开放政策的大力发展、实施与推进。

但是，时至今日，现代大学在不断发展、改革、变革过程中，不仅遭遇了空前的困惑与困境，不同的利益主体有着不同的利益诉求，作为理性和价值中立的学者共同体陷入了多种目标的相互冲突之中；而且先前所探讨的问题"并不意味着相关的过去争论不休的理论与实践问题都已得到解决"（李泽彧，2001），大学作为现代社会中一个具有建制特征、专业利益、资本分配和转换机制的场域，是相对独立于政治、经济和社会权力的场域。然而，大学在发展中的主导资本依然是政治资本、经济资本横流，文化资本、学术资本并没有得到很大程度上的发挥；大学的办学自主权并未得到真正的落实与扩大，大学的法人地位并未真正的落到实处；办学目标的过于功利化、学术管理的官僚化、校园文化的泛政治化等，使大学的功能日趋萎缩与退化；大学传承学术和发展学术的功能不断弱化；大学作为高深学问的权威机构则因文科研究充任现行政策的注释员，理工科重实用技术轻基础理论而变得名不副实（肖雪慧，2000）。"高等学校由政府包办的传统思想观念仍然存在，计划经济体制下形成的管理制度也依然起作用，政府转变职能进展缓慢，高等学校对政府的依赖意识和等、靠、要思想没有从根本上改变，已经规定的办学自主权实际尚未到位，没有得到根本落实，改革的效果不能令人满意。"大学组织结构的内在秩序日益走向失范，对物质资源的追逐导致大学精神理想、教育价值、学术规范正在遗失（周远清，2001）[85]，大学正遭遇着"本体危机"的尴尬！其实，这种本体危机正好映衬了大学生存空间中制度的缺失，制度障碍成为阻碍大学发展的瓶颈，使得大学在处理学术自由、大学自治与政府、社会干预间的关系时，处于二者的"夹缝"中。大学同时承受了政府、社会、市场等多重压力，其自主性依然处于缺失状态，大学脱离了其良性运转的轨迹，大学对不同利益主体的利益诉求与表达存在着失衡，"在中国，权力干预学术自由的时代还没有完全过去，我们又将迎

来一个金钱主宰学术方向的时代。"（甘阳，李猛，2004）[214]

面临问题重重的高等教育，阻碍我国高等教育改革与发展的障碍到底是什么？事实上，正如有学者所言："现在教育发展中遇到的很多问题都是制度性障碍，不克服这些制度性障碍，教育就不可能有大的发展。比如说，推动学校自主办学，搞了多年，效果并不理想，问题在于现在主要靠的是政策性放权，而不是制度性建设。学校能不能作为一个法人独立办学，关键在于有没有制度保障。只给政策而不革新制度，是难以取得实质性进展的。不久前教育部公布的《从人口大国迈向人力资源大国》的报告提出建立现代大学制度，完善学校法人制度，都是着眼于克服制度性障碍，抓住了根本。"（熊庆年，2003）大学正在遭遇着制度性障碍，如何建构适合中国国情的现代大学制度？政府如何管理大学？大学如何有效运作？大学如何进行制度性变革？"人类社会发展到今天，已形成庞大而复杂的制度协调，即分领域、有层次、多形式的'制度之网'，不同领域、不同层次、不同形式的制度之间相互作用，共同向导与规范着人们的政治行为、经济行为和文化行为。"（王军，1997）[152]一部大学发展史，就是一部大学制度创新史。实践中我国高等教育发展所面临的体制性障碍可以概括为以下四个方面。

一是政校关系边界不清与高校办学自主权的式微。从 20 世纪 80 年代中期开始，高校自主权的落实与扩张遭遇瓶颈，即政府和社会为大学提供的资源和制度空间很小，大学陷入了"本体危机"的边缘。主要是因为高等教育行政管理体制障碍所致。从制度分析的角度来看，制度环境建设的核心是完善大学办学自主权。1998 年，联合国教科文组织通过了《世界高等教育大会宣言》，呼吁世界各国政府不要过于干预大学，要维护大学的办学自主权和独立的法人地位。2000 年，国际大学协会也发表了《学术自由、大学自主和社会责任》的声明，并准备起草一份维护大学办学自主权的国际公约。

高等教育行政管理体制，即我们通常所说的政校关系问题，从体制的角度来看，政校关系的核心是权力分配问题，即政府和学校之间职权、职责的界定问题。政校关系理不顺，政府该管的没有管，形成权力缺位；不该管的，自然也管不好，形成权力错位。政府职能的缺位和错位就会导致高等教育改革的梗阻，影响整个高等教育事业的发展。但我国大学长期运行于行政权力主导的环境中，政府高度统一管理、行政权力高度泛化与强化导致权力的结构性失衡。其实，这与我国教育法的价值取向有着密切的关联，我国教育立法侧重从工具价值确定教育立法的宗旨，更多意义上彰显高校服务于政治的目的，受"国家利益"思维定势的影响，政府对高校进行无所不能、无所不包、无孔不入的全面管制与调控，高校具有明显的外部行政化特征，从而导致政府权限极度扩张。（祁占勇，2011）

显然，大学办学自主权的落实与扩张正在遭遇着制度性障碍，主要是因为政府和社会为大学发展提供的资源很少和制度发挥的空间很小，从而使高校陷入了对外缺乏自治权与对内滥用自治权并存的境地。

二是高等学校内部官僚化运作模式与大学本真的丧失。高校内部治理走向泛行政化，即大学自身制度整合办学资源以及把握发展机遇能力有限，大学成为了行政机关的一个缩影与再现，这主要是因为高等学校内部组织体制障碍所致。高校作为一个特殊的社会组织，是以学术自由为真谛的，大学的生命力在于学术本性。我国已在法律体系中确立了学术自由的原则，但是在具体实践中没有相应的制度作保障。如何将学术自由的原则具体化，最主要的是确立大学自治的制度。但我国现有的高等学校管理体制是与计划经济相适应的，高等学校习惯于依赖政府，成为政府的一个层级。而且，基于工具价值取向的教育立法、政府与高校行政法律关系的不平衡以及政府行政权力的扩张，致使高校内部权力结构的运行与权力配置在很大程度上按照典型的"科层制模式"进行制度安排，高校逐渐走向行政化，高校实际上充当着"代管人"的角色，高校的学术权力不断萎缩。因此，大学自治的实现，不仅要改变高等学校依附于教育行政主管机关的状况，使其成为真正意义上的法人，将高校与政府之间的关系框定在法治的范围之内，意味着大学对于国家和社会的相对独立性，而且有待于微观自治的实行，即大学的有效治理。而大学的有效治理不仅仅在于大学内部权力的有效运行，还要注重保障大学成员尤其是教师和学生的权利。

但在现实中，高校内部治理在不断地挤压学术权力，通过行政权力的模式来维持高校的发展，造成了大量的学术失范。高校自身把握机遇能力有限，习惯于按照行政命令、指导的方式行使，其自主性、主体性没有得到发挥。大学组织结构的内在秩序日益走向失范，对物质资源的追逐导致大学精神理想、教育价值、学术规范正在遗失。

三是高校法人治理模式的简单移植与大学法人地位模糊化。高校法人治理缺乏合法性，陷入了法治与德治、人治博弈的泥潭，而结果往往都是人治占据了上风，"政策流行""规则至上"成为了治理的逻辑。这主要是因为高校法人治理机制的障碍所致。高校法人治理的提出，主要源于"政企分开"的"法人治理结构"的治理理念与全球性的高等学校法人化运动，即建立现代企业制度与走向法人治理，试图为高等教育改革带来经验上的福音，使"政企分开"的改革能够更好地开展。同时，在世界范围内，大多数国家与地区也在积极地进行高等教育改革，其改革的方向是"公立高等学校法人化"，即赋予高校法人地位，其实质是一种公法人化的改革，比如日本、新加坡以及我国台湾地区等。虽然，各国的法律体制不同，但至少说明了进行高等教育法人化改革的必要性。政企分开的成功与国外高校法人化改革的趋势，使人们对高等学校改革取得成功寄予了厚望。在高度民主化、法治化的社会里，高等学校的治理应该通过法律途径。走向法治化高等学校的前提是赋予高等学校确定的法律地位与法人地位，使高校实现法人治理，而法人治理的前提与基础是有完善的法人治理结构。

然而，事与愿违，忽略二者本质上的不同，必将使事业单位改革陷入泥潭。同时，简单的移植与照搬，最终也必将落下水土不服的状况。因此，我国高校如何走向法人治理还有待于进一步的研究与探讨。高校的法律地位、法人地位、法人治理结构等问题依然亟待澄清。

四是高等学校权利保障机制的缺乏和成员主体地位的边缘化。大学成员权利保障机制缺乏有效的救济渠道，即大学成员在高校发展中的权限空间很少，主体性地位没有真正得以发挥。其主要是因为高等学校成员权利保障机制的障碍所致。在我国高等教育改革中，高等学校是改革的重心，因此明晰高等学校与教师、学生的法律关系，确定高等学校教师、学生的法律地位，对于改革高等学校管理体制，规范高等学校的权力至关重要。高等学校权力的行使者，既包括政府等外部利益主体，也有高校等内部利益主体。从权力的本质来看，权力的本性在于扩张，行政权力尤然，只要是权力就可能侵犯权利，政府是大学权利的威胁者，要建立以社会制约权力的社会制衡机制，人们才能得以免受国家强权的干预，保持相对的自主性。大学是教师和学生权利的威胁者，对于大学来说，只有"存在诉诸法律的可能性，才有在实际上受到尊重的极大可能性"。但从我国高等学校法律实务来看，高校教师、学生的法律救济渠道没有真正开通，法律上缺乏明确的规定，从而导致高校法律救济渠道混乱不堪。

显然，如何从法律的角度探讨现代大学制度是亟待解决的时代性与现实性很强又具有理论性的基本课题。我们需要重新认识高校内、外部的权力配置与保障问题，现代大学需要健全的法人机制，通过继续深化高校内外部管理体制改革，建立健全完善的现代大学法人制度。

而且，近年来，国家在教育法律、行政法规以及教育规章等文本中，也对现代大学制度的建构给予了很大的关照。在教育部 2004 年 2 月 10 日颁布的《2003—2007 年教育振兴行动计划》中，明确地提出要"深化学校内部管理体制改革，探索建立现代学校制度。"并指出："高等学校要坚持和完善党委领导下的校长负责制，推进依法办学、民主治校、科学决策，健全学校的领导管理体制和民主监督机制。""遵循'从严治教，规范管理'的原则，加强学校制度建设，逐步形成'自主管理、自主发展、自我约束、社会监督'的机制。"

2007 年 5 月 18 日，国务院批转教育部制定的《国家教育事业发展"十一五"规划纲要》，该《纲要》在"保障措施"部分明确地提出要"深化体制机制改革，增强教育发展的生机与活力"，不仅要推进教育管理体制改革，"完善中央和省级人民政府两级管理、以省级人民政府为主的高等教育管理体制。""进一步明确和落实各级各类学校的法律地位，完善学校法人制度，建立和完善现代大学制度。"也要建立健全学校内部管理制度，"建立健全办学规范、管理有序、监督有效、保障安全的学校内部管理制度。加强学校管理，推进科学民主办学和依法办学。……努力建设平安、健康、文明的和谐校园。"

2010 年 7 月 29 日，中共中央、国务院颁布的《国家中长期教育改革和发展规划纲要（2010—2020 年)》在第四十条也明确指出要"完善中国特色现代大学制度"，在第六十四条要求"学校要建立完善符合法律规定、体现自身特色的学校章程和制度，依法办学，从严治校"，并在第六十七条"组织开展改革试点"中将"现代大学制度改革试点"列为试点先行的重大改革试点项目。

因此，解决现代大学遭遇的制度性障碍需要法治精神的支撑，建立和完善现代大学制度，不仅关系着我国高等教育管理体制改革的进程，而且关涉着高校法律地位与法人地位的完善与落实，更与高校内部管理制度的健全、高校依法办学、创建和谐的法治校园密切相关。

三、完善现代大学法人制度是建构现代大学制度的根本

既然现代大学制度的建设应侧重于正式制度的建设，我们目前急需解决的问题是从什么地方入手来建立现代大学制度。现代大学的制度设计与安排虽然多种多样，但我们应该抓住重点难点，提高针对性，有的放矢。

目前中国高等教育的发展趋势是向着"以市场机制为导向、以政府调控为主导、以学校办学为主体和以社会参与为基础"的方向发展（闵维方，2002）[58]。也就是说，经过我国改革开放30多年的努力，我国高等教育的办学、投资、管理等方面的制度格局已发生了很大的变化，有的变化已在政策、法律中得到了体现与落实，有的改变依然是高校自身的行为，并没有得到认可与承认，更多的是小打小闹性的变化。事实上，高等教育的变革不仅有政府主导型的、也有社会主导型的，更应该有政府与社会主导型的，同时还应有自上而下变革型的。但无论是何种形式的变革，要使变革能够得以彻底地贯彻执行、落实，使变革能够持久地永续发展下去，应有良好的制度环境作为支持平台，而制度环境的高级形态则是法制的健全与完善，努力实现依法治教。现代大学制度建设的根本，需要加快、加强、加速完善现代大学的法律制度。

从我国高等学校运行与发展的现状来看，其最大的问题不是没有制度而是缺失时代发展特色的制度。基于理性指导与法规制约的双重标准，在当前现代大学制度的研究中，对现代大学的法人制度、法人治理、法人治理结构等问题还缺乏较为普遍的研究。从法律角度审视现代大学制度是现代大学制度研究的基本维度。

现代大学法人制度的建设，首先应该承认大学的法律地位、大学的法人地位。但大学拥有什么样的法律地位、法人地位呢？

从西方世界来看，无论是大陆法系国家还是英美法系国家，公立高等学校的法律地位都可以称为"公务法人"。公务法人是近代行政管理的新技术，是行政组织在新的历史条件下的一种扩张形态。（劳凯声，2002）[34]它不同于私法人和其他公法人，具有以下四个特点：第一，公务法人是依据公法设立的法人，是公法人的一种，不同于以私法设立的私法人。所谓公法人就

是"根据公法规定而成立法人，以公共事业为成立目的。"（李震山，等，1993）[259]第二，公务法人是国家行政主体为了特定目的而设立的服务性机构，与作为机关法人的行政机关不同，它担负特定的行政职能，服务于特定行政目的。如公立高等学校通常是由国家设立的，但学校一经设立，就享有依法办学的自主权，负有向学生和其他受教育者提供教育服务的义务。第三，公务法人享有一定的公权力，具有独立的管理机构及法律人格，能够独立地承担法律责任。它不同于行政机关内部单位和内设机构，也不同于行政机关委托的组织、个人，而是可以以自己的名义独立行使某种权力、承担相应法律责任。第四，公务法人与其利用者之间存在着复杂的法律关系，既有民事法律关系，也有行政法律关系。如公立学校与学生之间既有民事关系，又有行政关系。而不同的法律关系决定不同的法律救济渠道。如果涉及行政争议，就以行政诉讼的方式解决纠纷；如果是民事争议，则适用民事诉讼的途径实施法律救济。（劳凯声，2002）[34-35]

在我国，关于现代大学的法律地位问题，仍然是一个悬而未决的议题。从目前学术界、理论界的研究来看，主要形成了事业单位法人、公法人、公法人中的特别法人、法律法规授权组织、第三部门等不同的观点。

（1）大多数学者、专家将高等学校定位成一种非企业法人的事业单位法人。理由是我国《民法通则》依据法人宗旨、任务的不同，把法人分为企业法人和非企业法人。划分企业法人与非企业法人的一个重要标志就是是否以营利为目的，凡是以营利为目的的组织均为企业法人，而不是以营利为目的的组织则为机关、事业、社团法人。

作为非企业法人中的事业单位法人的高等学校，其法律地位比较特殊。"一类是以权力服从为基本原则，以领导与被领导的行政管理为主要内容的教育行政关系；另一类是以平等有偿为基本原则，以财产所有和流转为主要内容的教育民事关系。"（劳凯声，郑新蓉，1997）[240]

（2）高等学校是一种公务法人。公务法人是公法人的一种。所谓公法人，"是指以社会公共利益为目的，由国家或公共团体依公法所设立的，行使或分担国家权力或政府职能的法人。"（魏振瀛，2000）[76]具体言之，公法人是按照涉及公共利益的法律建立的、能够作为公权力主体行使公权力课以义务的组织，它是为了公共利益而存在的主体。大陆法系国家将公法人分为"公法团体、公共机构和公法财团三大类。"（马怀德，2000）公法团体是依据公法而成立的人的团体，其组成的目的是追求和保障公共利益及成员利益，如各级国家机关；公法财团是指依照公法设立的具有财团性质追求公益为目的的法人，如公基金等。公共机构则是依照公法成立的，由某些物及人组成的，以持续方式达成特定行政目的的组织体，也称为公务法人，如公立学校、图书馆、博物馆、公立医院等。（马怀德，2000）

这种观点认为，我国的事业单位与大陆法系国家的公立公益机构（即公务法人）在功能方面有很多类似之处，如都是国家依法设立的提供专门服务的公益组织，具有特定的行政上的目的即行使一定的公共权力，具有独立的法律人格。故应当将学校等事业法人定性为公法人的组成部分之一即公务法人。大学不是普通的民事主体，也不是国家行政机关，而是承担公共职能追求公共事业的公务法人。（马怀德，2000）[314-315] 马俊驹教授也认为，"高等学校作为《民法通则》中划分的兼有行政管理职能的事业单位法人，可以在将来我国实现公法人与私法人划分后，将被作为公法人归入政治生活领域。"（马俊驹，2004）因此，"学校是负担特定目的提供专门服务的行政机构"（劳凯声，2002），"作为事业单位，学校的法律地位比较特殊。一方面，学校像其他民事主体一样，享有普通的民事权利，也承担一般的民事责任。另一方面，学校与政府、学生、教职员工之间的关系既有民事法律关系，又存在民事法律关系以外的其他关系。因此，学校作为事业单位，既享有一般民事主体的法律地位，又有区别于民事主体而近似行政主体的法律地位。"（马怀德，2000）

基于公务法人的认识，高等学校的法律地位就属于文教性营造物。而作为公务法人，它也有一系列自身的特点，即"公务法人是国家行政主体为了特定目的而设立的服务性机构，它担负特定的行政职能，服务于特定的行政目的；公务法人享有一定的公共权力，具有独立的管理机构及法律人格，能够独立承担法律责任；公务法人与其利用者之间既存在着私法关系（普通的民事法律关系），也存在着公法关系（行政法律关系），等等。"（劳凯声，2002）[34]

（3）高等学校是公法人的"特别法人"。这种观点是在公务法人理论的基础上，认为，"就我国公立高等学校与政府之间的关系而言，我们认为，《教育法》、《高等教育法》分别明确的高等学校法人地位，绝不仅仅是一种民事主体地位，而且还包括它在行政法上的特殊主体地位。这种地位不仅在民事活动方面将高等学校与政府的关系区分开来，即高等学校是一个具有独立民事主体资格的法人，享有独立的民事权利与义务，而且在民事活动之外的教学、科研、教师及学生管理等领域也明确了高等学校与政府的关系，即高等学校在这些领域也具有独立的主体地位，是行政法上的特别法人，"（申素平，1997）即公法人中的特别法人。

作为公法人中的特别法人，"公立高等学校不再是政府的附属部门，与政府之间则是两个法人之间的关系。既是两个法人，则高等学校与政府应分别具有自己的意志，享有法人权利并独自承担责任。"（劳凯声，2003）[257-258]

（4）高等学校是法律、法规授权的组织，具有行政主体地位。这种观点认为，依据我国《行政法》与《行政诉讼法》，行政主体是指依法享有并行使国家行政权力，履行行政职责，并能独立承担由此产生的相应法律责任的行政机关或法律、法规授权的组织。由上述概念可以看出，具有行政主体资格的，一是国家机关，二是法律、法规的授权组织。很显然，高校不是国家机关。所以，判断高校是否具有行政主体资格的关键，就是看它是否是法律、法规授权的组织。我国《教育法》在规定学校所拥有的权利中，诸如招生权、处分权、颁发学业证书权等，都具有明显的单方面意志性和强制性，符合行政权力的主要特征，因而性质上应属于行政权力或公共管理权力。由此可以推断，高等学校是经由国家法律的授权，行使国家行政权力或公共权力的事业单位，具有行政主体资格。（陈鹏，2004）在"田永案"中，法院也明确指出，高等学校具有行政主体地位——"在我国目前情况下，某些事业单位、社会团体虽然不具有行政机关的资格，但是法律赋予它行使一定的行政管理职权。这些单位、团体与管理相对人之间不存在平等民事关系，而是特殊的行政法律关系。"（最高人民法院，1999）

（5）高等学校是第三部门。（高淑贞，2007）[132-134]第三部门理论是试图应用社会学理论对高等学校定位的新视角。从社会结构方面来看，现代社会结构由三大要素构成，即私人领域、国家领域和公共领域。私人领域是指私人自主从事商品生产和交换的经济活动领域，其核心是企业组织。国家领域是指国家运用强制力量整合全社会资源、处理公共事务、维护社会秩序的领域，其核心是政府组织。公共领域，是指介于私人领域和国家领域之间的领域，是一种非官方的公共领域。学术界习惯把政府相关组织的集合体称为第一部门，把企业相关组织的集合体称为第二部门，而介于两者之间非公非私、非政府非企业、非营利组织构成的集合体称为"第三部门"。

第三部门这一概念最早由美国学者列维特（Levitt）提出。这种非公非私的第三类组织，所从事的是政府与企业"不愿做、做不好或不常做"的事情。王绍光的研究表明，根据美国税法的有关规定，第三部门在法律上的定义为：一个合法的第三部门组织必须具备下列条件：（1）专心致力于社会公益而非私人所得的目标；（2）机构的使命需要符合税法明文规定的一些免税的慈善目的；（3）必须接受不参与政治活动的限制。（王绍光，1999）[8]根据美国约翰·霍普金斯大学公共政策研究所所长莱斯特·萨拉蒙教授的研究，凡是符合以下 7 个特征的组织可被视为第三部门的一部分：（1）组织性：意味着有内部的规章制度，有负责人，有经常性活动；（2）民间性：意味着在体制上独立于政府，既不是政府的一部分，又不受政府干预。当然，这并不意味着它完全不拿政府的资助，或完全没有政府官员参加活动；（3）非营利性：意味着组织的利润不能分配给所有者和管理者。第三部门可能赚取利润，但利润必须服务于组织的基本使命，而不能分配给个人；（4）自治性：意味着各个组织自己管理自己，不受制于政府、企业及其他社会组织；（5）志愿性：意味着参与这些组织的活动是以志愿为基础，但这并不是说组织收入的全部或大部分来自志愿捐款，也不等于说工作人员的全部或大部分是志愿者，只要参与者是志愿即视为满足条件。（6）非政治性：指不是政党组织，不参加竞选等政治活动；（7）非宗教性：指不是宗教组织，不开展传教、礼拜等宗教活动。（王建华，2004）在某种程度上，第三部门是一个既不完全受国家干预，又不完全受市场干预的社会领域，是以非政府形式提供公共物品的一种机制，是一种公益事业。

关于第三部门与高等教育的关系，劳凯声教授认为，就教育属性而言，教育属于政治与经济之间的第三领域，应定位于社会的第三部门。（劳凯声，2002）邬大光教授以为，当代高等教育改革已有意无意地受到了第三部门理论的影响，在实践取向上已越来越具有第三部门的特性。（邬大光，王建华，2002）第三部门视野中的高等教育的关键词应是"非营利组织"与"社团法人"。所谓社团法人是指"以人的集合为基础的有民事权利能力的社会组织"。（苏力，等，1999）[153]将非营利组织与社团法人加以合并，即第三部门视野中的高等教育机构应是一个非营利性社团法人。而应松年教授的研究表明，第三部门的外延不应包括教育。（应松年，2003）熊跃根认为，"值得注意的是：同发展中国家明显不同的是，西方'第三部门'的形成和发展过程中具备一定的制度条件，其中包括：公/私界限较清晰的划分使社会力量得到了良好的发育，知识群体在社会福利事业中的广泛介入与参与，自下而上的民间自助组织和社会运动的发展以及国家在社会生活领域中有意识的'功能让渡'。而我国，很难将公/私二分法以及清晰的国家—市场关系构成。"（熊跃根，2001）从第三部门理论出发，基于中国高等教育的自治与非营利要求，第三部门或许是高等教育的发展方向。但是，它依赖于"国家—经济部门—公共领域"结构的建立。在中国，要形成第三部门所需要的制度条件，还有漫长的路程要走。再者，作为社会轴心机构的高等学校，其培养人才及推动科学发展的职能直接影响着国家经济、社会的发展，任何大学的自治都必然是有条件的、与政府合作的、有利于学校和国家发展的自治。就此而言，高等学校很难发展成为第三部门要求的"民间性"团体。

从以上分析中可以看出，每一种理论都有其优点与缺点，而且学界在探讨高校法律地位过程中，将高校的法律地位与高校法人地位有时作为同一个概念去谈，这是不合理的①。我们认为，结合我国高等教育运行的实践，由于高等学校法律关系的复杂性，高校作为社会组织，法律地位应是多种多样的，将其局限在某一个方面都会为高等学校在实践运作与理论拓展等方面造成很大的困难，以至于陷入泥潭与沼泽。

一般而言，高等学校具有三种主体资格，即作为行政相对人的高校、作为民事主体的高校（法人）和作为行政主体（法律法规的授权组织）的高校。

同时，大学的法律地位与法人地位是两个不同的概念，高校的法律地位既包括学校在民事关系中的法人地位，也包括学校在行政关系当中的法律地位问题。

高等学校具有法人资格，理论界的看法是基本相同的。关于高等学校法人地位的争论主要体现在高等学校是什么性质的法人和高校法人权利性质与

---

① 大学的法律地位与法人地位有着十分密切的关系，但二者是两个不同的概念。就区别而言，任何大学只要是依法设立，就必然具有相应的法律地位，但未必具有法人地位。同理，具有法人地位的大学未必就拥有适切的法律地位。就联系而言，大学的法人地位是大学法律地位的一种反映与标志，是体现其法律地位的一个重要方面。

内容两个方面。

高等学校是民法意义上的法人，还是公法人性质的法人。一种观点认为，根据我国《民法通则》第 36 条到第 50 条的规定，我国现有高等学校属于事业单位法人，自批准成立之日起，取得法人资格。《教育法》、《高等教育法》关于高等学校法人地位的规定与《民法通则》是一致的。高等学校是一般意义上的法人，即民法意义上的法人。（石正义，蔡琼，2002）但也有学者认为，高校法人还不是完全意义上的法人，而是民事能力、行为能力和责任能力都受到限制的不完全的"准法人"。（胡劲松，葛新斌，2001）另一种观点则认为，高等学校是公法人中的特别法人，享受民事方面的权利和公法上的权利（申素平，1997）。而《教育法》、《高等教育法》所规定的法人应该是公法人，高等学校的权利也是公法权利，不是民事权利。

理论界对高校法人问题争论的另一个焦点就是高校法人的权利性质与内容。一种观点从民法视角出发，认为高等学校具有法人地位，享有办学自主权。《教育法》、《高等教育法》所规定的学校的权利是高等学校依法享有的法人权利。（肖远军，高振强，2000）另一种观点则认为，高校作为公法人中的特别法人，既享有民事权利，也享有公法上的权利。高校的民事权利主要有财产权、人身权、债权、知识产权等；高校法人在公法上的权利主要有招生权、专业设置权、科学研究权、教学权、人事权、资产权以及对外交往权等。《教育法》、《高等教育法》所规定的权利不是民法意义上的权利，而是高校基于授权而获得的公法上的权利。（申素平，1997）

我们认为，要正确认识高等学校的法人地位问题，必须以我国现行法律为依据。我国《民法通则》依据法人宗旨、任务的不同，把法人分为企业法人和非企业法人。划分企业法人与非企业法人的一个重要标志就是是否以营利为目的，凡是以营利为目的的组织均为企业法人，而不是以营利为目的的组织则为机关、事业、社团法人。从这个层面来看，高校是事业单位法人是确定无疑的。虽然这种法人分类本身有其缺陷与瑕疵，无法体现公立高校的特殊性。但无论怎么说，在我国法律法规没有做出修正之前，我们只能在"高校是事业单位法人"的框架内讨论高校法人，这样的讨论才具有实际意义与建设性，否则就会流于形式。

四、高校法人内部治理结构的完善与建立是建设现代大学制度的基础

"教育改革犹如'政策流行病'席卷全球。盘根错节的改革理念通常是不稳定和不平衡的，但却具有不可遏制的态势；它在不同的社会和政治环境中，在不同的历史背景下，渗透并改变着不同的教育制度。……虽然具体细节各有差别，但各国改革的总体效应却存在惊人的相似之处。虽然具体形式各异，但教育改革整体的要素却同样适用于中小学、学院和大学。这些要素包括市场、管理主义和强调绩效。"（鲍尔，2002）[2] 进入 20 世纪 80 年代以来，在大学改革与发展过程中，一个比较鲜明的特点就是"高等学校法人化运动"，其实质是赋予大学的法人地位，使其拥有独立的法人资格，建立较为完善的高校法人治理结构，从而进行自主办学，旨在提升高校办学效率，提高高等教育质量。从各国高等学校法人化运动的改革来看，大学的法人化诉求，包含着几种不同的情况："一种情况是，一些国家的大学本来就具有法人地位，但在教育发展中，受到各方面的挤压，法人地位被逐渐削弱，在新的历史条件下，人们要求大学法人地位的回归，以保持大学的自主和学术独立，像美国等国家的情况就是这样；另一种情况是，有的国家公立大学本来有法人地位，为了缓解财政压力，提高事业效率，给大学法人制度赋予新的内涵，将大学更多地推向市场，要求其更加自主地办学，如英国、日本的情况就是如此；还有一种情况是，一些国家和地区的大学（主要是指公立大学）本来并没有明确的法人地位，为了搞活系统运作机制，迅速发展高等教育事业，国家赋予大学法人地位，促使其自主办学，如泰国、马来西亚以及我国的台湾地区就是这样。"（熊庆年，2002）

大学法人化运动的创建性在于大学主体地位的回归与大学本体危机的克服与重塑，实现大学办学效率与效益相统一的效能，消除大学的制度性或体制性障碍，提高大学的社会适应能力，调和有关大学"内在自由"与"外部干预"的关系，建立适当的预警机制，达到"自在"与"自为"的和谐统一。

所谓法律视野下的现代大学制度指的是在落实大学法人地位的基础上，以"法人治理结构"为运行机制，建立以"大学自治、学术自由、科学治理、公益为本"为根本特性的一系列规则体系。从法学的角度来讲，大学

法人治理结构是指为维护各利益主体以及社会公共利益，保证大学正常有效地发展，由法律和大学章程规定的有关组织结构间权力分配与制衡的制度体系。显然，法人治理结构的核心是形成一个有效的权力分配与制衡的制度体系，体现大学法人治理的原则。

法人治理结构的英文是"corporate governance"，国内有"公司治理"、"公司治理结构"和"企业治理机制"、"公司督导"、"公司法人治理结构"等几种译法，兼具有"机构"（institutions）、"机制"（mechanism）、"一整套制度性安排"（system）和"控制系统"（control system）等多重含义。（梁能，2000）[4]日本称为"统治结构"，香港称为"督导结构"，我国学界更多地称其为"组织机构"、"机关构造"或"管理体制"等。（梅慎实，1996）[32]

在此我们之所以引入现代大学制度法人治理结构的概念，不仅是为了使现代大学制度能够更快、更强地成长与发展，少一些人为因素的干涉，更重要的是法人治理结构"所包含的法人财产权、决策、执行、激励与约束机制等核心问题，实际上已经成为法人制度中带有普遍性的问题，对任何一种类别的法人都是有意义的"（彭宇文，2006）[53]。而且，"在重新定位学校法人地位的马来西亚、日本等国家，一般用'公司法人'（corporate），而不是英文中其他较为中性的法人概念，如 Leagal entity 或 Judicial person 等，以明确大学法人可以从事一切合理商业行为的含义，并同象牙塔式的传统大学法人概念划清界限"。（王一兵，2001）据美国约翰·霍布金斯公民社会研究中心（CCSS）在 20 世纪 90 年代进行的研究，教育在全球的非营利部门中占有重要的地位，"在美国和日本，仅卫生保健领域就占非营利总就业的一半（分别是 46% 和 47%），而教育主要集中在高等教育，又占了 22%"。（萨拉蒙，2002）[23]现代大学制度可以依照法人治理结构的模式与原则运行，从而确保我国高等教育事业改革的成效。

然而，高校法人尽管可以纳入到非营利法人治理范畴之中，但高校法人治理又有其自身的特征。因此，高校法人治理结构不仅与企业法人治理结构有异，而且与其他非营利法人治理结构也应该有所区别。这种区别主要是由于高校法人其存在之价值以及高校法人关涉到国民素质、进而影响提升国家综合国力之民族大业，而且高校法人也对一个人一生的成长和发展意义重大。所以高校法人治理问题不仅非常重要，而且如何体现高校法人存在之价值，更好发挥学校法人治理之效果，就必须要研究高校法人治理结构问题。

高校法人治理结构是高校法人治理的核心问题，健全的法人治理结构是实现法人治理的前提和关键。高校法人治理结构与公司治理结构有着重要的区别，这种区别主要体现在高校法人与公司法人的根本目标与终极价值追求存在差异。高校是非营利法人，不以追求资本利润为目的，更关注的是人身心的和谐发展和国民整体素质的提升，是提升国家综合国力的重要途径，是引领人们幸福生活的一种有效方式。因此，高校治理比公司治理要复杂得多，因为其不仅关涉个人福祉，而且利及国家和民族大业的发展；不仅关涉个人利益，还更多涉及公共利益。因此，高校治理过程不可能像公司法人治理过程那样更多关注公司内部各权利主体之间的利益均衡问题、出资人的股权利益、公司法人的发展目标。高校在发展过程中，不仅需要考虑到举办人的利益，也需要考虑到诸如教师和学生等其他利益相关者的利益，以及国家的整体利益。因此，高校法人治理结构到目前为止并没有一个非常明确的界定，应该说是高等教育法学研究中一个非常新鲜并值得研究和分析的概念。对高校法人治理结构的界定既需要借鉴公司法人治理结构概念的精髓，但是又必须体现出高校法人治理过程中的权力冲突和价值诉求，体现出高校法人治理过程中的独特机制和内在规律。

我们努力建设的现代大学制度法人治理结构，则是指现代大学在运行与发展中，为了落实大学法人的主体地位，应以达到法人治理结构权力机制的构造与配置为核心内容与运行机制，从而实现大学与政府、社会之间以及大学内部诸要素之间关系的双重构建，最终完成大学的责任与使命。也就是说，现代大学制度法人治理结构，应以落实大学法人的地位为基础与前提，以达成大学权力机制的构造与配置为核心与主线，以大学内外部诸要素之间法律关系的构建为重心，以完成大学的责任与使命为依归。

显然，在高等学校法人治理结构中，包括外部治理结构与内部治理结构两大内容。所谓高校法人内部治理结构主要是指高校法人内部如何进行权利配置，保障高校内部利益相关者的权利与义务问题；所谓高校法人外部治理结构则侧重于在高校法人与外部利益相关者之间如何进行权力制衡，并保障高校自主发展的运行机制。在设计高校法人治理结构的过程中，不仅要保障高校独立法人地位和学术自由，还应该有一个权利机制来保障高校学术权利和相关利益团体的利益。

　　在西方发达国家，高校法人治理结构模式依据不同的标准有不同的划分。一方面，高校法人外部治理结构模式的划分主要反映在高校外部权力结构上。依据高校法人外部权力结构的不同，高校法人外部治理结构分成三种治理模式：集中治理模式、分散治理模式和复合模式。集中治理模式的特征是高校教育活动的决策权在中央政府，由中央政府通过计划、命令、法律、拨款和监督直接调节高校教育活动，法国等欧洲国家的公立高等学校属于这种治理模式；分散治理模式反映出高校教育活动的决策权和管理权不在中央政府，而在地方政府或者其他利益集团手中，各种分散力量按照自己的意愿和方式治理高校教育的运行，美国公立高等学校属于这种治理模式；复合型治理模式是介于集中治理模式和分散治理模式之间，决策与管理的权力部分在中央政府，部分属于其他组织或利益集团，实行这种模式的典型国家是德国、英国和日本。（张弛，韩强，2005）[10-11]另一方面，高校法人内部治理结构主要反映在高校内部权力结构、执行结构和监督机制等几个方面。如果依据这几个要素加以划分，西方发达国家高校法人内部治理结构可以分成外部治理结构模式和内部治理结构模式。如英国和美国学校是实行董事会领导，依据相关教育法律和学校章程，董事会构成是由州政府官员、社区代表、家长代表和教师代表以及学生代表组成，如英国还要求学校董事会成员中家长代表的人数要超过半数以上。这种领导体制和董事会人员组成的法律要求就体现出高校法人内部治理结构的一个重要特征是高校行政权力和学术权力分离，高校直接相关利益者控制高校的发展方向和运行机制。（梁忠义，2002）[131]法国和日本高校法人内部治理结构不仅与英国、美国和德国学校治理结构不同，它们各自的治理结构也迥然不同，各有千秋。法国教育属于典型的集权制，大学是"具有法人资格和财政自主权的公立科学、文化、职业性事业单位"，是一种特殊的公立事业单位。日本高校的法人内部治理结构正在试图寻求一种平衡。根据日本《学校教育法》第一章总则部分的第五条规定："学校的设立者管理其设立的学校，除法令中有特殊规定的情况外，应负担其学校的经费"。2002年末，日本文部科学省发表了国立大学结构改革方案，推行大学法人化改革。日本大学法人化改革从权力结构来看是国家教育管理权与国立大学自主权之间的一种平衡，其最初意图试图形成像欧美先进国家那样受公共财政支撑的多数大学具有法人资格的状态，以解决和平衡国家性规则制度与学校自主权之间的冲突。2003年7月日本国立大

学法人法案成立，2004年4月起各大学开始实行。（吕可红，2004）

当然，也有学者对学校内部治理和外部治理结构中涉及的相关利益主体的权力配置和义务承担机制，从学校投资者、办学者和经营者以及利益相关者等学校治理结构的关键要素方面加以分析，认为公立高校内部治理结构存在着举办者权利、经营者权利等几个权利主体。大学的举办者和经营者之间的关系并不是简单的利益关系。公立高校具有强烈的外部特征，因此作为法人治理结构的核心内容之一的举办者权利与经营者权利之间的关系并不仅仅表现为内部关系。在市场经济条件下，其他投资人也可以通过法定或契约的途径介入公立高校经营，从而构成新的外部制衡关系。在权利的运行中，外部的管理和监督显得尤为重要，这也构成了法人的外部治理结构关系。学校的外部治理结构主要包括政府管理权、投资者权利、利益相关者权利、公众监督权。（覃壮才，2005）

显然，高校法人外部治理结构，就是要协调和规范高校与政府、社会之间的权力配置关系。高校法人内部治理结构，就是要对高校法人的内部运行机制做出全面的界定，使其内部能够达到一种相互的制约和平衡，主要包括内部组织机构的设置以及组织机构的运行规范。通过高校法人内外部治理结构的完善，来平衡高校法人中各权力主体在高校发展过程中的责权利，实施法人治理，从而理顺高校与政府、社会之间的法律关系，最终扩大与落实高校办学自主权，促进高校法人自主发展。

在高校法人外部治理结构中，权力主体主要有政府、社会、其他利益相关者等多种权力资源场域。其中，政府占有先天的、绝对的优势地位，在某种程度上，政府不仅是高校的投资者、举办者，也是高校的管理者，其与高校的关系甚为密切。但二者毕竟是两个不同的组织，从法学的角度来讲，政府是机关法人，高校是事业单位法人，政府与高校的性质、经费投入、治理机制都有很大的不同，更为关键的是高校与政府的追求是大相径庭的。因此，高校不能完全受政府力量的摆布与约束，还受到社会、市场的影响，同时，在高校法人外部治理中，我们不应该忽视其他利益相关者的话语权，如家长、社区、校友等。

在高校法人内部治理结构中，权力主体主要有政治、行政、学术、监督等。政治权力的行使者是党组织，决策权力的行使者是高校董事会，行政权力的行使者是高校的法定代表者，学术权力的行使者是教授委员会以及教师、学生等利益相关者，监督权力的行使者是高校监事会等机构与部门。同时，在高校法人内外部治理结构的关系中，法人外部治理结构制约、监督着法人内部治理结构，法人内部治理结构影响、监督着法人外部治理结构。

然而，从我国高等学校的法制化进程来看，当前我国高等教育改革的迫切任务是，"确立学术权力本位，实现高等学校行政权、学术权和民主管理权相互制衡和相互配合，使高等学校成为自主办学的法人主体"（谭正航，2010）。虽然改革开放以后，随着我国高校法制进程的加快，教师、学生等利益主体的权利表达在法律层面有所体现，如教职工代表大会、工会、学生会、学生社团等组织，至少从形式上来讲，越来越规范，而且通过这些组织来维护教师与学生权利的现象也零星出现。但由于传统的治理模式并没有彻底地肃清，致使教师、学生等利益相关者的权力表达依然很微弱。所以，高等学校办学自主权的落实与实现，高校与政府、社会关系的重塑，核心和关键在于高等学校法人内部治理结构，只有健全和完善的高校法人内部治理结构，才能确保高校持续、健康、快速地发展，调动高校办学的积极性，克服高校办学中的行政化问题，构造合理的相关利益者的权利机制。

因此，我们将研究的重心聚焦于现代大学制度视域下我国高等学校法人内部治理结构中高校与教师、学生法律关系以及权利配置与保障等的研究，同时，对现代大学制度法人内部治理结构的依据、目的、价值取向、权利冲突以及建构以学术权力为本的高等学校法人内部治理结构进行了系统深入的研究。但尚且缺乏对现代大学制度法人外部治理结构的研究，这不能不说是一个缺憾，但任何研究都有其基本的研究视域和范围，既不可能包罗万象，也不能随意点缀，而且留有余地本身也是研究者进一步研究的新征程、新起点。

第二章

高等学校与教师的法律
关系及其权利配置与保障

　　高等学校与教师的法律关系是现代大学制度法人治理结构内在机制的核心内容之一，高校与教师明确而清晰的法律关系，不仅有利于教师权利与义务的设定与配置，而且有利于教师法定权利的保障与义务的履行，更有利于形成尊重教师、爱戴教师、发展教师的教师评估、激励机制和稳定的教师队伍，而且也影响着高校的管理性质、方式及教师的法律救济方式，是当前我国高等教育法学理论与实践研究中的一个重要课题。高校与教师法律关系的本质是要实现教师与大学法律关系的法律化，首要的任务就是确定教师的法律地位，基于教师的法律地位来研究与分析在具体的教师法律制度之中教师与高校的法律关系，进而构建高校与教师关系的法律治理机制。

第一节 高等学校与教师法律
关系的历史演进与现状

"历史是至关重要的。它的重要性不仅仅在于我们可以向过去取经，而且还因为现在和未来是通过一个社会制度的连续性与过去连接起来的。"（诺斯，1994）[1]我们对中国大学与教师法律关系的认识也将从历史演进谈起，通过历史回溯，来分析高等学校与教师法律关系的现状，从而科学把握教师的法律地位。

一、中国大学与教师法律关系的历史演进

关于高等学校与教师的法律关系，在不同的国家或法系中有不同的界定，在西方主要形成了公勤关系即公法上的勤务关系论（service relationship）或特别权力关系论、公务雇员关系论或特权理论、公法合同关系论（public contracts）、纯粹的劳动合同关系论即契约关系论等理论，每一种理论都有其生长的文化土壤和环境。那么，我国大学与教师的法律关系是什么？二者的关系是怎么样演进的？

其实，中国历史上靠法律来调整大学与教师的关系起始于 20 世纪初叶，发展于 20 世纪 30 年代，停滞于新中国成立后，形成于 20 世纪 80 年代中叶。

1. 新中国成立前大学与教师的关系（1949 年之前）

中国现代第一所真正意义上的大学——京师大学堂，其管理权完全掌握在朝廷手中。清政府在大学堂人员的任用上享有绝对权力。它可以直接解除管学大臣和教习的职务，甚至是官职。从教育制度、教学内容和方法来看，京师大学堂实质上处于由封建太学、国子学（国子监）向近代大学转变的过渡阶段，高校与教师的法律关系是一种君臣依附关系。在国民党统治时期，由于外忧内患的双重夹击，虽然国民党在政治上推行党化教育，但实际上其对教育的控制能力是非常有限的，这才有了北京大学的辉煌、清华大学的崛起、西南联大的绝处蓬生与繁荣，其表面上高校与教师依然是一种行政

依附关系，但实质上高校与教师是一种契约平等关系。比如，在蔡元培执掌教育大权时，从 1929 年 7 月颁布的《专科学校组织法》、《大学组织法》和 1928 年 8 月颁布的《大学规程》及《专科学校组织规程》等法律法规中，我们可以发现，高等学校内部的管理体制推行的是校（院）长负责制。以校（院）长为主席的校务会议对学校的重大决策做出决定，这样就赋予了高校较大的自治权力。同时，根据《大学及独立学院教职工聘任待遇暂行规程》，教师由院长商请校长聘任之。这些规定为高等学校获得聘任教师的法定权力提供了法律基础，教师与高校是一种相对平等的契约关系。

2. 新中国成立后到改革开放初期中国大学与教师的行政隶属关系（1949—1985）

新中国成立以后，我国利用短短的三年时间完成了对私立学校、教会学校等的改造与接管工作，同时加强了对高等学校的统一领导与管理。1956 年 6 月，高等教育部颁布《高等学校任用教职工的暂行规定》，提出要对高等学校教师进行统一筹划；合理调整，并第一次明确提出，中华人民共和国高等学校教师是国家工作人员，应该根据国家需要，服从国家调动，从而确立了教师的法律地位——国家工作人员，进而将其纳入了国家行政计划调整的行列。教师在任职、晋升、工资福利、退休、奖惩等方面都与国家机关工作人员同样对待。据此，高等教育部可以对教师作统一的调整或调动，任何部门要抽调教师都必须事先征得高等教育部门的同意。在任用方式上，教育行政部门代表国家，根据计划和指标，通过行政命令对教师进行计划录用、统一管理、统一调配、统一使用。高等学校只作为国家职权的执行机构存在，并不是用人主体。《规定》的颁布实行，使行政计划调配取代了自由流动。教育行政机关与教师之间的行政关系掩盖并替代了公立高校与教师之间的平等契约关系，在两者之间确立了内部行政法律关系。学校与教师之间建立起管理与被管理的行政隶属关系，而且形成复杂的、沉重的人身依附关系。1961 年《中华人民共和国教育部直属高等学校暂行工作条例（草案）》规定"教育部直属高等学校教师的调动必须经过教育部的批准"，从而使行政调配成为教师流动的唯一方式。这种做法一直延续到改革开放政策在中国确立的 80 年代初期。

我国大学与教师的法律关系在计划经济时代被教育行政机关与教师之间的行政命令与服从的关系所取代，教师与政府机关和其他事业单位的工作人员一样，都属于国家干部。高等学校作为事业单位，是政府的延伸，教师与学校间的关系是一种行政隶属关系，属于内部行政关系。教师享有国家公务员享有的一般权利，并履行公务员必须履行的一般义务（李凤堂，2003）。如：（1）教师的职务实行单方面的行政任命，其职务的确定和提升须报行政机关审批；（2）教师调动纳入国家干部人事计划，须经过行政机关审批；（3）教师的工资待遇根据其职务级别所对应的干部级别标准对待；（4）教师作为国家工作人员，无法定事由，学校不能单方面辞退，与此同时，教师人事关系的转移和调动，须经学校批准。

这一时期高校与教师的法律关系是国家本位在教育层面的直接体现，政府靠行政命令来管理教师，高校亦无教师自主用人权，一切都在国家的调控与掌握之中。

3. 高校教师任用方式的改变——从任命逐渐走向聘任（1985 年至今）

改革开放以降，随着我国企业单位改革的初见成效，事业单位的改革迫在眉睫。事业单位改革的基本思路和目标就是，改变用管理国家机关工作人员的办法管理事业单位人员的做法，逐步建立起"单位自主用人，人员自主择业"的充满生机与活力的新型人事制度。这一人事制度改革，促使教师身份及学校与教师关系的转变。从 1985 年《中共中央关于教育体制改革的决定》颁布开始，政府逐步扩大高校的办学自主权，把招生、教学、科研等权力下放到高等学校。1986 年颁布的《高等教育管理职责暂行规定》，在上述基础上赋予高校"聘任、辞退教师和职工"等 6 项自主权力。1992 年，国家教委印发《关于直属高校内部管理体制改革的若干意见》，提出改革高等学校的用人制度，提高工作效率和办学效益；给予直属高校在国家工资制度外，建立校内津贴制度、贯彻按劳分配原则的权利，这是公立高校获得法人地位和权力的开始。1992 年《关于普通高等学校内部管理体制改革的意见》，将上述权利扩大到所有普通高等学校。其后，中共中央颁布的一系列政策法规中，都明确地提出要改革教师的任用制度，比如 1993 年，《教师法》首先以法律的形式规定"学校和其他教育机构应当逐步实行教师聘任制"。1995 年《教育法》规定："国家实行教师资格制度、职务聘任制度，通过考核、奖励、培养和培训，提高教师素质，加强教师队伍建设。"这一法律规定以基本法的形式将教师聘任制度确定下来。1998 年《高等教育法》第 48 条规定："高等学校实行教师聘任制，教师经评定具备任职条件的，由高等学校按照教师职务的职责、条件和任期聘任。高等学校教师的聘任，应当遵守双方平等自愿的原则，由高等学校校长与受聘教师签订聘任合同。"至此，高校教师聘任制的实施有了法源性的法律依据。

这一时期，国家通过宏观指导，赋予高校很大的用人自主权，高校与教师的法律关系已不是原有的教育行政机关与教师的行政隶属关系，二者的关系受到法律的调控，在任用方式上实现了任命到聘任的伟大转变，教师不再是国家公务员，其与高校的法律关系在不同的教师管理制度中受到不同的法律规范的调整，这就淡化了高校与教师之间的行政法律关系。

二、大学与教师法律关系的现状

基于以上分析，我国高校与教师之间的法律关系不再是单纯的行政法律关系，随着我国教师人事制度改革的深入，教师管理逐渐从政府的行政管理中排除出来，为高校管理教师提供了很大的自主权力，尤其是随着高校教师聘任制的推行，很多学者认为高校与教师的法律关系将成为一种一方提供教育劳动、一方支付劳动报酬的民法上的契约关系。我们认为，由于高校法律地位的多重性，决定了高校与教师法律关系的复杂性，二者不可能仅仅是一种法律关系可以涵盖的。

要对大学与教师法律关系进行深刻的剖析，须从大学教师的法律地位入手。

所谓教师的法律地位是指以法律形式规定教师在社会关系中的地位，是教师的法律身份和教师属于某类的权利、责任、能力和无能力。

西方国家教师的法律地位虽然存在着诸多观点，但具体到每一个国家来讲，都有明确的规定。如美国法律上将公立高校教师视为"公务（政府）雇员"、法国的教师是国家公职人员、德国的教师多为公务员、日本国立大学教师视为国家公务员而公立大学的教师视为地方公务员、俄罗斯的教师被视为"教育机构工作人员"并与行政部门之间构成了劳动关系、印度教师的法律地位与美国类似。

我国教师的法律地位是近些年来我国教育法学研究的热点问题。依据我国《教师法》第三条规定："教师是履行教育教学职责的专业人员"，"承担教书育人，培养社会主义事业建设者和接班人、提高民族素质的使命。"这从立法上首次明确了教师专业人员的职业性质，将教师定位为专业技术人员。但这种规定只是说明了教师工作性质的专业性，并不构成对教师法律地位的完整表述，并没有明确教师的法律地位，况且专业人员本身内涵很大，具有模糊性。虽然这种规定从法律上确认了教师社会地位的专业性和神圣性，是确立现代教师地位以及改变教师社会地位低下的关键，也符合1966年联合国教科文组织、国际劳工组织发布的《关于教师地位的建议》中所倡导的"承认教师是专业人员"的国际协议，而且也与世界各国通过法律手段促进教师专业化进程的趋势相一致。

但是，由于教师身份的多重性，"专业人员"的定位并不能解决理论与实践中的各种法律纠纷，也无法明确教师在各种教育法律关系中的地位、权利、义务和责任。那么如何定位教师的法律地位呢？学界也进行了诸多有益的探索，存在着专业人员说、国家公职人员说、国家工作人员说、国家教育公务员说、一般劳动者说、一般的公务员说、特殊的公务员和特殊的劳动者双重属性说、雇员兼准公务员说等观点。

我们认为，上述提法中以公务员说最多，即教师实际上承担着与公务员性质相同的工作，应该成为公务员，并得到国家法律的认可和保护。但是，这种观点在我国现行的法律法规中却得不到支持。尤其是《公务员法》中明确将教师排除在公务员之外。那么在我国现有的法律框架下，如何定位教师的法律地位呢？教师法律地位的核心应该是对教师身份的认定。

一般意义上来说，个体可以通过两条不同的途径获得身份地位。归因性身份是凭借一个人出世的环境条件获得的。例如社会等级、性别和人种等。达成性身份是通过某些要求付出极大努力的竞争形式才能争取到的。例如，医生、律师和职业橄榄球运动员等。（汉森，2005）[72] 显然，教师的身份地位应该是一种达成性身份，其身份的获得不是轻而易举的，而是需要长期的训练与知识累积，在社会结构中具有不可替代性且有很大的专业自主权，并为社会的发展做出贡献。这也是教师区别于劳动者、公务员等的主要特点。我们倾向于认为，我国教师的身份应属于公职系列的专业人员。正如有学者所言："教师不是国家公务员，但教师仍是国家工作人员；教师不是自由职业者，但已具有自由雇用人员的一些特征。"（周光礼，2005）[113]

首先，从教师与教育行政机关和法律、法规的授权机关的关系看，二者是行政主体与行政相对人之间的教育行政法律关系。在这一法律关系之中，教师与教育行政机关及其授权机关的法律地位是不对等的。作为国家教育行政机关及其授权机关，它代表国家并以国家的名义行使管理职权，居于主导地位。教育行政机关及其授权机关，通过对教师的培养、培训，认定教师资格，举行教师资格考试；国家财政负担教师工资，管理和使用教育经费；保障享受社会公费医疗、保险福利待遇；受理教师申诉；对教师进行考核、奖惩等依法规范教师的教育教学行为，维护教师的合法权利。作为相对人，教师必须执行教育行政机关与授权机关的决定、命令、指示，有权对教育行政机关进行监督。当教师认为教育行政机关、授权机关侵犯了其根据《教师法》规定的权利时，可以向同级人民政府或上级人民政府教育主管部门提出申诉，或行政诉讼。

其次，从教师与高校法人之间的关系看，二者是在共同意志表达和主体地位平等基础上的民事法律关系。教师不像在行政机关中工作的公务员一样严格执行国家的行政权力。教师权力受到较少的政府限制，在教育教学活动中享有一定的自由度，教师管理更要突出其专业人士管理特点，不应过多地强调规范化管理，而应是人本管理。有学者认为，当前我国学校与教师的关系不是聘任关系而是任命关系，在教师与学校签订聘任合同中，二者的地位并不平等。我们认为，高校与教师的平等不是绝对意义上的平等，这里的平等是基于法律意义而言的，指的是二者"法律地位的平等"。也有学者认为，高校为了完成学校工作的共同目标，必须对教育教学过程进行有效的指挥和协调，必须有职责明确的组织分工和许多人在工作上的同心协力的合作，而教师在进行工作时不容各行其是，必须无可争辩地服从领导的意志。我们说，高校对教师基于责权分配和岗位职责进行的专业组织对专业人员的管理，不是命令与服从的关系，而是高校组织内部的管理，而且从有关法律规定来看，教师与高校法人之间是平权型民事法律关系。《教师法》第十七条明确规定："学校和其他教育机构应当逐步实行教师聘任制。教师的聘任应当遵循双方地位平等的原则，由学校和教师签订聘任合同，明确规定双方的权利、义务和责任。"

三、高等学校教师学术职业的生存困境与生态场域

大学是研究学问、追求真理、培养人才的学术机构。正如弗莱克斯纳所

言："除了大学，在哪里能够产生理论，在哪里能够分析社会问题和经济问题，在哪里能够理论联系事实，在哪里能够传授真理而不顾是否受到欢迎，在哪里能够培养探究和讲授真理的人，在哪里根据我们的意愿改造世界的任务可以尽可能地赋予有意识、有目的和不考虑自身后果的思想者呢？人类的智慧至今尚未设计出任何可与大学相比的机构。"（弗莱克斯纳，2001）[10]这也许就是大学的真谛。但目前"全世界的大学已经进入一个看不到尽头的令人感到混乱的时期。……高等教育丧失了它可能一度具有的稳定状态。"（克拉克，2001）[1]大学的办学目标过于功利化、学术管理官僚化、校园文化泛政治化使大学的学术功能日趋萎缩与退化，大学传承学术、繁荣学术、创新学术、发展学术的效能不断弱化，大学作为研究高深学问的权威机构则因文科研究充任现行政策的注释员、理工科重实用技术轻基础理论而变得名不副实。"高等学校由政府包办的传统思想观念仍然存在，计划经济体制下形成的管理制度也依然起作用，政府转变职能进展缓慢，高等学校对政府的依赖意识和等、靠、要思想没有从根本上改变，已经规定的办学自主权实际尚未到位，没有得到根本落实，改革的效果不能令人满意。"（周远清，2001）[85]大学正遭遇着"本体危机"的尴尬！其实，这种本体危机正好映衬了大学的生存空间犹如"压缩饼干"，使得大学在处理学术自由、大学自治与政府、社会干预间的关系时，处于二者的"夹缝"中，大学同时承受了政府、社会、市场等的多重压力，大学脱离了良性运转的轨迹。高校作为一个特殊的社会组织，是以学术自由为真谛的，大学的生命力在于学术本性。美国当代著名高等教育思想家布鲁贝克的《高等教育哲学》开篇第一章便是"高深学问"，而且把高深学问作为贯穿全篇的核心概念。他认为，所谓高深学问就是"这些学问或者还处于已知与未知之间的交界处，或者虽然已知，但由于它们过于深奥神秘，常人的才智难以把握。"（布鲁贝克，1998）[2]我国著名教育家蔡元培先生认为："大学者，'囊括大典、网罗众家'之学府也"；"大学者，研究高深学问也"；"大学为纯粹研究学问之机关，不可视为养成资格之所，亦不可视为贩卖知识之所，学者当有研究学问之兴趣，尤当养成学问家之人格。"（高平叔，1984）[191]因此，"一所大学之所以为大学，全在于有没有好教授"（刘述礼，1993）[10]。那么，作为深处独立思想场域中的学术职业者，它的工作世界与生存生态又处于一种什么状况呢？学术职业者能否秉持学术自由、探索高深学问、坚守人格独立、捍卫学术真理、担当学术责任、遵守学术规范？这需要我们从认识我国高等学校学术职业的生存困境入手，厘清学术职业"自主生存"的生态场域，并重构高等学校学术职业的制度框架。

（一）我国高等学校学术职业：生存的困境与追问

顾名思义，所谓学术职业是指以学术为志向的职业。当前，我国高等学校的学术职业成为了十字架上的大学学术，行走在学术边缘，陷入了学术危机，不仅存在着为生存而学术的无奈，也存在着为学术而学术的坚守，而且存在着为功利而学术的问题，更存在着为权力而学术的现象。

一是受外在生活压力的困扰，高校学术职业存在着为"活着"而不懈努力的现实。长久以来，大量相关调查数据表明，高校教师的职业声望基本处于金字塔"顶端"，民众心目中的高校教师依然是道德的化身、人格的象征、知识的财富。然而现实是残酷的，教师职业声望的高度评价与教师的生存境遇存在着很大的差别，当人们赋予教师各种外在的光环之时，教师的职业回报却得不到相应的肯定与评价，教师"为自己的生存而担忧，'为五斗米折腰'，没有多少寻梦的余地"（程介明，2010），视学术为养家糊口、挣钱、晋升等谋生工具，教师职业的吸引力就会大打折扣。但面对我们生存的大千世界，高校教师不可能置身度外、不可能不被尘世所累、不可能不考虑生活质量、不可能不食人间烟火、不可能无欲寡情，学术成为了"挣工分"，正如华中科技大学李培根校长所言："现在，我们不得不承认的一个现实是，对教育的敬畏感正在逐步削弱甚至丧失。功利主义、拜金主义比任何时候都更严重地侵蚀着教育的肌体。""当教师为房为车而逐利时，当教师的爱心不再给予学生时，教育的崇高和神圣荡然无存。""尽管目前很多教师的实际收入还算体面，却是建立在工资外的'创收'或'项目提成'上。"（蔡蕴琦，2010）清华大学原校长顾秉林也曾表示很担忧青年教师的住房问题，"现在买不起房的不仅仅是低收入家庭，现在高校青年教师的收入与房价差距太大，根本买不起房。""我现在很担忧这个，这样下去会导致青年人才流失。"（柳志卿，2008）这是中国名校校长所发出的感叹，那其他高校的状况就更可想而知了。同时，有学者研究发现，人文社科研究者的黄金时间（高峰期）是 40 岁左右，自然科学研究者的黄金时间是 35 岁左右，如果过了这个年龄还没有多大成就的话，虽然有大器晚成的，但基本上已偃旗息鼓，开始走下坡路了。从我国实际来看，由于面临着强大的生存压力，生活成本不断上涨，处于黄金年龄段的教师往往更多地被买房、还贷、晋升、提拔等生活与工作事务所缠绕，傍款傍权，甚至于成为了追逐小恩小惠，不问"道德文章"的可怜虫；只顾奉承拍马、摇尾乞怜，不问是非曲直的哈巴狗；只为个人小利，不顾人民利益、民族大义，损公肥私，贪污腐化，忘恩负义，卖国求荣的没有脊梁骨的癞皮狗。再比如，近期由北京大学出版社出版的《中国博士质量报告》一书指出，我国几乎所有的培养单位对博士在学期间都有发表论文的规定。但调查发现，将论文发表作为博士毕业和申请学位的前提，也带来一些问题。一些博士生入学后将大量精力投入到论文发表上，影响了深入系统的研究工作。一些博士生由于论文发表的压力，不愿从事周期长、难度大、不易短期见效的研究，只是在影响因子较低的刊物上发表文章，以满足数量要求，（朱建华，2010）功利心态足见严重，而"高校和科研设计单位一直是博士毕业生就业的主渠道，分别占总数的40%和10%左右"（朱建华，2010），这种在求学时代的浮躁、短视效应必将会延续到今后的人生历程中，这样的后继学术职业从业者必将使我国繁荣学术的梦想很难有实现之日。显然，"大学在跨越近两百年的学术成就、改变了我们对于自然的知识并在许多方面改进了我们的社会知识这一航程即将结束时，作为一个机构的大学现在驶入了危险的水域。大学或至少是他们的某些成员，想尽量做到八面玲珑，对外部世界更讨好和更随和，或者更专注于改变或摧毁外部世界存在的条件。"（希尔斯，2007）[1-7]因此，面临内外部不断恶化的生存境遇，教师职业不可能走向专业化，学术职业者很难潜心于真学问，因为专业化职业外在保障的基本条件应该是在超越了生存、安全需要基础上自尊、求知、自我实现需要的满足和达成，不为生活所累、所困，高校教师的学术职业理应带有"闲暇"、"享受"、"幸福"意味，唯有如此，学术职业者才能真正将精力放在人才培养、科学研究与社会服务等方面，才能真正起到引领社会思潮、培养国家栋梁、把握人生轨迹、实现生命价值、把握生存意义的功效。所以，如何健全高校教师的工资结构、福利待遇等一系列直接和生存紧密相关的外在保障机制从而提升教师生存境况就极为紧迫，大学教师的物质诉求应得到提高和升华，从事学术职业的人，应当更多地在于促进内在的成长与发展，而不应仅仅服从于外在的"活着"的目标。

二是受学术"形而上"思想的影响，高校学术职业存在着"纯粹"学术的现象。"在毫无警觉的情况下逐渐沦为纯粹的研究器具"（程介明，2010），为学术而学术，制造、生产学术，缺乏起码的人文关怀和社会责任意识，陈学飞教授认为，"理论导向"有两个含义，即"以发展理论为目的"（theory-oriented）和"在理论指导下"（theory-guided），（陈学飞，茶世俊，2007）学术不仅要形而上，也要形而下，"即使双方不能总达成共识，但相互交流本身就具有潜在的教育意义：它会为教师提供更加广阔的知识视野，激发他们对自己教育教学行为进行更加审慎的反思；也会使学者看到理论怎样遭遇'实践逻辑'的阻隔，避免纯粹的理论探讨，增强对教育实践的理论洞察力"。（李润洲，2006）但遗憾的是，我国学术职业不仅长期存在着理论与实践的阻隔，更存在着鄙视"形而下"研究，"制造"学术的倾向，认为但凡学术即纯理论研究。难怪有学者一针见血地指出，我国是世界上最大的"论文制造国"，形成了一个制造论文的产业链条。这样的学术缺乏社会关怀意识，缺乏对实践的指导，看似高高在上的象牙塔，实则是浪费人力、物力、财力的没有多大社会效益的学术纸片，或说的严重点就是学术垃圾，沾染了学术本身的纯洁性和神圣性。有学者指出，在我国高质量学术论文呈递增趋势的同时，大量的学术垃圾随之涌出，其表现大致有以下十种，"一是偷梁换柱，二是代人捉刀，三是瞒天过海，四是一石多鸟，五是自产自销，六是欺世盗名，七是沽名钓誉，八是互惠互利，九是旧药新汤，十是利益合谋"（方木，2004），虽然有言过其实之嫌，但也点出了问题的实质，有中肯之处。我们认为，学术作为一种学术人的职业活动，具有探究性、自由性、自主性和学科性特点，其本质与意义在于探索未知、求真务实、引领发展、缔造精品、创造财富、关照实践、回馈社会、反哺人类，具有服务社会、指导实践的功能，因此，作为学术职业者，不能仅仅钻在实验室里、扎在故纸堆里，孤芳自赏、自命清高、沾沾自喜、不可一世、玩世不恭、傲慢无知。要走出瞧不起"形而下"研究的思想怪圈，转变研究方法，倡导定性与定量研究的结合，灵活运用质的研究方法来繁荣哲学社会科学，使学术的光芒像太阳的光辉一样普照大地，贡献人类，从而拯救中国学术。要"拯救中国式学术制造，务必拿重建人文精神和建构规范制度双拳出击、标本兼治。唯如此，才可以还原一个学而不厌、诲人不倦的书香门第，回归一个溢满理性和尊严光辉的学术天地"（董永亮，2009），才会真正重现蔚蓝的学术天空。

三是受"同而不和"私利思维的掣肘,高校学术职业存在着学术人"共同体"缺乏的问题。学术职业共同体是由对学术职业有共同信念的人组成,这种共同信念规定他们有共同的基本理论、观点和研究方法,为他们提供了共同的理论模型和解决问题的框架,从而形成一种共同的信念,规定共同的发展方向。学术研究是由"学术人"共同体在共同的信念支持下的一种共同的研究活动。如果"学术人"共同体的信念发生了改变,必然导致"学术人"对某一学科领域的基本样态的认识发生根本性的变化,从而导致学术研究范式的革命。但"作为学术共同体的学校只表现为熙熙攘攘的知识集市,而不再是一个相濡以沫的知识社群,充斥在这里的也将只是知识摊位之间的尖利叫卖声,而不再是研究过程中无功利的共享快乐"(钱理群,高原东,2003)[259],大学和学术职业也将因丧失自身的本质特征而"自我消解"。从学术职业群体自身来看,虽然近年来我国高校在不断地倡导团队建设、梯队建设等学术共同体的发展,但囿于奖评制度、分配制度等制度性障碍的影响,一方面,虽然强调学术共同体的建设,但高校学术共同体往往陷入了"同而不和"的境地,仅仅是表象上的相同和一致,而非追求内在的和谐统一,"同"是"利"的驱使,因为各争私利,必然互起冲突,这种"同"反而导致了"不和"。中国人民大学的张某事件、北京大学的邹某事件等,在一定意义上就是这种思维的典型代表。另一方面,学术职业共同体还没有真正建立起来,但某一位教师或高校在某一方面出现与学校或其他主体的纠纷、争议,往往只能是单打独斗,因为势单力薄,结果只能头破血流、惨败而归,很难得到其他教师或高校的支持或联盟。武汉理工大学某教师开设的"风水与建筑"课、西北大学林某的职称评审案、海淀区教师进修学校教师袁某话语权等存在诸多争议的事件,都呈现出了教师个人的单打独斗,缺乏教师共同体的维权联盟,没有共同体的声音,最终因势单力薄而导致教师权利遭受无情的侵害。因此,高校学术职业共同体需要摒弃"同而不和"的陋习,发扬"和而不同"的优良作风,强调和合精神,"所谓和合,是自然、社会、人类、心灵、文明中诸元素、要素相互冲突、融合,与在冲突、融合的动态过程中各元素、要素和合为新结构方式、新事物、新生命的总和。""天地间万事万物都是依'和'或'合'而有的'和合者'"。(张立文,1996)[18]拥有和合精神的学术职业共同体,是保护学术职业者的利益、为每一个学术职业者创造福利的共同体，讲究科学，强调民主，提倡公平，建构具有共同信念与理想的学术职业共同体，从而为"学术人"构建有安全感、归属感、幸福感的学术家园。

四是受高校行政化运行机制的渗透，高校学术职业存在着"趋于"行政化的危险。"中国近现代大学在百余年的发展历程中，不仅大学的成长历经坎坷，而且大学的学术权力也无不打上了社会政局复杂多变的烙印。"（潘懋元，2003）[154]长期以来，我国高等学校的学术职业存在着严重的行政权力强势、学术权力式微的问题，是一种典型的行政权力主导的治理结构。虽然在20世纪二三十年代，我国高校的发展一定程度上按照大学"学术"的本质在运行和发展。当时有两个事件以"学术力量"对"行政力量"的胜利就很能说明这一问题。一是1925年北京大学的"脱离教部"事件，二是1931年清华大学的"驱吴运动"事件。在这两个事件中，无论是北京大学的评议会还是清华大学的教授会，都发挥了至关重要的作用，其权力的行使不仅是合法的和符合程序的，而且通过民主的方式做出决策，体现了"教授治校"的本质，使学术权力的行使得以淋漓尽致的发挥，但这样的事件在中国大学发展史上仅仅是昙花一现、稍纵即逝。从20世纪30年代中后期算起，一直到20世纪80年代中期，受制于外在政治环境的压力，我国高校治理结构全面地以"行政权力"代替"学术权力"，政府行政权力的扩张与高校的行政化同在。从20世纪80年代中后期开始，在我国政治体制、经济体制渐次推进过程中，政府通过一系列教育法律、法规、政策文件，试图扭转高校的"泛行政化"现象。但是，效果不甚理想，高校依然没有摆脱"泛行政化"的桎梏，"权力体制设计与配置不尽合理，行政化方式主导学术权力的现象较为普遍，权力运行欠规范，学生组织作用发挥不够，信息交流透明度不够，学者参与程度低，政治影响力在基层学术组织有弱化趋势"（张海良，2010）等问题长期存在，行政权力挤压学术权力，学术职业的生存场域极度恶化，处于权力结构的最底层，这与我国高校权力运作是一种典型的政府控制模式是分不开的。中国载人航天工程飞船系统总设计师戚发轫曾说，"现在有些科研人员不愿在第一线科研攻关，而总想着去当什么处长，更愿意到管理部门去。""一些教育管理者缺乏教育的神圣感。行政权力或公权力不太顾忌地挤压教育与学术权力的现象时有发生。校长及其行政系统滥用对学术的权力，其实是对教育规律的不尊重。"（蔡蕴琦，2010）

科研、教学人员争着做官，单从表面看，原因似乎很简单，因为管理部门有"权"。因此，我国高校的学术职业存在着明显的主体倒错现象，其实质就是学术职业走向行政化，行政力量取代学术地位，一切以行政为轴心而非以学术为中心，行政权力垄断着学术资源的配置，学术资源掌握在行政人手中，急功近利、目光短视的行为在学术行政化的状态下已成为常态。也就是说，"行政人员成为高等学校运行的核心，教学、科研人员相当程度上成为行政系统的'螺丝钉'，难于获得学术支配权，缺少独立自主发展的可能性。高等学校大部分权力掌握在职能部门手中，职能部门既是制定政策的决策者，又是实施行政的管理者，同时还是监督者。行政队伍中的业务骨干、技术精英、管理能手、学术带头人由于高等学校行政化体制，也被行政化、官员化了。"（巫春华，2005）有媒体经统计发现，教育部评出的第五届国家高等学校100位教学名师中担任党委书记、校长、院长、系主任、教研室主任、实验室主任、研究所所长等行政职务的，占到九成，还有人身兼几种职务，行政职务为高校党委书记、校长、副书记、副校长、校长助理等"校座"就多达20位，而不带任何"官职"的一线教师仅有10人左右。（石述思，2009）同时，某大学一个处长职位竟然有40多位教授去应聘。这些事实的客观存在，只能说明：身居处长等行政职务者的利益大于教授利益，因为在当前高校管理中，科研经费的划拨、职称的评定、资源的配置等皆由行政主导，皆仰望行政权威，但无论是"学而优则仕"，还是"仕而优则学"，都严重偏离了高校学术本位的正常逻辑，学术与行政的高度合一，削弱了教师在高校中的主体地位，违背了学术自由的基本原则，不利于中国特色现代大学制度的建设，阻碍了大学精神的发扬。因此，扭转高校学术职业"趋于"行政化的危险局面，纠正高校行政化的不良倾向，必须从治理学术行政化入手，正本清源，回归学术本位，强化行政为学术服务的理念。

（二）自主生存：我国高等学校学术职业的生态场域

依照《辞海》的解释，自主是"自己做主，不受他人支配"，生存是"保存生命，活在世上"，具有"活着，活下去"、"在世的人"、"存在"、"生活"等意思，作为"自主"与"生存""二重唱"的"自主生存"则是"自己做主，不受他人支配地存在或活着"。显然，高等学校学术职业作为高度专业化的职业，本质上就具有典型的不受其他外在力量干预的自主存在性，是由学者共同体所形成的自主生存的生态场域。按照布尔迪厄的界定，场域为"位置之间客观关系的网络或图式，这些位置的存在、它们加诸于其占据者、行为者以及机构之上的决定作用都是通过其在各种权力的分布结构中的现在的与潜在的情境客观地界定的，也是通过其与其他位置之间的客观关系而得到界定的。"（斯沃茨，2006）[136]在一个场域中，不同的主体占据不同的位置，这种位置是由其掌握的资本来决定，同时不同的位置也影响着对资本的支配。布尔迪厄所说的资本不仅包括经济资本，还包括社会资本和文化资本。各种文化思想交织而成文化场域，人的行为、思想受到文化场域的影响，任何一种思想的形成和发展均需要通过文化场域的转换才能走向现实。高等学校作为知识传承与创新机构，本质上就是一种文化机构。而高校学术职业的自主生存作为一种生活形式是在特定的文化生态场域中形成和发展的，自主生存的生活形式与文化生态场域的契合程度直接影响着高校学术职业建设的成效，只有二者在高度契合的情况下，才能真正实现共荣共生、和谐互进、互惠互利的生态场域。从历时性与共时性方面来审视高校学术职业自主生存的生态场域，其契合程度在于以学术为关节点的崇尚学术自由、追求学术精神、坚守学术规范、担当学术责任四个方面，也就是说，高校学术职业的生态场域是基于学术本位的自主生存。

一要崇尚学术自由。自由是大学活力的源泉，是现代大学成功的关键所在。因此，从高等学校特定的范围来看，学术自由不仅包括大学教师、学者、研究人员享有教授、研究和发表见解、观点、成果的自由以及在学术交流中充分发表自己言论的自由，而且也应该包括学习者即学生享有的学习自由，同时作为国家不得以政治权威、行政干预、外力恐吓等手段加以干涉，并且应积极通过各种制度的手段予以保障。（祁占勇，2009）[206]正如洪堡所讲："高等学术机构是学术机构的顶峰——其全体成员（只要可能的话），就必须服膺于纯科学的观念。因此，在这一圈子中，孤独和自由便成为支配性原则。"（Bedingungen，1984）其表达的本质上是一种思想自由，与爱因斯坦对思想自由的表达如出一辙，爱因斯坦曾经提出："科学的发展，以及一般的创造性精神活动的发展，还需要另一种自由，这可以称为内心的自由，这种精神上的自由在于思想上不受权威和社会偏见的束缚，也不受一般违背哲理的常规和习惯的束缚。"（爱因斯坦，1979）[180]因为"大学不是风向标，不能什么流行就迎合什么。大学必须时常给社会一些它所需要的东西（what the society needs），而不是社会所想要的东西（what the society wants）"，否则，大学就会犯荒唐的甚至是灾难性的错误。（Flexner，1930）[5-6]雅斯贝尔斯认为："大学是一个时代的智力良心（intellectual conscience），大学人不必为现实的政治负责，主要因为它对发展真理负有无限的责任。"（Jaspers，1965）[132] "这意味着大学要求绝对的教学自由，国家应保证大学不受任何党派政治的控制，或不受政治哲学或宗教神学的强迫，而独立开展科研和教学的权利。"（Jaspers，1965）[141]《世界高等教育宣言》也明确指出：学术自由是21世纪大学发展的永恒原则。其实，自有大学以来，大学就是由学者组成的行会，作为大学主体的教师就享有教学与研究的自由。所谓教的自由就是指教师在专业上享有自由探讨、发现、出版、教授在各自专业领域内所发现的真理，并且这种自由不受任何限制，也不听从任何权威的指挥，任何政治的、党派的和社会的舆论不得加以干涉。因为教师是实施教育计划的主将，把最新的知识传授给学生。教师的教育教学权也是我国《教师法》、《教育法》明确规定的教师的一项权利。这项权利在教育教学过程中的实现即为教师的教学自由，也就是说教师可以根据教育计划、教学大纲、教学工作量等的要求，合理地确定教学内容与进度、针对不同教学对象而开展教学试验与改革。任何机构、组织都不得干涉教师的教学自由，否则就是对教师权利的干涉。"在一个大学中，知识就是它本身的目的，而不只是达到目的的手段。一个大学如果变成教会、国家或任何局部利益之工具，那它将不再对它自己的本质忠实。大学是为自由研究的精神所塑造。""大学的任务即在于提供一个最有益于思维、实验和创造的环境。那是一个可以达成大学的四项基本自由的环境——在学术的基础上自己决定'谁来教'（Who may teach?）、'教什么'（What may be taught?）、'如何教'（How to teach?）以及'谁来学'（Who may be admitted to study?）。"（申素平，2003）显然，教学自由的实现，是教师主体性的实现。同时，教师除了教学自由以外，还应当有研究自由，体现治学自治的精神，实现教师的思想自由。因为"大学教师享有按照自己的学术爱好和学术界公认的标准从事教学与研究的自由；在叙述活动中通过语言交谈、书信写作或出版物发表其研究成果的自由；结成学者社团并参与社团活动的自由，通过出版物、口头和书信的方式与大学国内外同事和同行进行学术交流的自由。"（杨东平，2005）在这里，大学的研究自由，需要反对学术霸权，提倡不同声音的展现，才能使学术得到发展；同时研究自由，不是固守"象牙塔"，不是"学术中立"，需要针砭时弊。唯有如此，人类的知识才能丰富，思想才能深刻。在中国特色现代大学制度建构中，教师的研究自由是至关重要的，因为教师的研究自由不仅是谋生的手段，更是实现其生命意义与价值的途径；不仅是一种外在的权利层面的自由，更是一种内在精神的自由，是教师在学术活动中对任何学术结论的理性批判和对真理的追求，不是依附于谁，而是基于学者的良心、责任与使命感，实现研究的自由。因此，学术自由应该是不受任何外界干预，由学者自由地表达和行使。正如洪堡所言："国家不能直接希望从大学获取它所需要的东西，只能希望等到大学实现自己的目的以后，大学才能真正为国家提供所需要的东西。"（龙叶明，2006）因为，"学术自由的实现不仅要避免教会的干预，而且要避免国家的干预，为此就要求国家对大学发展持长远的眼光，而不是指望从大学的当前活动中获得直接的好处。这意味着国家要大力支持大学，并且要尊重大学的学术自由。"（黄福涛，2003）[159-160]克拉克·科尔也认为，大学为社会服务，应该建立在大学自身能够顺利发展的基础之上。大学应该引领社会发展，而不是跟着社会摇摆而失去自我（科尔，1993）[110]。这充分地表明，对大学来讲，学术目标是大学应坚守的生命线，效率目标是为学术目标服务的，高校制度的变革不能本末倒置，应实现从"效率至上"向"崇尚学术"的转变，因为"如果不顾大学教师的职业特性，其消极后果也许将在很久以后才能看清楚，而到那时，人们只能是站在'沙尘暴'中追求绿洲"（周作宇，2001）。

二要追求学术精神。精神本身就是"精"和"神"的阴阳合一或有机统一。精神离开"精"，就会变成为人们敬而远之、顶礼膜拜的"神仙"，进而统治人的"神"。精神离开"神"，就会变成丧失神圣、尊严，弃善从恶、妖里妖气、神神秘秘的"妖精"、"鬼精"、"鬼怪"。精神无论没有"精"还是没有"神"都是有毛病的精神，是得了精神病的精神，是不正常的精神，是没有资格、不能叫做精神的精神、意识、思维、思想等。（郝文武，2006）[356]因此，高校学术职业追求学术精神，理应是二者的有机统一。正如加塞特所说，"学术是人类最崇高、最伟大的追求和成就之一，其崇高程度要胜过作为一个教育机构的大学本身，因为科学就是创造……无论我们喜欢与否，科学把普通人排斥在外，它所涉及的是一种非常少见、与人类一般常规活动相距遥远的行为，科学家就像现代修道士……数量有限的科学家能够比较独立地对待事物，他们看到的是珍珠而不是隐藏着珍珠的牡蛎。"（加塞特，2001）[75-76] "当我们看到一个民族的大部分最有天赋的成员都在摆脱名利的可能诱惑而从事一项纯理想的事业时，这实在是人类历史上的罕见事例。……追求真理和为知识而获得知识，作为一项崇高而有价值的职业，我们看到了作为一切人类无私努力之真正特征的那种精神的自我否定和升华。……科学——对纯粹真理的知识追求至少暂时能把人类的大部分从世俗生活的低级区域提升到理想的高空，并能提供一个额外的证据，证明这样的信念：我们的真正的家在那里，而不在尘世间。"（梅尔茨，1999）[189] 这就要求我们有"文章不说半句空"、"板凳甘坐十年冷"、"十年磨一剑"等潜心学术的精神，打破学科壁垒，树立宽容、包容意识，求真务实、勇于开拓，因为学术，也不仅仅是学业的、教学的（尤指与学校教育有关）意思，它还表示通过原创性的研究去追求科学的理智和真理。"一旦人们停止对科学进行真正的探索，或者认为科学是不需要从精神的深处创造出来，而是可以通过收集把它罗列出来的话，则一切都是无可挽回的，且将永远丧失殆尽。"（贝格拉，1994）[79] 这充分地说明，以"研究高深学问，培养硕学闳才"为鹄的学术职业，有其独特的精神实质，比如，北京大学以"提倡新学，主张思想自由，兼容并包"而闻名，清华大学以"自强不息，厚德载物"而传世，北京师范大学以"学为人师，行为世范"而著称，"北大之创新，清华之严谨，南开之笃实，浙大之坚韧"等，本身就表达了一种独特的学术精神。因此，崇尚学术自由，没有永不言弃的精神追求是不可能达到学术的高峰和顶端。正如爱因斯坦所提出的："追求真理和科学知识，应当被任何政府视为神圣不可侵犯，而且尊重那些诚挚地追求真理和科学知识的自由，应该作为社会的最高利益。"（爱因斯坦，1979）[48-49] 美国联邦最高法院大法官司沃伦在推翻新罕布什尔州法院对新罕布什尔大学教授保尔·斯威齐一案的判决时也写道："自由在美国大学里的重要性几乎是不言而喻的。任何人都不应低估那些对我们的青年进行指导和训练的人所起的关键作用，把任何紧身衣强加给我们大学的思想导师都会危害我们国家的未来。如果对任何一个教育领域不做如此理解，就不可能有新的发现。社会科学领域尤其如此。在怀疑和不信任的氛围中，学术不能繁荣。教师和学生必须永远自由地追问，自由地研究，自由地评价，自由地获得新的成熟和理解，否则，我们的文明将会停滞乃至灭亡。"（刘北成，2003）1859 年出版的约翰·穆勒的《论自由》一书，曾从思想自由和表达自由与社会进步的关系上对追求学术精神作了有力的论述："人类应当有自由去形成意见并且无保留地发表意见，……这个自由若得不到承认，或者若无人不顾禁令而加以力主，那么在人的智性方面并从而也在人的德性方面便有毁灭性的后果。""假使文化史对我们有一点教训，那么，就是这样：有一个完全可由人力获得的精神进步与道德进步的最高条件，就是思想和言论的绝对自由。这种自由的建设可算是近代文化最有价值的成绩：并要认它是一个社会进步的根本条件。"（伯里，2003）[127] "我们若不再力主精神自由，我们就不能期待什么新的起步了。"（穆勒，1982）[36] "既然思想自由的原则是社会进步的最高条件，那么，它就不是属于寻常利益的范围里而属于我们称为正道的更高利益的范围里，换句话说，它是人人应该认可的一种权利"（伯里，2003）[127]，是人人可以追求的一种精神，不能因为我们所制造的外在规约、规制而限制了人的思想、学术自由，进而使人的精神受到蒙蔽、麻痹，成为阳奉阴违、形似走肉、缺乏骨气的学术工具或器具。

　　三要坚守学术规范。没有规矩就不成方圆，作为从事学术职业的学术人，也应该遵守最基本的学术底线，坚守学术规范，弘扬学术精神，从自身做起，坚决抵制学术不端行为。其实，为了净化学术氛围，教育部、各个高校都相继出台了相关教育规章、内部规定来应对学术不端行为，2001 年 5 月教育部在发布的《全国普通高等学校人文社会科学研究"十五"规划纲要》中首次明确提出："要把学风建设列为科研队伍建设的重要内容。"2002 年 2 月教育部公布了《关于加强学术道德建设的若干意见》，2004 年教育部发布了《高等学校哲学社会科学研究学术规范》，2006 年教育部社会科学委员会又成立了学风建设委员会。在此基础上，大多数高等学校也出台了一系列有关学术道德建设方面的若干意见、实施细则、道德守则、纪律规范、管理办法等。但比较可惜的是，近年来我国高校学术失范事件相继频发、不胜枚举，上至院士、校长，下至讲师、青年博士出现学术不端行为的现象时有报道。在此仅举三例，一是 2009 年 12 月 19 日，国际学术刊物《晶体学报》官方网站指出，井冈山大学化学化工学院讲师钟某和工学院讲师刘某从 2006 年到 2008 年在这一刊物发表的 70 篇论文存在造假现象，并做出一次性撤销的决定。二是 2009 年 8 月西安交通大学 6 位教授举报、状告长江学者造假事件在西安碑林区法院二度开庭，两小时法庭调查结束后，法官宣布休庭，但下次庭审时间尚未确定，而且在首次庭审过程中，有一个有趣的瞬间，主审法官王健提出："对于你们的学术问题，法院一窍不通，对于你们这些知识，我们只能听听，你们争论的中心思想是国家科技大奖是否造假，我想问一下原告和被告，针对这一情况，国家的哪一个专业部门能够认定造假是否成立？"（孙海华，雷宇，叶铁桥，2009）当时的庭审中，王健的提问迟迟无人应答。那也就说明，指望用法律手段制裁学术不端行为，至少在目前看来还遥不可及。三是浙江大学"贺某论文事件"，牵扯到浙江大学药学院院长、学术带头人和合作导师的李某院士，曾轰动一时。那我们到底如何看待这些事件，又怎么去处理呢？在西方，抵制和打击学术不端行为的措施大致包括制定相关政策、加强学术规范、加强编辑出版工作的道德规范、加强对于学术不端行为的研究、对学术不端行为的惩罚、加强学术道德教育等几个方面，这些也是我们在治理学术不端行为方面值得借鉴的做法。美国斯坦福大学前校长唐纳德·肯尼迪曾就大学学术管理组织处理学术不良行为过程中所表现出的软弱与无奈有着极为深刻的体验，他认为："历史的记录是耐人寻味的。一方面，即使对某些学术欺骗行为十分清楚，科学家们也宁愿对其保持沉默，而不愿意将其公之于众而使学术声誉受到玷污；另一方面，有关委员会和专门小组在分析具体事件时十分粗糙，在执行规定的诉讼程序时也很不严格。"（肯尼迪，2002）[278]这就要求作为从事学术职业的人，要耐得住寂寞，寂寞意味着要与政治、经济社会利益等保持一定的距离，甘于寂寞，不为任何俗务所干扰，潜心于科学，体现了学术上的自主性。同时，作为学术共同体的学术人，也要作自己行为的监护人，也就是布鲁贝克曾讲的那样："基于学者是高深学问的看护人这一事实，人们可以逻辑地推出他们也是他们自己的伦理道德准则的监护人。"（布鲁贝克，1987）[120]如果没有这样勇气的话，我们的学术永无宁日、没有出头之日。难怪乎2010年10月12日美国《科学》杂志主编布鲁斯·艾伯茨在访问华中农业大学时，介绍说："每年《科学》会收到1.4万份论文，最后被接受刊发的只占投稿总量的8%。瑞士的用稿率最高，而中国论文的拒稿率最高。"他同时告诫说："科学是为了理想，并不是奖励。""如果太重视发表论文，对经费和职称问题考虑得太多，可能就没有足够的时间和精力考虑真正的科学问题。"（魏晓青，2010）这不仅反映我们的学术职业功利性色彩较为浓厚，潜心学术的精神还有待提升，也说明我们的科研还达不到国际水平，与国际化程度还有一定距离。因此，在学术规范方面，我们还应坚持本土化和国际化相结合原则，努力塑造中国教育学人在国际上的影响力，用国际视野来分析问题，但前提是立足中国特色。

四要担当学术责任。从事学术职业的学术人，当国家、政府、社会等赋予学术职业者学术自由的同时，相应的学术职业者也要承担学术责任，不可能做到完全的"价值无涉"，也不可能完全地随心所欲，其必定包含着一定的义务或责任。美国波士顿学院国际高教研究中心主任菲利普·阿尔特巴赫教授曾说："保证教学和研究的必要条件之一是学术环境，它是建立在学术自由和教师自主与责任之间适当的平衡基础上的。"（教育部中外大学校长论坛领导小组，2002）[61]因此，学术责任是大学学术自由传统的重要组成部分，社会赋予大学以学术自由，大学则必须通过履行相应的学术责任以回报社会。也就是说，探索高深学问就不仅仅是学者个人的一种喜好和自由，同时也是学术人的一种社会责任，学术职业者必须要意识到它对国家、社会、民众所承担的责任，自觉地在价值观念上与国家、社会保持一致。否则的话，学术就变成了花瓶，大学就远离了社会中心，就不可能变成社会轴心，起不到引领社会文化思潮创新的作用。从本质上来讲，学术责任应该是内涵了勇于批判、敢于质疑、不拘泥于权威、彰显霸气、弘扬正气、大胆创新、尊重多元等在内的一系列责任的担当。当前，大学及其学术人的学术味太浓，学究气太足，学术语太重，将自己禁锢在"象牙塔"，不食人间烟火、眼中不容沙子，趾高气扬，以高尚的道德践行者自居，其实这不利于学术的繁荣和发展，反而会导致学术走向死胡同。因此，学术职业在发扬批判、质疑、创新、尊重等学术精神的同时，还要担当学术责任，为国家、社会、人民的公共利益谋福利，为建设创新型国家、培养创新性人才、实现国家从人力资源大国向人力资源强国转变、进入人力资源强国行列等贡献学术资源和智力支持，不然就会受到社会的唾弃，被社会所不齿，也就缺乏合理性存在的根基。正如唐纳德·肯尼迪所讲："大学遭受批评的根源在于，大学内部不能认真承担责任。社会慷慨地赋予大学以学术自由，而我们却没有注意到事物的另一面。它和我们怎样看待自己的责任，我们的赞助人及顾客怎样看待它有关。如果我们能澄清对责任的认识，并获得公众对它的接受，我们就已经履行了对养育我们的社会的一项重要义务。这项义务构成学术责任的最高制度形式。"（肯尼迪，2002）[26] 正如美国大学教授协会在 1940 年发表的《关于学术自由与教授终身制原则的陈述》中所强调的，学术自由其实"并不意味着教授享受什么特权和福利，而是通过鼓励学术探索以达到丰富人类知识并最终造福于公众的目的"，（程星，2006）[126-127] 因此，学术自由是学术职业履行社会责任的必要前提，如果大学及学术人放弃了社会责任，大学自身的发展也就没有了活力，学术自由作为大学学术生命的源泉，其本身的价值也就渐渐地销声匿迹了。

第二节　双重维度下高等学校与教师法律关系研究

大学与教师的法律关系在不同的教师制度中，构成不同的法律关系。依据《教师法》、《高等教育法》的规定，教师的管理制度主要有教师资格制度、教师职务制度、教师聘任制度，同时，教师作为高校教育教学活动的组织者、领导者、实施者，有权对高校的事务进行监督和意见、建议的表达，如可以通过教职工代表大会行使民主监督的权利，而且不同的制度可以从群体与个体两个维度来分析。

一、代表教师群体利益组织维度下的大学与教师法律关系分析

依据相关教育法律、法规以及教育规章的规定，在高等学校的组织与管理中，代表教师群体利益的组织主要有教职工代表大会、工会等，作为教师群体利益的代表者，其如何维护教师的利益？其与学校、教师又会构成什么样的法律关系呢？

（一）代表教师群体利益的工会的法律地位及其与大学的法律关系分析

随着我国社会结构特别是社会分化的加剧，利益群体化的特征更加凸显。高校工会作为教师群体利益的代表者与维护者，必须加强自身职能的定位，依据法律法规开展工作。高校工会是由广大教职工组成的工人阶级的群

众组织，是高校党组织联系群众的桥梁和纽带，也是学校工作的重要支柱。高校工会要全心全意维护教职工的权益，必须重视、尊重和支持教代会工作，妥善处理好党、政、工三者的关系，使其形成合力，才能使高校各项事业顺利发展。

目前人们对高校工会的认识还有待于进一步加强与深化，高校工会本身也应该加强自身职能的建设，进而更好地维护教职工的权益。从我国建设社会主义法治国家的本质特性出发，高校工会工作的开展必须在法律法规的指导下开展，任何职权的行使必须有法律依据。那么，如何认识高校工会的法律地位、其与高校法人等不同主体之间会形成什么样的法律关系等问题，依然是亟待解决的难题。

1. 高校工会设立的法律依据及其特点

高校工会是在中国共产党领导下由高校教职工自愿结合的工人阶级的群众组织，是发展我国教育事业的重要力量，是办好社会主义学校的重要依靠力量。高校工会作为工人阶级的群众组织，它代表广大教职工参政议政、参与教育事业的民主管理与民主监督，在促进我国教育事业的改革与发展中，发挥着重要作用。

高校工会设立依据主要有法律法规和章程。高校工会设立的直接依据是2001年新修订的《中华人民共和国工会法》（以下简称《工会法》）。《工会法》第2条规定："工会是职工自愿结合的工人阶级群众组织。中华全国总工会及其各工会组织代表职工的利益，依法维护职工的合法权益。"第3条规定："在中国境内的企业、事业单位、机关中以工资收入为主要生活来源的体力劳动者和脑力劳动者，不分民族、种族、性别、职业、宗教信仰、教育程度，都有依法参加和组织工会的权利。任何组织和个人不得阻挠和限制。"第10条规定："企业、事业单位、机关有会员二十五人以上的，应当建立基层工会委员会；不足二十五人的，可以单独建立基层工会委员会，也可以由两个以上单位的会员联合建立基层工会委员会，也可以选举组织员一人，组织会员开展活动。女职工人数较多的，可以建立工会女职工委员会，在同级工会领导下开展工作；女职工人数较少的，可以在工会委员会中设女职工委员。""企业职工较多的乡镇、城市街道，可以建立基层工会的联合会。""县级以上地方建立地方各级总工会。""同一行业或者性质相近的几个行业，可以根据需要建立全国的或者地方的产业工会。"

　　同时，《中国工会章程》第 24 条也明确规定："各种所有制企业、事业和机关等基层单位，应依法建立工会组织。"

　　从《工会法》、《中国工会章程》中的相关条款我们不难发现，高校作为事业单位，必须依法建立高校工会。高校工会是党联系群众的桥梁和纽带，是国家政权的重要社会支柱，是会员和职工利益的代表者。高校工会既有与一般工会相同的地方，也有别于一般工会组织的特殊性。

　　我国《工会法》对工会组织有明确的定性，工会是职工自愿结合的工人阶级的群众组织。由这一规定可以看出，我国工会有三个主要特征，这也是高校工会与一般工会相同的地方。

　　一是工会的阶级性，也就是说，工会会员必须是工人阶级成员。《工会法》第 3 条对可以加入中国工会成为工会会员的工人阶级成员作了规定："在中国境内的企业、事业单位、机关中以工资收入为主要生活来源的体力劳动者和脑力劳动者，不分民族、种族、性别、职业、宗教信仰、教育程度，都有依法参加和组织工会的权利。"可见，以工资收入为主要生活来源的劳动者是成为工会会员的具体标准。

　　二是工会的群众性，即工会是一个由职工群众组成的组织。其成员体现了广泛的群众性，工会所代表的也应该是广大职工群众的利益。当前，加快基层工会的建立步伐，在确保国有企业、集体企业职工入会率不下降的同时，把非公有制企业的职工组织到工会中来，也是符合工会组织群众性的要求的。

　　三是工会的自愿性，即工会是由职工群众自愿结合成立的。也就是说，职工依法参加和组织工会是按照自己的意愿决定的，是自愿结合的，任何单位和个人不得强迫。但是，这并不排除上级工会帮助和指导企业职工组建工会的工作，《工会法》第 11 条第 2 款规定："上级工会可以派员帮助和指导企业职工组建工会，任何单位和个人不得阻挠。"

　　但是，高校不同于企业单位，高校工会也有区别于其他工会组织的特殊性，主要表现有以下几个方面。

　　一是高校工会以育人为目的。众所周知，高等教育肩负着"培养具有创新精神和实践能力的高级专门人才，发展科学技术文化，促进社会主义现代化建设"的使命。与企业等单位相比，高校的宗旨是培养合格的社会主义事业的建设者与接班人。

二是高校工会属于教育工会。教育工会是我国的产业工会，高校工会则是教育工会中的基层工会，接受校党委和上级工会的双重领导。高校工会通过召开工会大会（或工会代表大会）和教职工代表大会的形式，来行使民主管理和民主监督，以及维护广大教职工的合法权益。高校工会组织委员会则是高校教职工代表大会的工作机构。

三是高校工会要以高校学科建设与校风建设为中心，服务于全体师生和高校的建设与发展。

2. 高校工会的法律地位

高校工会的法律地位是指以法律形式规定的高校工会在社会关系中的地位，是高校工会属于某类的权利、责任、能力和无能力。高校工会作为工人阶级的阶级组织和群众组织，其法律地位集中表现为高校工会在国家政治、经济、文化中的地位。《中华人民共和国工会法》作为国家的基本法律，明确规定了工会的性质、任务、权利、义务、活动准则和组织原则，使工会工作在改革开放的社会环境中有了更加完备的法律依据，从法律上明确了工会的法律地位，为工会依法开展工作提供了法律上的保障。

具体而言，高校工会的法律地位主要表现在以下两个方面。

一是高校工会是具有独立的社团法人资格的法人。工会具备独立的地位首先要求工会必须具备独立的主体资格。我国《工会法》第 14 条规定："中华全国总工会、地方总工会、产业工会具有社会团体法人资格。基层工会组织具备民法通则规定的法人条件的，依法取得社会团体法人资格。"1997 年 5 月 28 日，最高人民法院在《关于产业工会、基层工会是否具备社团法人资格和工会经费集中户可否冻结划拨问题的批复》中指出："基层工会只要符合《中华人民共和国民法通则》、《工会法》和《中国工会章程》规定的条件，报上级工会批准成立，即具有社团法人资格。"高校工会的社团法人资格，可从以下四个方面加以说明：其一，我国高校工会组织都是依法成立的，并且在宪法和法律范围内活动，依照工会章程独立自主开展工作。国家保障高校工会的合法权益不受侵犯，我国工会是合法存在的社会团体；其二，高校工会都拥有自己必要的财产和经费；其三，高校工会有自己的正式名称和组织机构，有必要的设施和场所等物质条件，虽然由各级人民政府和学校提供，但工会具有使用权；其四，绝大多数高校工会组织，都能够独立承担民事活动中诸如赔偿经济损失、支付违约金以及其他民事责任。

高校工会独立法人资格的取得对于保证高校工会在各种法律关系中享有与其他主体平等的法律地位，保障其工作的正常开展和依法参与各种维护职工权益的活动，具有重要的意义。（孙学华，2005）

二是高校工会的权利与义务。高校工会的法律地位是通过高校工会在法律关系中的权利和义务关系体现出来的。我国《工会法》第三章"工会的权利和义务"之中，对工会的权利与义务进行了明确的规定，这些规定也完全适用于高校工会。例如：

在权利方面的规定主要有：《工会法》第 19 条规定："企业、事业单位违反职工代表大会制度和其他民主管理制度，工会有权要求纠正，保障职工依法行使民主管理的权利。"第 20 条规定："工会帮助、指导职工与企业以及实行企业化管理的事业单位签订劳动合同。工会代表职工与企业以及实行企业化管理的事业单位进行平等协商，签订集体合同。集体合同草案应当提交职工代表大会或者全体职工讨论通过。"第 21 条规定："企业、事业单位处分职工，工会认为不适当的，有权提出意见。"第 22 条规定："企业、事业单位违反劳动法律、法规规定，有下列侵犯职工劳动权益情形，工会应当代表职工与企业、事业单位交涉，要求企业、事业单位采取措施予以改正；企业、事业单位应当予以研究处理，并向工会作出答复；企业、事业单位拒不改正的，工会可以请求当地人民政府依法作出处理：（一）克扣职工工资的；（二）不提供劳动安全卫生条件的；（三）随意延长劳动时间的；（四）侵犯女职工和未成年工特殊权益的；（五）其他严重侵犯职工劳动权益的。"第 25 条规定："工会有权对企业、事业单位侵犯职工合法权益的问题进行调查，有关单位应当予以协助。"等等。

在义务方面的规定主要有：《工会法》第 30 条规定"工会协助企业、事业单位、机关办好职工集体福利事业，做好工资、劳动安全卫生和社会保险工作。"第 31 条规定："工会会同企业、事业单位教育职工以国家主人翁态度对待劳动，爱护国家和企业的财产，组织职工开展群众性的合理化建议、技术革新活动，进行业余文化技术学习和职工培训，组织职工开展文娱、体育活动。"第 32 条规定："根据政府委托，工会与有关部门共同做好劳动模范和先进生产（工作）者的评选、表彰、培养和管理工作。"等等。

以上分析表明，高校工会是社团法人，是享有法人权利并履行法人义务的社会团体法人。

3. 高校工会的法律职能

设立高校工会的目的是为了更好地发挥工会在高校建设与发展、服务教职工中的职能。具体来讲，高校工会要突出维权、参与、教育、建设的职能，充分发挥民主参与、民主监督和维权等作用，努力实现工会工作的群众化、民主化、法制化。

一是高校工会的维权职能。维护教职工合法权益是法律赋予高校工会的神圣权力，是高校工会的生命线，也是高校工会做好各项工作的出发点和落脚点。随着高等教育体制改革的不断深化，在实行竞争上岗和岗位聘任制之后，高校的劳动关系、利益关系正在发生深刻的变化，迫切需要高校工会更好地发挥维权作用。我国《工会法》第6条规定："维护职工合法权益是工会的基本职责。工会在维护全国人民总体利益的同时，代表和维护职工的合法权益。工会通过平等协商和集体合同制度，协调劳动关系，维护企业职工劳动权益。工会依照法律规定通过职工代表大会或者其他形式，组织职工参与本单位的民主决策、民主管理和民主监督。工会必须密切联系职工，听取和反映职工的意见和要求，关心职工的生活，帮助职工解决困难，全心全意为职工服务。"也就是说，高校工会以维护教职工合法权益为其基本职责。但对于高校工会目前的现状来说，尚未建立平等协商机制。由于长期以来我国高校工会形成的"自上而下"的工作方式，很难真正代表和维护职工群众的合法权益，特别是随着高校改革的深入，高校内部不同职工群体利益的差异和分化越来越突出。面对这样的发展趋势，目前高校工会的工作模式明显不适应，这对高校工会工作者提出了新的要求。具体来讲，高校工会依法依规维护职工合法权益主要在两大方面：一是要维护高校的整体利益，保证教学、科研、管理水平的不断提高，这是关系高校可持续发展的大局，任何时候都必须坚持；二是维护教职工的政治利益、经济利益、社会利益。所谓政治利益，就是指教职工参与国家和高校管理的民主权利，即参政、议政权，选举权和被选举权，评议监督权等。经济利益主要指教职工在工资提升、职称评聘、奖金分配、公费医疗、住房等方面应得到的权益。社会利益主要是指教职工在劳动保护、培训、交通安全、文化技术学习等方面应获得保障的权益。

二是高校工会的参与职能。高校工会应把工作的重点放在参与上，积极参与高校发展规划、有关教职工切身利益改革方案等的讨论和制定，协助学校党政领导解决发展中出现的新问题，做好政策解释工作，化解矛盾。我国《工会法》第 5 条规定："工会组织和教育职工依照宪法和法律的规定行使民主权利，发挥国家主人翁的作用，通过各种途径和形式，参与管理国家事务、管理经济和文化事业、管理社会事务；协助人民政府开展工作，维护工人阶级领导的、以工农联盟为基础的人民民主专政的社会主义国家政权。""代表和组织职工参与国家和社会事务管理，参与企业、事业和机关的民主管理。"一方面，高校在决策与执行过程中，由于思考问题的角度不同，某些观点、做法难免产生分歧，通过高校工会工作使之有利于矛盾的解决，做好上情下达。另一方面，工会应把关系到高校发展的群众的呼声及时反映上去，做好下情上达。这样，通过高校工会架起沟通的桥梁，让教职工充分理解高校的决策，也让领导及时听到职工的意见和呼声，共同关注教学，关注科研，关注教师，关心高校的发展，以维护学校和广大教职工的根本利益。

三是高校工会的教育职能。工会的教育职能主要表现为当整体利益与教职工利益发生冲突与矛盾时，作为教职工利益的代表者——高校工会，要通过教育的职能，使高校与教职工的利益冲突降低到最小，在维护高校长远利益、总体利益的同时，更好地表达维护职工的具体利益，坚持维护学校总体利益与维护教职工具体利益的统一。同时，高校工会也要加强对教职工进行爱国主义、集体主义、社会主义教育，民主、法制、纪律教育，以及科学、文化、技术教育，特别要进行党的基本路线和中国特色社会主义的理论教育，不断提高他们的思想、政治素质和业务素质。我国《工会法》第 7 条规定，工会要"教育职工不断提高思想道德、技术业务和科学文化素质，建设有理想、有道德、有文化、有纪律的职工队伍。"

四是高校工会的建设职能。我国《工会法》第 7 条规定："工会动员和组织职工积极参加经济建设，努力完成生产任务和工作任务。"发展是硬道理，作为社会主义的公民不仅要关注国家的建设，同时更应该关注本单位的建设，努力完成自己的本职工作。高校改革与发展是一项系统工程，涉及各方面的利益，更需要广大教职工的理解与支持。高校工会要组织和团结教职工以主人翁的精神积极参加学校各项改革，认真贯彻党的教育方针，努力完成以教学、科研为中心的各项工作任务，做好教书育人、管理育人、服务育人的工作，培养德、智、体等全面发展的建设者和接班人。

4. 高校工会与高校及其他主体的法律关系

在现代大学制度的建设中，涉及诸多的利益主体，不同的利益主体代表着不同的群体利益。高校工会是教职工利益的当然代表者。但是当下高校工会没有从职业团体的角度来认识自身的特殊性质和作用，存在着党群不分、工作形式主义和机关化与行政化倾向、职能缺位、目标定位不明、职权虚化等问题与现象。我们认为，这些问题的存在有其必然性，其根本症结就在于高校工会与高校及其他主体的法律关系的复杂性与模糊性。因此，只有摆正高校工会的目标定位，理顺高校工会与不同利益主体的法律关系，才能充分发挥高校工会的职能，才有利于高校工会恰当地行使职权，并最终实现高校工会工作效率与效益和谐统一的效能最大化。

一是高校工会与党委的法律关系。在我国现有的政治体制下，高校工会是在党委的领导下，围绕学校改革、建设、发展来开展自己的工作，因此，党委、工会在代表党和国家以及职工根本利益上是相一致的，无论各自工作的出发点，工作途径如何千差万别，工作的总目标和最终目标是一致的，是统一的。党委和工会是党和人民利益的代表者。但工会始终要坚持党的领导，接受党的领导，这是不可动摇的根本性政治原则，但这并意味着工会是附属于党委的职能部门。所以要理顺二者之间的关系，一是要建立起党工责权分明，角色明晰的工作运行机制，确保工会的社团法人地位。二是在党委的领导下，工会工作必须要坚持三个到位和一个畅通，即：工会组织的权利和义务要到位，职代会的职权落实要到位，工会干部的素质提高要到位，民主管理、民主监督的渠道要畅通。三是把维护与支持有机统一起来，坚持党和人民利益的一致性，坚持国家、学校、职工利益的一致性。

二是高校工会与政府的法律关系。《中国工会章程》把工会与政府的关系表述为："中国工会维护工人阶级领导的、以工农联盟为基础的人民民主专政的社会主义国家政权，协助人民政府开展工作，在政府行使国家行政权力过程中，发挥民主参与和社会监督作用。"这一规定表明了工会和政府在根本利益上的一致性，即工会应当支持自己的政府，政府也要保护高校工会，支持工会代表职工参政议政和对政府工作的民主参与和社会监督。

《工会法》第33条规定："国家机关在组织起草或者修改直接涉及职工切身利益的法律、法规、规章时，应当听取工会的意见。"同时还规定："县级以上各级人民政府及其有关部门研究制定劳动就业、工资、劳动安全、卫生、社会保险等涉及职工切身利益的政策、措施时，应当吸收同级工会参加研究，听取工会意见。"第 34 条规定："各级人民政府劳动行政部门应当会同同级工会和企业方面代表，建立劳动关系三方协商机制，共同研究解决劳动关系方面的重大问题。"这些规定既是工会和政府在涉及职工利益问题上的合作方式，也从法律上确立了工会的独立地位和在代表职工利益、防止政府的行政行为侵害职工利益方面的独特作用，即在涉及工人利益方面，工会是工人的代表，政府要尊重工会的主体地位并视工会的意见为多数工人利益的反映。可见，工会不隶属于政府，是一个群众性的社团组织，在民事法律关系上双方是平等的法律主体，高校工会是社团法人，而政府则是机关法人，二者相互支持、相互合作。

三是高校工会与高校的法律关系。高校工会和高校之间的关系是多重的，如果从法律的角度来分析的话，就是高校事业单位法人和属于社团法人的高校工会的关系。首先，高校是工会存在的基础。没有高校的建立，高校的工会也没有建立和存在的可能性和必要性。其次，高校和工会具有不同的利益目的。工会的作用是为了增强职工作为一个整体的力量，更好地维护职工的利益，其存在不但有利于职工，而且也使高校和职工可以处于良性互动的关系之中，所以最终也有利于高校的发展，因此高校在涉及职工利益的问题上，应当听取工会的意见。在高校的运行过程中，工会以其独立的地位和职工利益的主要代表者、维护者的身份，对涉及职工权益的劳动关系、劳动条件问题、职工民主管理问题等，有权利提出意见和建议，协助、监督有关方面认真、及时地解决，这一点也有明确的法律规定。最后，在财产关系上，高校与工会财产要相互独立，无论在来源上、属性上还是使用和管理上都不相同。高校不能挪用、侵占工会的经费和财产。由于工会是独立于学校的社会团体，因此工会的财产归工会所有，即使高校因为破产或其他原因，其财产被强制执行或清算，则执行的范围也不包括学校中工会的财产。《工会法》第 44 条规定："工会应当根据经费独立原则，建立预算、决算和经费审查监督制度。各级工会建立经费审查委员会。各级工会经费收支情况应当由同级工会经费审查委员会审查，并且定期向会员大会或者会员代表大会报告，接受监督。工会会员大会或者会员代表大会有权对经费使用情况提出意见。工会经费的使用应当依法接受国家的监督。"第 46 条规定："工会的财产、经费和国家拨给工会使用的不动产，任何组织和个人不得侵占、挪用和任意调拨。"显然，工会与高校是两个不同的法人，高校是事业单位法人，而高校工会则是社团法人，二者不存在隶属关系，高校工会的法律地位独立于高校。

四是高校工会与教职工代表大会的法律关系。《高等学校教职工代表大会暂行条例》第 18 条明确规定："学校工会委员会承担教代会工作机构的任务"，《工会法》指出："工会依照法律规定通过职工代表大会或者其他形式，组织职工参与本单位的民主决策、民主管理和民主监督。"（全国人民代表大会常务委员会，2001）[16] 显然，高校工会一个基本的职责就是落实教代会，高校工会是教代会的专门工作机构，二者具有通约性、共存性，通过教代会来发挥工会的维权、参与、建设、教育等职能。

（二）代表教师群体利益的教职工代表大会的法律地位及其与大学的法律关系分析

高校教职工代表大会（以下简称教代会）是教职工行使民主权利和民主管理学校的基本形式，是学校管理体制的重要组成部分，是现代大学制度的创新。实践证明，教代会作为学校民主管理、民主监督的基本制度和形式，作为学校领导决策科学化、民主化的重要渠道，在保障教职工行使民主权利、参与学校管理、充分发挥教职工的积极性和创造性，提高学校的民主管理水平，促进学校的改革、发展和稳定方面发挥了不可替代的重要作用。

然而，我国高校教代会在具体的运作过程中，存在着诸多的盲点与空白，并没有很好地履行其职权，存在着领导认识不到位、教职工民主参与意识淡薄、教代会法律地位不明确、教代会职权没有全面落实、教代会监督作用弱化、制度化与规范化的组织机制不健全等问题。因此，我们当前的任务就是要从法律上完善高等学校教代会制度，确定高校教代会的法律地位，明晰高校教代会及其代表的权利边界，理顺高校教代会与党委、学校、工会的关系。

1. 高校教代会的产生与法律依据

高校教代会的产生是从企业职工代表大会的经验与启示中发展起来的，它是党和政府自上而下推动和发展起来的组织，不是教师自发的组织。

1980 年 6 月，全国总工会党组给中共中央书记处写了《关于学校试建教工代表大会制度的请示报告》，经中央批准后，在全国各省市的学校中推广开展试点工作。而且，邓小平同志在 1980 年 8 月中央政治局扩大会议的讲话中十分强调发扬社会主义民主，明确指出："各企业事业单位普遍成立职工代表大会或职工代表会议。这是早已决定了的，现在的问题是推广和完善化。"（中华全国总工会，中共中央文献研究室，2002）145 1980 年 11 月 3 日，中央书记处会议还做出决定："学校特别是高等院校的教职员工代表大会的组成和职权，应当专门研究，制定单行条例。"1981 年教育部和全国教育工会召开了"教职工代表大会试点汇报座谈会"，会议认为，"党委领导下的教工代表大会是广大教职工群众参加学校民主管理的好形式，应尽可能做到定期召开，形成制度。教工代表大会可以审议校长的工作报告；对学校工作提出批评和建议；对干部实行监督；在学校职权范围内，对某些涉及教工切身利益的生活福利等方面的问题做出决定。认真收集和处理教工群众的提案，是教工代表大会的重要工作。教工代表大会不设常设机构，以工会基层委员会作为它的工作机构。"（何东昌，1998）1914 从教代会试点的汇报总结中可以看出，教代会所具备的主要是审议、建议和监督权，在教职工福利分配方面具有部分决定权。最初的设计就已经将教代会定位在两个方面，一是教师行使民主管理权利的机构，同时也是接受党委领导，积极配合辅助校长工作的机构。后来试点的面进一步扩大，截至 1983 年 7 月 "高等学校教职工代表大会工作座谈会"时，全国已有 9.2% 的学校成立了教代会。1985 年 1 月教育部、全国教育工会颁布了《高等学校教职工代表大会暂行条例》（以下简称《暂行条例》），教代会的性质和功能通过正式文件得到了官方表述。《暂行条例》是指导和规定全国高校实施教代会制度的主要依据，也标志着高校教代会从试点走向制度化。

《暂行条例》的颁发，使高校教代会制度建设进入了一个新的发展阶段。高校纷纷召开教职工代表大会，建立教代会制度。经过 3 年多的努力，到 1988 年 7 月，全国有 60% 的高校建立了教代会制度。1989 年 12 月，中共中央发出了《关于加强和改善党对工会、共青团、妇联工作的通知》，各级党委对工会工作的领导明显加强，高校教代会制度的建设也明显加快。一些省市教育工委、教育行政部门把高校工会、教代会工作列入高校党建和思想政治工作先进学校的考核评审条件，对高校教代会制度进行了检查、调研，提出了新的要求。如北京市于 1995 年 3 月下发了《关于进一步健全和完善高等学校教职工代表大会建设的意见》。在教育工会内部，对教代会制度的建设也明显加强，将其作为合格、先进、模范职工之家的重要考核条件，许多省市教育工会还制定了《教代会工作规范》，与党政联合制定了教代会评估条例，有步骤地开展了教代会评估。1996年，国家教委、全国教育工会在沈阳召开了教代会评估工作现场经验交流研讨会。到1998年底，全国普通高校教代会建制率达100%，绝大多数高校能做到按期换届，定期召开，90%以上的学校坚持每年召开一次教代会。学校教代会工作制度、组织制度健全，工作质量明显提高。

同时，伴随国家民主和法制的建设步伐，教育立法的进程明显加快。在国家颁布的一系列法律法规中，明确地把学校民主管理、民主监督的内容写了进去，对教代会作了明确规定，从而确定了教代会的法律地位。《中华人民共和国宪法》第2条规定"人民依照法律规定，通过各种途径和形式，管理国家事务，管理经济和文化事业，管理社会事务"。我国《教育法》第30条第3款规定："学校及其他教育机构应当按照国家有关规定，通过以教师为主体的教职工代表大会等组织形式，保障教职工参与民主管理和监督。"《教师法》第7条中关于教师享有的权利中，也明确规定教师享有"对学校教育教学、管理工作和教育行政部门的工作提出意见和建议，通过教职工代表大会或者其他形式，参与学校的民主管理"。《高等教育法》第43条规定："高等学校通过以教师为主体的教职工代表大会等组织形式，依法保障教职工参与民主管理和监督，维护教职工合法权益。"

据此，教代会取得了合法地位，开始走向法制化，这些政策、条例和法律都对高校教职工参与学校的民主管理、民主监督以及教代会的地位提供了政策依据和法律保障。高校教代会是保障教职工参与高校民主管理与监督，维护教职工合法权益的一个重要组织形式。高校教代会要接受党委的领导，其不具有独立性，是高校内部的一个重要权力机构。

2. 高校教代会的法律地位及其权利边界

高校教代会的法律地位是指以法律形式规定的高校教代会在社会关系中的地位，是高校教代会属于某类的权利、责任、能力和无能力。高校教代会的法律地位是通过高校教代会在法律关系中的权利和义务关系体现出来的。

《暂行条例》第5条规定："教代会在本校权限范围内行使下列职权：（一）听取校长的工作报告，讨论学校的年度工作计划、发展规划、改革方案、教职工队伍建设等重大问题，并提出意见和建议。（二）讨论通过岗位责任制方案、教职工奖惩办法，以及其他与教职工有关的基本规章制度，由校长颁布施行。（三）讨论决定教职工的住房分配、福利费管理使用的原则和办法，以及其他有关教职工的集体福利事项。（四）监督学校各级领导干部。可以进行表扬、批评、评议、推荐，必要时可以建议上级机关予以嘉奖，晋升，或予以处分、免职。"可以概括为：审议建议权、审议通过权、审议决定权、对学校领导干部的民主评议监督权。而且，《暂行条例》第9条进一步对教职工代表所享有的权利也进行了规定，即"教职工代表按照规定的程序，有权提出提案和议案；有权就大会的各项议程充分发表意见，参加表决；有权对教代会的工作提出批评和建议；有权对有关部门提出询问；行使正当民主权利而遭受打击报复时，有权向有关部门申诉控告。"同时，通过教代会闭会期间各专门委员会的工作开展和教代会代表巡视、听证、咨询、旁听、民主评议干部等民主管理制度的创新，落实广大教职工行使当家做主的知情权、参与权、监督权，调动广大教职工的主人翁精神和责任感，使他们真正感到学校管理以人为本的理念、人格尊严和价值的实现。

教代会在行使权利的同时，也要履行义务，如《暂行条例》第7条规定："教代会要尊重和支持校长行政系统行使指挥职权，教育教职工严格遵守各项规章制度，以主人翁的责任感努力完成各项工作任务。"而且《暂行条例》第10条进一步对教职工代表应履行的义务也进行了规定，即"教职工代表的义务是：努力学习并模范地执行党的方针政策和国家的法律、指令，认真做好本职工作，积极参加教代会的活动，密切联系群众，听取和反映群众的意见和要求，做好群众工作。"

上述教代会的职权及其教职工代表所享有的权利以及应履行的义务中，要真正体现教职工当家做主的精神，就必须要把职权与权利落到实处。

但是，现实中，高校教代会的权利边界则存在着模糊性。一方面表现为在高校权利结构构造中教代会的权利被边缘化，另一方面表现为高校教代会的权利内容被压缩以及教代会权利保障机制不健全。

首先，高校权力结构构造中教代会的权利被边缘化。在我国高等学校内部权力构造中，高校的党委和行政成为真正掌权者。高校教代会在高校中的地位和作用受到冲击。由于缺乏类似"高等学校教职工代表大会组织法"等法律、法规或规章，高校教职工代表大会不能真正构成对高校现行权力结构的冲击。在许多高等学校，为了保证学校决定在教职工代表大会得以通过，学校党委、行政从教职工代表的选择、教职工代表大会的内容与程序都要经过"严格审查"；谁作为发言人，做什么内容发言也都要"严格把关"。由于法律没有对"以教师为主体"作出具体的规定，一些高等学校甚至全国重点高等学校在教职工代表组成问题上大做文章，教职工代表主要以党政系统的管理干部和院系、科研单位的主管领导为主体。从形式上看，教职工代表依然是以教师为主体的，但由于大多院系、科研单位的主管领导都具有双重身份，既是行政干部又是专业人员，真正没有行政兼职的教师在教职工代表中所占比例很低，甚至极少。教职工代表大会在一定程度成为高等学校的"行政扩大会议"。由于行政隶属关系的存在，作为下级的教职工代表大会服从学校的决定是不可推卸的责任，因此，通过教职工代表大会实施对学校聘任权的监督仍是一个美好的理想。而且，近年来，一些学校的教代会已经名存实亡了，有的一两年不开一次会，即使开，也是形式主义，有决议也不执行。而且，学校也没有专门的教代会机构，一般由工会代管，而现在的学校工会明显的是三种类型的工会：一是养老型，由校内或上级教育机关退居二线的领导组成，混几年退休；二是休闲型，由一些有背景、没能力、不好安排具体工作的人员组成，每天无所事事；三是附庸型，完全是校长的代言人，借工会之口，传校长之心。这样的工会如何能够代替行使教代会的权利？因此，教师呼唤货真价实的教代会成为教师心中普遍的声音。（殷建光，2005）

其次，高校教代会的权利内容被压缩以及教代会的权利保障机制不健全。1996年全国教育工会发布了《关于开展教代会评估工作的意见》（以下简称《意见》），明确指出："教代会是学校以教师为主体的教职工行使民主权利、参与学校民主管理和监督的基本组织形式，是学校管理体制的重要组成部分，也是教育系统贯彻落实全心全意依靠工人阶级根本指导方针在制度上的具体体现。因此，通过教代会评估促进教代会的制度化和规范化建议，是在教育系统贯彻落实全心全意依靠工人阶级根本指导方针的题中应有之义。"而且《意见》中有针对性地指出要"着重考察有关学校改革和发展的重大问题交教代会讨论和听取意见的情况，有关教职工劳动权益和教职工队伍管理的重大规章制度交教代会讨论通过的情况，有关教职工生活福利的重大事项交教代会讨论决定的情况及教代会民主评议干部、发挥监督作用的情况"。显然，《意见》的落脚点在于评估高校教代会职权的落实情况，这从侧面反映出高校教代会权利内容被压缩甚至存在着落空的嫌疑。就拿高校教代会最直接的一项权利——监督权来说，教职工代表大会能否行使对党委的决策权和校长的行政权的监督？回答是否定的。从权力隶属关系上讲，高校党委是在高校党的代表大会基础上由上级党委任命的，它只对党代会和上级党委负责，并不对教职工代表大会负责。而且依据《暂行条例》的第 3 条、第 18 条的规定："教代会应坚持四项基本原则，遵照党的方针、政策和国家的法律、指令，在学校党委的领导下行使职权。""学校工会委员会承担教代会工作机构的任务，在党委领导下，会同有关部门做好下列工作：（一）做好大会的筹备工作会会务工作，组织选举教职工代表，征集和整理提案，提出大会方案和主席团人选提议名单，经党委批准后，召开大会……"所以，依靠教职工代表大会和学校工会无法行使对高校党委的监督。如果说教代会无法行使对学校党委决策权的监督，那么，它能否有效行使对高校行政权的监督呢？回答也是否定的。如上所述，《暂行条例》第 5 条规定对教代会的职权进行了规定。这四项权利可分为两类：即自主性权利与辅助性权利。自主性权利是教代会能够自主决定的事项，主要集中在教职工集体福利方面；辅助性权利是教代会参与但不拥有最终决定权的事项，包括对学校发展规划等重大问题的建议、相关问题的讨论认可以及对学校各级干部的监督。但由于学校的行政权掌握在校长手中，校长可以按照自己的意愿决定教代会的组成、召开时间、审议议题、会议程序，学校的教代会很难按照《暂行条例》的规定"每三年为一届，定期开会，一般应每学年开一次。"所讨论的问题主要涉及教职工福利待遇，而《暂行条例》所规定的其他几项辅助性权利基本流于形式。所以，依靠教代会制度监督学校的行政权在现实中是无法实现的。同时，高校教代会权利保障机制不健全，主要是代表们的提案、议案的落实存在问题。

那么，如何来落实与完善高校教代会的权利与职权呢？正如有学者所言："理想的教代会制度权利状态应该包括两部分。其一是教职工基本权利，即每一个教职工都有权参与对学校事务的决定、评判和修订，每一个教职工都有权行使自己的权利，能够和其他教职工进行平等自由的对话，让教代会代表真正代表所有教职工的权利，为大家说话。其二是教代会这一共同体的集体权利，或称为公共权利，这一权利是同其他共同体（如校长、工会等）发生互动过程中所具有的资格，一方面教代会内部的成员们能够以集体的方式通过他们自身的活动规则，指导自身行为，另一方面教代会作为一个整体和其他共同体进行对话，争取自己应有的权利。"（沈芸，2004）我们认为，高校教代会权利的落实，一方面要尽快出台"高等学校教职工组织法"。组织法应将教职工代表的选举办法，行政人员、教师、学生及其他职工的比例，教职工代表大会的组织程序等进行明确的规定，以防止高校滥用自由裁量权，侵犯教师及其他职工的权益。另一方面随着内外部环境的变化，需要增强教代会的权力，增加教代会的职权，在新的国家、大学和教师的利益关系中，使教代会能够担负起维护和主张教师重大利益的职能；对教代会进行组织制度变革，扩大教师对教代会的参与，使教代会真正成为教师身份群体的聚合体。（郭卉，2007）

3. 高校教代会与高校诸多主体的法律关系

基于高校教代会法律地位以及教代会权利边界的认识，高校教代会职权的行使，必须要理顺其与诸多主体的法律关系。具体来讲，主要涉及党委会、校务会或校长办公会与教代会的法律关系以及教代会与工会的法律关系两个方面。

一是关于党委会、校务会或校长办公会与教代会的法律关系。关于党委会、校务会或校长办公室与教代会的法律关系，在已颁布的高教法中有较为明确的表述，国家举办的高等学校实行党委领导下的校长负责制，党委统一领导学校工作，对事关学校发展和全局的重大问题负有主要责任，如办学方向、思想政治工作、内部管理机构的设置以及确定中层干部人选等等。校长在党委集体的领导下，独立负责地行使行政指挥职权，如主持召开校长办公会或校务会；决定或处置教学、科研和学校的行政管理事务等，并以法人的身份代表学校参加校内外各类合法的活动（包括外事活动），提出学校各行政职能部门负责人的人选并予以聘任（在党委集体讨论通过后）。同时，校长根据学校情况经学校上级主管部门同意后可以提名副校长人选，交上级组织讨论决定。教代会是以教师为主体的、代表学校教职工利益的、民主决策学校事务的机构，一般每年召开一次大会，休会期间由教代会联席会议履行其主要职责。依据上述的内容我们可以认为，党委是学校工作的领导核心，一切重大问题的决策应当由党委集体讨论做出，党委书记是班长，是党委工作的组织者和策划者，是保证党委集体正确判断和决策事务的核心，负有较大的领导责任。同时党委要坚决支持校长独立行使行政事务指挥权，保证校长作用的发挥，不干涉校长对行政事务的判断和对行政问题的处理。校长应当自觉服从集体的正确决策，认真组织行政系统实施。正如《暂行条例》第6条规定："校长要定期向教代会报告工作，听取意见，认真对待教代会的有关决议和提案，尊重和支持教代会行使民主管理的职权。"在具体的实施过程中，校长有独立处置或决定事项的权利，对应当立即处理的行政事务可以视情况及时处置，若此事必须由党委集体研究来决定而时间又不容许其拖延，在事后应当向党委集体汇报。从根本上说，校长在行使独立的行政指挥权时，要努力着眼于学校的长远利益，对学校的师生负责，对党委集体负责。

教代会相对党委会和校长办公会或校务会来说是一个更为广泛的民主议事决策机构。一方面会议要审议校长的年度工作报告和其他相关报告，讨论事关职工利益和学校发展的大问题等；另一方面要收集群众的提案并积极落实经会议确定的重点提案，使教职工的利益和权利得到保证。另外根据需要进行民主评议行政领导，即对校务管理进行民主监督，同时向党委或行政反馈群众的意见或建议。提交到教代会的任何讨论议题，如会议一旦形成决议，行政一般必须坚决执行，党委或行政不能对教代会决定的事项再行决策，若对决定存在疑义也只能按程序提请会议复议。所以教代会实际上就是一种教职工参政议政的合法形式，是学校工作接受教职工年度评议的一个重要方式，也是学校各级领导接受教职工监督和信任评议的合法程序。这说明教代会在高校的地位和作用是十分重要的，是党委会和校务会等不能取代的，也是现代大学制度的重要组成部分。

二是关于教代会与工会的法律关系。教代会与工会的法律关系，我们在前面虽已有所论述，但只是从工会作为教代会的日常工作机构所应当承担的职责层面来论述的，并没有对二者的不同进行说明。我们认为，工会的主要社会职能是维护职工的合法权益和民主权利，参与民主管理和民主制度建设，而教代会是学校的一种重要的且不可替代的会议制度，它具有广泛的代表性，是事关教职工重大利益事务的决策机构，具有"立法"的性质。通过其决定的事项，学校行政必须执行。教代会制度也是职工表达意见的重要保证，是学校的权力机构之一。这里需要说明的是，虽然《暂行条例》只是规定教代会"是教职工群众行使民主权利，民主管理学校的重要形式"，而没有明确教代会是教职工行使民主管理权力的权力机构。这是我国目前法律法规、行政规章在立法内容方面的瑕疵，从应然层面来讲，教代会应该是教职工行使民主管理的权力机构。而工会不是学校的权力机构，没有决策或"立法"的权力，但作为教代会的日常工作机构，工会委员会担负了教代会的日常工作，负责教代会的筹备和休会期间联席会议的准备工作；另外，工会组织系统可以通过平时有效的工作，发挥其自身的积极作用，监督校务公开执行情况，收集群众对学校工作的意见或建议，及时建议召开教代会或联席会议研究和解决问题。由于工会主席一般是教代会的主要筹备者之一，又是教代会闭会期间联席会议的主持人之一，因此，常常容易使人们产生一些错误的认识，认为工会与教代会是一致的。另外还要特别注意不要以工会委员会会议代替教代会联席会议，因为它们的职责和权利不同。

总而言之，高校教代会是高校实行民主管理、落实党的教育方针、加强政治建设的基本载体；是经过实践证明了的实现与维护教职工合法权利的一项基本制度。教代会对学校的发展、改革、建设等重大问题具有审议建议权，对涉及教职工切身利益的重要方案、规章制度等具有审议通过权，对教职工生活福利方面的重要问题具有审议决定权，对各级领导干部具有评议监督权。研究和探索现代大学制度法人治理结构内部权力机制安排，必须要重视发挥教代会的积极作用，在制度上保证高校民主管理体系的有效性，对教代会的运作程序、组织形式和职权范围加以法律规范，以进一步推动教代会制度发展，加强高校民主管理规范化、法制化建设，使我们的高等教育民主化发展沿着法制化的道路走下去。

二、教师个体利益维度下的大学与教师法律关系分析

从教师个体角度来讲，大学与教师的法律关系主要体现在教师资格制度、教师职务制度与教师聘任制度中，国家、学校主要通过教师资格制度、教师职务制度和教师聘任制度等方式来认定教师资格、评定教师职务、聘任教师，实现教师资源的优化和整体配置，不断提高教师素质，从而更好地实现人才培养、科学研究、社会服务和文化传承创新的大学职能。

（一）高校教师资格制度中大学与教师的法律关系分析

教师资格制度也称"教师资格证书制度"、"教师证书制度"，它是指国家对教师实行的一种特定的职业资格认定制度，是国家对教师实行的一种特殊的职业许可制度。职业许可制度是世界各国普遍建立的一种法律制度，并广泛运用于国家行政管理的各个领域。教师作为"履行教育教学职责的专业人员"，承担着教书育人、提高民族素质、培养社会主义事业的建设者与接班人的神圣职责，对其从业人员的资格予以法律规定，有利于维护国家和社会的公共利益，有利于建立良好的社会秩序，保护相对人的合法权益。

从 20 世纪 80 年代中期开始，我国政府开始以立法的形式规范各级各类学校教师的任职资格。1993 年的《教师法》对我国教师资格制度作了较为全面、具体的规定。1995 年 12 月 12 日，教育部依据《教师法》制定部门教育规章《教师资格条例》，使我国教师资格制度的开展更为细化和具体。1998 年，《高等教育法》对高等学校教师资格作了更加具体明确的规定。第 46 条规定："高等学校实行教师资格制度。中国公民凡遵守宪法和法律，热爱教育事业，具有良好的思想品德，具备研究生或者大学本科毕业学历，有相应的教育教学能力，经认定合格的，可以取得高等学校教师资格。不具备研究生或者大学本科毕业学历的公民，学有所长，通过国家教师资格考试，经认定合格，也可以取得高校教师资格。"2000 年 9 月教育部颁布了《〈教师资格条例〉实施办法》，规定在各级各类学校实施教师资格制度，并对教师资格分类、条件、考试以及认定等都做出了具体的规定。"它的出台标志着我国建立起了一整套教师资格制度的法制规范体系，标志着较为完备的教师资格制度的确立。""可以发现，《〈教师资格条例〉实施办法》的诞生是我国教师资格制度法制化进程不断推进的产物，其间历经了一个逐步演化、发展的过程。通过对这一过程的考察，有助于增强对我国教师资格制度法制化进程的特点和精神实质的理解，从而增强我们依法治教、依法治师的自觉意识。"（吴全华，2002）随后，2001 年 5 月、8 月教育部印发《关于首次认定教师资格工作若干问题的意见》、《教师资格证书管理规定》，使教师资格制度得到进一步发展。至此，我国高校教师资格制度已完全确立，高校教师资格认定步入法制化轨道。

我国《教师法》、《教师资格条例》中在明确规定国务院教育行政部门或省、自治区、直辖市教育行政部门是高等学校的教师资格认定机关的同时，也明确规定，具备条件，受国务院教育行政部门或省、自治区、直辖市教育行政部门委托的高等学校可以认定在本校任职的人员和拟聘人员的高校教师资格。已具备研究生或者大学本科毕业学历的公民，可以向教育行政部门，也可以向受委托的高等学校提出申请，教育行政部门和受委托的高等学校对符合条件的公民，在法定期限内颁发高等学校教师资格。因此，在高校教师资格的认定过程中，具备条件的高等学校作为受托人，在委托机关委托的范围内，以委托的教育行政机关的名义可以实施高校教师资格认定。

行政委托与行政授权一样，也是一种行政权的转移，其目的是为了提高行政效率。但行政委托与行政授权之间存在着诸多不同：第一，权力的来源不同。在行政授权中，高等学校作为被授权者，其权力直接来源于法律、法规；而行政委托中，虽然教育行政机关的委托也要有法律依据，但是否委托的选择权在于教育行政机关。因此，高等学校作为受托人的权力来源于教育行政机关的委托。第二，成立的前提不同。行政授权是单方面的，不需要以被授权的高等学校的同意作为授权成立的前提，被授权者不得拒绝；而行政委托是一种行政合同行为，委托的成立一般要征得受托的高等学校的同意。第三，被授权者与被委托者的法律地位不同。在行政授权中，被授权高等学校取得行政主体资格，能以自己的名义行使行政权，并以自己的名义承担法律后果；在行政委托中，作为受托人的高等学校只能以委托机关，即教育行政机关的名义行使行政权，其行为后果也由委托的教育行政机关承担。

在高等学校教师资格认定的行政委托中应注意以下问题：第一，高等学校教师资格认定是法律赋予教育行政机关的法定职权，一般应由教育行政机关行使，不得随意进行委托，委托必须在法律、法规或规章规定的权限范围内实施，否则委托无效。第二，高等学校以教育行政机关的名义实施高校教师资格认定。行政委托是一种代理关系，受委托人行使权力的基础是行政机关的委托行为，受委托人在法律上没有独立地位，它不能以自己的名义实施行政行为，只能以委托机关的名义行使行政权力，也不能以自己的名义承担行政行为所引发的法律后果，发生行政复议或行政诉讼，只能由委托其行使行政权的行政机关作为被申请人或者被告参加复议或应诉。第三，受委托的高等学校不得再委托。高等学校不得将教育行政机关委托的高等学校教师资格认定权力委托于第三人行使。教育行政部门之所以将高等学校教师资格委托给相关高等学校，是基于对相关高等学校业务能力和严肃行使教师资格认定权的信任，高校应自己行使这一权力，不得再委托。第四，教育行政部门对高校教师资格认定权力的行使负有监督责任。高校教师资格认定是法律赋予教育行政机关的法定职权，一般应由教育行政机关行使，不得随意转移，确实需要委托给具备条件的高等学校行使的，应严格遵守法律的规定，防止高等学校滥用权力。在这一行政委托过程之中，教育行政机关与受委托的高等学校之间形成的特定权利和义务关系，教育行政机关应对受委托的高等学校实施的行政行为负责，承担委托行政行为的法律责任，以保证这一权力合法行使。第五，委托必须以书面的形式进行。行政委托是一种法律行为，能产生相应的法律后果。委托行使高校教师资格认定的学校所实施的教师资格认定行为，直接影响公民的合法权益，因此，委托必须以书面的形式进行。教育行政机关应与受委托的高等学校签订委托书，分清双方的权责。委托书应载明教育行政机关和被委托高等学校的名称、住址、法人代表的姓名、委托的权限及其适用范围、委托期限以及违反委托权限的法律责任。

上述研究表明，高校教师在教师资格的认定、取得过程中所形成的法律关系，是教育行政部门与教师之间的行政法律关系；高等学校在受教育行政部门委托的情况下，有权认定本校任职的人员和拟聘人员的高校教师资格，与教师之间形成委托性质的行政法律关系。在这一关系中，教育行政部门是委托主体，高等学校是被委托主体，高等学校不能以自己的名义，而必须以教育行政部门的名义代为履行行政职责，行为的法律后果由教育行政部门承担。因此，高校对教师资格的认定实质上是代表国家对高校教师资格的确认，在教师资格认定过程中高等学校与教师的法律关系实质上是教育行政部门与教师之间的行政关系，具有行政法律关系的一般特征。

（二）高校教师职务制度中大学与教师的法律关系分析

教师职务是各级各类学校依据教育和教学的需要而设置的教师工作岗位，高校教师职务制度是根据高等学校教育教学、科研工作的需要，而设置的教师不同岗位职务的统称。国家实行教师职务制度，其目的就是为了充分调动和发挥教师为社会主义教育事业服务的积极性和创造性，激励教师不断提高政治思想觉悟、文化业务水平、学术教育水平和履行职责的能力，努力完成本职工作，促进人才合理流动。

　　新中国成立以来，我国高校教师职务制度经历了五个阶段：第一阶段为1949—1957年，这一阶段，我国高校基本沿用原有高校教师职务制度。第二阶段为1958—1966年，我国高等学校系统学习苏联的教师职务制度的经验，并初步建立了我国社会主义的教师职务制度。第三阶段为1966—1976年，教师职务制度被取消，正常的教师职务晋升终止。第四阶段为1976—1986年，高校教师职务制度得以恢复与发展。第五阶段为1986年至今，我国高等学校教师职务制度伴随国家政治、经济体制和人事制度的改革逐步完善，尤其是随着《企事业单位评聘专业技术职务若干问题暂行规定》、《关于高等学校继续做好教师职务评聘工作的意见》、《教师法》、《高等教育法》等的相继颁布与实施，使我国高校教师职务建设进入了法制化、规范化轨道。

　　然而，高等学校在教师职务评审过程中居于何种法律地位？是行政主体还是民事主体？这事关高等学校的权利与义务，也直接关系教师的权利维护以及高校教师职务评审中的公平与正义。

　　那么，究竟谁具有高等学校教师职务评审的资格？是高等学校教师职务评审委员会？高等学校教师职务评审委员会是代表学校还是以自己的名义独立地对教师任职资格进行确认？具体来说，高等学校教师职务评审委员会是否具有独立的法律人格，能否以自己的名义对外行使职权并承担相应的法律责任？根据《高等学校教师职务施行条例》第14条规定："国家教育委员会指导全国高等学校教师职务任职资格评审工作。""省、自治区、直辖市成立高等学校教师职务评审委员会，负责在本地区的高等学校教师职务任职资格的评审工作。""有学士学位授予权的高等学校，成立教师职务评审委员会。"显然，随着权力的逐渐下放，有学士学位授予权的高等学校，可成立教师职务评审委员会。同时《高等学校教师职务施行条例》第15条规定："部分高等学校教师职务评审委员会，经国家教育委员会会同省、自治区、直辖市、主管部门批准，有权审定副教授任职资格，或有权审定副教授、教授任职资格。"据此，我们认为，主管教育行政部门或部分高等学校是教师职务评定行为的主体。虽然，教师职务评审委员会在教师职务评定行为中起到了关键性的作用，但就其职责来讲，它是代表学校对教师的任职资格进行学术确认，其本身并不具有独立的法律人格，它的地位，更似于一个独立法人内部设立的工作机构，其本身并不是一个具有独立法律人格的行政主体。教师职务评审委员会只是负责评议、审定专业技术人员是否符合相应专业技术职务任职条件的组织，在相应的主管部门或学校领导下开展工作，它没有独立的行政经费预算，也不能以自己的名义行使职务授予权。

因此，教师职务授予行为的主体不是学校的教师职务评审委员会，其真正的主体应该是省级教师职务评审委员会或经国家教育行政部门合法授权的，且能够以自己的名义实施教师职务授予行为，并承担由此所产生的法律责任的高等学校。也就是说，高等学校是授权行政主体。

教师职务评审委员会的职责是具体负责对每位教师所报材料进行评审、核对，属于技术性行为。它对教师所申报的材料，诸如科研论文、著作或教科书以及教学管理或科学研究管理方面的相关情况等，进行鉴定、审核，并签署意见。其整个运行过程更多地体现为一种学术权力，对受聘人的评价应是学术性的。但有的学者认为，"职称评审中的学科专家组所行使的应是学术性权力"，"而由多学科专家组成的职称评审委员会所行使的应是行政性权力，其对专家组评议结果的审批、平衡、数量调控和政策倾斜等等，都应是行政性的。"（劳凯声，2002）[77]这种认识很具有代表性，但据此我们也没有充分理由确认教师职务评审委员会是行政主体，只能说其行使的权力不仅具有学术性，而且具有行政性，况且学术性的权力远远大于行政性的权力。

我们认为，教师职务评定是一项行政管理权力。《教师法》第16条规定："国家实行教师职务制度，具体办法由国务院制定"。《高等教育法》第47条规定："高等学校实行教师职务制度……高等学校教师职务的具体任职条件由国务院制定"。这一规定具体体现在1986年3月3日中央职称改革工作领导小组转发的由国家教育委员会制定的《高等学校教师职务试行条例》、《高等学校教师职务评审组织章程》和《关于教育系统职称改革工作的部署和要求》等法规之中。《高等学校教师职务试行条例》第14条、15条规定：国务院教育行政部门指导全国高等学校教师职务任职资格评审工作，省、自治区、直辖市成立高等学校教师职务评审委员会，会同人事部门负责本地区的高等学校教师职务任职资格的评审工作。各高等学校教师资格评审分为三种情况：有学士学位授予权的高等学校成立教师职务评审委员会；没有学士学位授予权的高等学校成立教师职务评审组，没有学士学位授予权的但具备相应条件的，经省、自治区、直辖市批准，国务院教育行政部门备案，也可以成立教师职务评审委员会。具体到评审工作中，不同的高等学校对不同的教师职务有不同的权力。助教的任职资格由高等学校教师职务评审委员会或评审组审定；讲师的任职资格由高等学校教师职务评审委员会审定，报省、自治区、直辖市教师职务评审委员会备案；没有成立教师职务评审委员会的学校由教师职务评审组评议，报省、自治区、直辖市教师职务评审委员会审定；教授、副教授任职资格由学校报省、自治区、直辖市教师职务评审委员会审定，审定的教授报国家教委备案；部分高等学校教师职务评审委员会，经国家教育委员会会同省、自治区、直辖市、主管部委批准，有权审定副教授任职资格或有权审定教授任职资格。审定的教授报国家教育委员会备案。

由此可以看出，不同层次、不同类型的高等学校具有不同的教师职务评审权，高等学校的这种权力是根据不同高等学校的师资力量、科研水平以及学校的整体实力由法律、法规所授权的。

（三）高校教师聘任制度中大学与教师的法律关系分析

近几年来，大多数高校都在纷纷进行教师人事制度的改革，改革的一个基本取向就是通过聘任制来建立健全高等学校人事和分配制度。聘任制是高校人事制度改革的核心与重心。我国《教师法》第 17 条规定："学校和其他教育机构应当逐步实行教师聘任制。教师的聘任应当遵循双方地位平等的原则，由学校和教师签订聘任合同，明确规定双方的权利，义务和责任。"《高等教育法》第 48 条也明确规定："高等学校实行教师聘任制。""高等学校教师的聘任，应当遵循双方平等自愿的原则，由高等学校校长与受聘教师签订聘任合同。"2000 年中共中央组织部、人事部、教育部联合发布《关于深化高等学校人事制度改革的实施意见》，明确提出：全面推行聘用制，按照"按需设岗、公开招聘、平等竞争、择优聘用、严格考核、合同管理"的原则，学校和教职工在平等自愿的基础上，通过签订聘任合同，确立受法律保护的人事关系。这为高校教师聘任制的实施提供了法源性的法律依据以及政策支撑。

但是，问题的核心是高校与教师签订的聘任合同到底是什么性质的聘任合同，聘任合同的性质不同，法律后果迥异，法律救济的途径也大相径庭。这也使得当前基于教师聘任合同而发生的高校与教师之间的人事争议处于一个"法律真空"的状况，致使教师受损的权益未能及时地获得救济，这不符合法治社会的基本原则与要求。因此，高校教师聘任合同的法律性质亟待明晰。

1. 中国高校教师聘任制的历史流变与发展阶段

中国高校教师聘任制度始于清末。在近代中国第一所真正意义上的高校——京师大学堂的筹建初期，延用了西方高校的教师聘任制度，《总理衙门筹议京师大学堂章程》中"第五章：聘用教习例"的内容，是有关近代国立大学教师聘任制度之肇始。该章程对教习的任职资格进行了规定，如该章程规定，只有具备"中国通人"、"学贯中西"、"能见其大"、"品学兼优"、"通晓中外"等条件者，才能充任总教习或分教习。而同时又说明，任职时"不论官阶"、"不论年齿"，则表明了用人者"唯才是用"的意图。在一个专制特征尚未完全消失、等级色彩依旧浓厚的社会中，这一做法更是拓宽了教习遴选的范围，把选拔的标准尽量地扩大，使更多有才之士入围并可能被聘用。然而由于"戊戌变法"运动的失败，使章程中所规定的内容在实践中并未能实施。1902 年《钦定学堂章程》所包括的六个章程之一的《钦定京师大学堂章程》，是京师大学堂发展历史上的第二个章程，在其"第六章：聘用教习"中，对聘任何种教习充任何种功课者、教习辞退与否、教课之勤惰及是否违反课程之规约等内容进行了规定，而对教习所教功课质量的考查、初聘教习应具备何种资格等并未进行明确规定。1903 年颁布的《奏定学堂章程》中包含的有关教员聘任内容，主要体现在《奏定任用教员章程》中。该章程不仅在表述上改"教习"为"教员"，有正教员与副教员之分，而且就大学堂教员的任用资格做了详细规范，如《奏定任用教员章程》中所规定的正教员"以将来通儒院研究毕业"之"通儒院"，这也是我国历史上第一次把"毕业文凭"作为教员聘用时的"硬性"规定。但囿于当时的社会背景以及中国的高等教育机构正处于历史的转型时期，不仅人才匮乏、师资严重不足，而且受传统的选官制度的影响，清政府在大学堂人员的任用上享有绝对权力，传统科目的教习仍然具有典型的"官师合一"性且具有明显的效仿法日德等国教师聘任制的痕迹。

从民初到 1926 年大学教师聘任政策形成之前，民国政府并没有颁布具体的国立大学教员聘任规程，在人事任用方面，教育部赋予高校校长相当充分的自主权，大学教员均由校长聘任，这才有了中国高等教育史的"大学自治、教授治校"奇葩。如蔡元培执掌的北京大学，还成立了聘任教师的专业组织——聘任委员会来具体负责教师的聘任工作。然而,好景不长,南京国民政府成立以后,校长聘任教师以及聘任中所奉行的"自治、自由"等理念逐渐式微。1927年南京国民政府教育行政委员会公布继1926年广州国民政府颁布的《国民政府对于大学教授资格条例之规定》(该规定应该被视作近代中国国立大学教师评履机制迈向近代化的一个起点,同时也是近代中国大学教师聘任政策形成之标志)之后,颁布了《大学教员资格条例》,对任职教员所需具备的条件作了规定,该条例也是此时期内关于国家教师聘任制度方面规范比较详细的第一个条例。1929年国民政府颁布了《大学组织法》,对大学教师的聘任做了具体的规定,以立法的形式将大学教师职务制度肯定下来。至此,在有关法规条例的指导下,民国时期的高校教师聘任制度初具雏形。1940年教育部颁布了《大学及独立学院教员资格审查暂行规程》,对各等级教员的聘任资格进行了修正。1948年,国民党政府公布《大学法》、《专科学校法》,使教师聘任办法进一步规范化、制度化。显然,民国时期中国高校教师聘任制从形式上来讲已经有了较为丰富的部令规定。但由于受地域和执掌者的影响,加之特殊的战时原因,各校聘任细则的制定与实施有较多差异,各高校并没有完全按照政府的法律法规去行使,各自都在执行不同的教师聘任制度,大学教员尤其是教授一职,除少数学校以外,资格漫无标准,存在着一些非制度性聘任,而且部令规定本身的执行力也差强人意。

新中国成立后,我国高校教师聘任制度的发展经历了四个阶段。第一阶段(1954—1957)实行教师晋升等级学衔制度。1955年高等教育部发布《关于修订教师晋升等问题的补充通知》,晋升对象只限于助教升讲师、讲师升副教授。1956年国家制定的《高等学校教师学衔条例》对教师的学衔进行了规定,高校实行的"学衔制度"基本上是沿用并认可了原有高等学校的教师职务制度,而且将教师的法律地位定位为国家工作人员,纳入了国家行政计划调整的行列。第二阶段(1958—1976)学习苏联的教师职务制度,初步建立起新中国教师职务制度。1960年2月,《国务院关于高等学校教师职务名称及其确定与提升办法的暂行规定》颁布,随之《教育部关于执行国务院关于高等学校教师职务名称及其确定与提升办法的暂行规定的实施办法》出台,明确了高等学校教师职务分教授、副教授、讲师、助教四级,并制定了提升条件和审批程序。这一暂行规定为我国高等学校教师职务制度奠定了坚实的基础。自此，我国大学有了教师职称的称呼，随着大学教师职务名称确定、提升工作的推进，我国大学开始实施教师职称制度。而整个"文革"期间（1966—1976），高校教师职评工作全部停止。第三阶段（1978—20 世纪 80 年代末）逐步确立教师职务聘任制度。1978 年 3 月，国务院批转了《教育部关于高等学校恢复和提升教师职务的请示报告》，并指出原来已经提升为教授、副教授、讲师、助教者，一律有效，恢复职称；国务院 1960 年颁布的《暂行规定》仍可执行。1983 年 9 月以后，教育部在进行比较深入研究的基础上，先后草拟了实行学衔制、学衔与职称职务聘任"双轨制"、教师职务聘任制三种改革方案。1986 年中央职改领导小组正式颁布了《高等学校教师职务试行条例》。从此，我国高校教师职务聘任制进入了"政府主导下的渐进改革模式"的实际操作阶段，高校教师聘任制初步形成。第四阶段（20 世纪 90 年代初期至今）高校教师聘任制进入深化改革时期。1991 年，国家教委、人事部联合印发了《关于高等学校继续做好教师职务评聘工作的意见》，明确了高等学校教师职务评聘工作的主要原则，提出有计划、有步骤、稳妥地进行教师任职资格评审和职务聘任分开的试点工作。此后，国家先后出台了一系列法律法规和政策性文件来规范、指导高校的教师聘任制度。如 1993 年 10 月颁布的《中华人民共和国教师法》，1998 年 8 月颁布的《中华人民共和国高等教育法》，1999 年教育部颁发的《关于当前深化高等学校人事分配制度改革的若干意见》，2000 年中共中央组织部、人事部、教育部印发的《关于深化高等学校人事制度改革的实施意见》，2002 年人事部发布的《关于在事业单位试行人员聘用制度的意见》等等。显然，随着社会转型的深入，我国高校教师聘任制正在摆脱单位制模式的局限，不断强化高校的用人自主权，个人自主择业的机制正在形成，人才合理流动机制的萌芽已经出现，制度的供给及其边界正在日趋明晰，学术权力与行政权力间的均衡态势有了苗头，考核过于量化的现象有了一定层面的遏制。但理论与实践中也存在着一些亟待解决的问题，高校教师聘任制所呈现的"形式大于内容"的状况依然比较严重。

2. 中国高校教师聘任制的理论难题与实践困惑

目前，我国教师聘任制已在各高校中全面推行，按照"按需设岗、公开招聘、平等竞争、择优聘任、严格考核、合约管理"的原则对教师进行管理，实现了人才资源的合理配置，充分调动了高校教师的工作积极性，挖掘了高校教师的潜力，进一步提高了高校师资队伍的质量和整体工作效率。

但是，现阶段我国教师聘任制还存在着诸多理论难题，成为制约我国高校教师聘任制向纵深方向发展的桎梏。具体来讲，这些理论难题可以概括为以下几个方面。

第一，教师聘任合同性质不明。高校教师聘任制是高等学校与教师在遵循公开招聘、平等竞争、择优录用的原则下，在双方法律地位平等的基础上签订聘任合同、明确双方权利、义务和责任，形成的高校教师任用制度。聘任制就是聘任合同制，聘任关系就是合同关系，合同关系是高等学校与教师法律关系的基础。对于这一界定以及聘任争议适用《教育法》、《教师法》和《高等教育法》以及《民法通则》和《合同法》，理论界与司法实践界几乎没有争议。问题的关键在于高校与教师签订的聘任合同是什么性质的合同？是劳动合同、民事合同、雇用合同抑或兼具多重特性的合同？概括地讲，目前关于高校教师聘任合同法律性质的争论，主要有如下观点：一是劳动合同的观点。这种观点认为，高校教师聘任合同无论就其形式，还是就其合同的内容及其产生的权利与义务，都应属于劳动合同的范畴。名为聘任合同，实际上是教职工的劳动合同。因而，就高等学校而言，无论是作为传统的"干部"的学校领导和管理人员，还是普通的教师，他们与单位之间的法律关系就是劳动合同关系，都应当纳入《劳动法》的调整范围。"劳动法应该是劳动领域的基本法，应该统领一切劳动关系。所有有关劳动关系的立法都应以它为基础。事业单位与其职工的关系，包括学校与教师的关系，本质上也是劳动雇用关系，应该可以适用劳动法。""我国学校人事制度改革的深化和教师聘用制度的确立，使学校与教师关系具备劳动关系的本质。"（劳凯声，2002）[254]二是行政合同或公法合同的观点。这种观点认为，事业单位的管理方式和性质都不同于企业，事业单位工作人员又各有其专业特点，因而，教师聘任合同既不同于受《合同法》所调整的民事合同，也不同于受《劳动法》所调整的劳动合同，而更多地具有行政合同的特征，或视为一种公法合同。（申素平，2003）高等学校的特殊地位决定了其与教师缔结的契约具有更加浓郁的公法合同的色彩。由于教师聘任合同涉及作为公共性质的教育，因此，决定了其性质不同于一般民事合同，应"将教师作为公务员来定位，将教师和高等学校缔结的聘任合同视为公法合同。"（劳凯声，2002）[258]教师聘任合同因其合同目的是完成高等学校的教学、科研及管理等属于公务的事务，且高等学校与教师之间在订立合同和履行合同时地位并非完全对等，且其合同具有不自由等特征，故而此类合同应定性为行政合同（褚宏启，2000）。同时，基于教育的公益性、高校的法律地位、教师的职业特点等方面的特殊性，如果将教师等同于一般的 8 小时工作者，是对教师地位的漠视与贬低。三是雇用合同的观点。这种观点认为，"事业单位与其职工的关系，包括学校与教师的关系，本质上也是劳动雇用关系。"（刘剑文，2005）[107]持该观点的人把劳动合同视为特殊的雇用合同，因此，劳动关系从属于雇用关系。四是兼具行政与民事双重特点的特殊合同的观点。这种观点认为，教师聘用合同，并非是典型的行政合同或民事合同，而是兼带有行政合同特征和民事合同特征的特殊合同。这种特殊性表现在：高校与教师之间不是典型的行政法律关系，也非典型纯粹的民事法律关系，而是界于行政法律关系与民事法律之间的特殊法律关系。（劳凯声，2003）[90]"在双方签订合同时，遵循契约自由原则，更多地体现私法色彩；在签订合同之后，遵循公共利益优先原则，具有浓厚的公法色彩。"（周光礼，2003）也就是说，"教师聘用合同一方面它类似于行政合同形式，因为教师与学校的人事关系一定程度带有行政管理关系，双方之间有一种指挥与服从的内部管理关系，具有隶属性、约定性和单方面性，这种关系不是教师与政府之间的普通的行政关系，而是一种特殊的行政关系；另一方面教师与学校的关系又具有民事关系的性质。民事合同以司法自治为原则，只要当事人不违反有关公共秩序和善良风俗的法律，就享有完全的契约自由。相对于民事合同，教师聘任合同的契约又具有不自由的特征，应受到行政法治原则和符合国家教育目的性原则的制约。"（劳凯声，2006）[231]

正是由于教师聘任合同的性质不明，从而在一定程度上造成了教师聘任合同文本存在着适用法律缺失、充斥大量政策性用语、显失公平与合理、自行设定、人事争议处理不畅等方面的缺陷。

第二，教育行政部门干预过多，不仅造成高校聘任制动力不足，且导致高校聘任能力有限。依据我国相关教育法律法规的规定，聘任教师理应属于学校的办学自主权范畴。但长期以来，我国高等教育是在政府集中控制和行政约束的制度环境中运行的，通过一个个等级结构（各级政府或部门）由上对下进行垂直领导。在这种制度安排下，高等学校办学的主体是国家及教育行政部门，高等教育隶属于政府，高等学校的建立、经费来源、专业设置、招生计划、教学过程、科学研究、毕业分配、人才引进、基本建设、后勤服务等，都遵循国家或主管部门的指令办事，形成了以单一的行政配置机制为主要内涵的运行机制的"国家控制模式"。政府及其教育行政部门集多重角色于一体，存在着大量的"越位"、"错位"、"不到位"现象。表现在高校教师聘任制度方面，就是教师聘任制改革无不是在政府主导和推动下进行的，聘任谁、怎么聘、按照什么程序和条件聘等问题，高校的话语权较为微弱，从而导致高校聘任动力不足。同时，高校在人事聘任方面的能力有限。从高校教师聘任制的角度来讲，高校未能充分享有资源配置权，教育主管部门对高校资源的内部分配仍然享有很大的决定权；同时，由于政策和体制上的原因，自由流动的高校教师人才市场并未形成，高校教师的聘用晋升、福利分配、生活待遇、学历要求、权利义务等依然要受到教育行政部门制定的指标或规章的控制；而且，长期以来政府对高校人事决策体制和整个人事管理过程的直接控制也使高校失去了高校人事改革的自主决策意识，限制了学校之间的竞争和资源优化配置的主动性，从而使人事决策制度和人事政策规范趋于统一而缺乏个性。也就是说，在高校教师任用方式上，"国家主要通过政策，对教师实行统一分配、统一管理的人事制度。学校与教师之间的人事关系，基本上是由代表国家的教育行政机关，根据计划和指标，通过行政指令、安排、任命和调配等形式，建立、变更和消灭的。学校只是作为国家职权的执行机构存在，并不是用人主体。"这样，"国家为每个教师建立起'沉重的'人事关系和人事档案，并以此表明两者之间在身份和财产上的具体联系。"（吴开华，覃伟桥，2002）

第三，教师权益保障机制不完善。有权利必然有救济，没有救济的权利不是真正的权利。高校教师聘任制是高校与教师之间在平等自愿的基础上就双方的诸多内容在达成共识的前提下所签订的聘任合同。聘任合同中不仅应规定各自的权利与义务，同时还应该对权利受损的主体如何获得补救的渠道有明确的规定。然而，从高校聘任制的实践来看，一方面，高校聘任合同并非是由教师和学校双方在协商一致平等自愿的基础上制定的，而是学校的单方行为，多数高校只规定其应享有的权利而缺乏对其义务的规定，对教师的规定则多为义务性、禁止性条款而很少有权利性规范，聘任方与受聘方权利与义务的规定存在着严重的不平衡性、不对等性。也就是说，"现行的教师聘任制下教师的被聘任实际上是一种间接的强制结果和教师的被迫服从。学校通过占有和控制教师在社会政治、经济、文化生活中所必需的资源以及实现利益的机会，进而处于一种几乎是绝对的优势地位，由此形成学校对教师的支配关系。"（徐勇，2005）另一方面，从我国当前有关教师聘任制中教师权益保障机制的发展现状来看，教师权益保障机制的建设程度较低，并不能真正起到维护教师合法权益的作用。比如，西北×大学教师林某，在2000年度教师任职资格评审中，申报了中国语言文学学科教授任职资格，并于2000年11月10日通过了所在大学教师专业技术职务评审委员会的评审。但在以后公布的16名"经×大学职务评审委员会评审、具备教授职务任职资格而予以聘任"的人员名单中，并未将林某列入其中。林某认为，自己已取得了教授任职资格，学校应确认其教授任职资格并予以聘任。而学校的上述做法，等于取消了自己的教授资格，侵犯了他的合法权益，所以向法院提起行政诉讼，要求所在大学补发文件，确认其教授资格。同时，该案件的受理、审理等环节一波三折，并没有及时高效地对林某的权益进行补救。（陈鹏，祁占勇，2004）正是由于高校教师聘任制缺乏相关的权利保护制度，改革中出现了"强势群体利益进一步得到强化，弱势群体利益进一步被盘剥和削弱"（陈平原，等，2003）的不公平现象。

第四，高校聘任制中仍旧存在着根深蒂固的人才单位所有制现象。虽然高等教育经过改革开放30年的"大发展、大调整、大提高"，市场有限介入高等学校的办学中也是不争的事实。反映到高校用人制度方面的改变就是很多高校都建立了人才交流中心，开始逐步试行人事代理制度。但由于现行政策下教师仍然是"单位人"，教师只进不出，缺乏自由流动的机制，教师与高校间依然存在着严重的人身依附，学校需要为落聘者创造就业条件，提供就业机会和基本的生活保障，学校下岗分流人员并不能向社会流动。学校在教师任用上，最终是想用的进不来，不想用的出不去。学校教师内部间的有限竞争，使得聘任中缺乏外部竞争压力，晋升上过分重视内部平衡和论资排辈。正如有学者所言，"单位"对大学教师的行为构成了极大的影响，表现为"大学单位组织内部资源的垄断使大学教师缺少自由流动的机会，形成依附性人格特征；大学作为事业单位的组织结构使大学内的学术组织建设和功能弱化；大学单位组织的相对封闭制约了大学教师学术水平的提高；大学单位组织中形成的错综复杂的权力网络造成大学教师学术活动行为的扭曲"（郭丽君，2007）[111-114]等几个方面，可谓一语中的。

第五，高校教师聘任制中高校行政权力泛化而教师话语权式微。如前所述，我国政府对高校的管理是一种典型的"国家控制模式"。这种"国家控制模式"的外部权力结构反映到高校内部权力结构中，就形成了典型的"科层制"运行模式，以行政命令与指导为中心，大学缺乏应有的学术逻辑，不得不服从于行政的逻辑。行政权力挤压学术权力，行政权力不断泛化，高校的学术权力很大程度上被行政权力取代，行政权力包办学术事务的现象严重，致使行政权力对学术事务介入过多，导致学校学术管理的主体错位；学术权力日益走向行政化；同时由于缺乏保障学术权力的制度和机制，在一定程度上加速了行政权力与学术权力界限模糊、学术权力弱化的局面。在行政权力主导模式下，无论是决策还是管理等方面的事务，教师参与程度较低，教授在学校领导和管理决策中的作用没有得到重视，这在很大程度上影响了教师聘任制的顺利推行。但"事实上，所有一流大学在管理的各个层次上都有广泛的教师参与。历史经验清楚表明，大学不像企业，不能由独裁性的官僚体系依靠权力的金字塔自上而下地管理和控制。教师盼望能够接触预算和发展方案，期望能有效地参与确定和评估学校的使命和目标。他们希望对有关他们自己的职业成长和更新的事宜有更大的发言权，也就是说，他们希望控制、管理有关聘用、晋升和解聘的政策和过程"。（陈文申，2002）[154-158]

上述理论难题的存在，致使"写在纸上"的高校教师聘任制在实践中的推行举步维艰，出现了"各吹各的号、各唱各的调"的现状。在实践层面，以2000年中共中央组织部、人事部、教育部联合颁布的《关于深化高等学校人事制度改革的实施意见》为肇始，华南理工大学、上海大学、清华大学等悄悄开始全面或局部地聘任制改革，通过建立教师工作责任制、强化教师责任约束的方式来达到调动教师工作积极性的效果，在教师人事制度改革方面掀起一轮小风潮。2003年5月29日，《中山大学教师编制核定、职位设置与职务聘任规程》经过30多次修改后出台，旗帜鲜明地提出各院系的编制核定和职位设置将每学年进行一次，以往一年一度的全校性的教师"职称评审"不再进行，教师职务实行三年一聘任，考核不合格者要低聘或解聘。同时，2004年2月10日北大党政联席会审议通过了《北京大学教师聘任和职务晋升（暂行）规定》标志着自2003年初就开始酝酿的人事改革正式启动。这次改革在国内形成的影响十分深远，成为了中国高等教育界、学术界2003年的一件大事。《北京大学教师聘任和职务晋升（暂行）规定》的基本特征可概括为六个方面：（1）教员实行聘任制度和分级流动制；（2）学科实行"末位淘汰制"；（3）在招聘和晋升中引入外部竞争机制；（4）原则上不直接从本院系应届毕业生中招聘新教员；（5）对教员实行分类管理；（6）招聘和晋升中引入教授会评议制（原春琳，2003）。北京大学教师聘任和职务晋升的改革方案在模式上大范围借鉴了美国大学通行的终身教职（tenure-track）即"非升即走"（up-or-out）制度的教师管理办法，提出了一系列新举措。这些新的举措在教师中引起了巨大争议，方案不仅遭到了可能被淘汰出局的平庸者的反对，而且面临着青年精英的质疑。这场人事制度改革被认为是自蔡元培先生推行改革以来北大内部有史以来发起的最激进的一次制度变革，引起了一场高等教育界的大讨论。在北大校内，这一事件被评为"北京大学2003十大新闻"之五，也是学界2003年讨论最热烈的议题之一。有学者评论说，北大改革不仅是"一个校园事件"，而且"发展为轰动海内外的公共事件"；北大改革争论"已经成了中国国际互联网学术论坛的第一大事"。

　　上述改革之所以会引起轩然大波，之所以会发展为轰动海内外的公共事件，之所以会引起人们的广泛关注及评判，之所以会引起不同的反响与话语，主要原因在于由于现行教育法对教师聘任制规定得过于原则、抽象以及下位法规制定的滞后，使高等学校在教师聘任制实施的过程中拥有了很大的自由裁量的幅度与范围。我国《教育法》、《教师法》、《高等教育法》只是原则性地规定了高等学校实施教师聘任制的原则与方式，即高校教师聘任制应遵循"双方自愿平等的原则，由高等学校的校长与受聘教师签订聘任合同。"但实施教师聘任制的具体步骤、办法一直没有一个全国性的规定。《教师法》在第27条将制定教师聘任制的步骤、办法的权利授权给国务院教育行政部门，但时过15年之久，这一办法仍在酝酿之中。由于国家不断地强调要在高等学校全面实施教师聘任制，并把聘任制的实施作为高校人事改革的核心，于是，高校教师聘任制的实施就出现"一校一规"的现象。由于缺乏教师聘任制实施的具体办法，各高等学校教师在制定聘任规则的过程中，很少征求教师的意见、建议，对聘任规则不进行广泛的讨论和听证，就其中有争议的条款或模棱两可的条款一般也由学校负责解释。这样，在制定聘任规则的过程中，学校会最大限度地将自己的意志渗透到聘任条款中，而最大限度地压缩教师的权利空间，从而牢牢地将聘任的主动权掌握在学校手中。教师面对这些有失公平的内部规则，他们的选择余地是非常有限的，甚至没有选择的余地。

我们认为，高校教师聘任制本质上是高校教师任用制度改革中不同群体利益选择、表达、整合、确认和分配的结果。任何改革都会对既得利益者的利益造成一定程度的伤害，这就为改革带来了阻力。但同时，改革也应该是有序的，是在合法合理的情况下展开，应防止改革流于形式、强调短期效应、工作不到位、评价体系不健全、法律法规指导性不强、泛行政化等弊端。

3. 聘任制下高校教师的法律地位以及高校与教师法律关系论争

高校教师聘任合同的法律性质之所以存在争论，其根本症结在于我国现阶段高校教师法律地位的模糊性以及高校与教师法律关系的复杂性、多重性。

在计划经济时代，我国高校人事制度是一种计划录用、统一管理、行政任命和调配相结合的教师任用制度，采用的是任命制，教师被看做是"国家干部"，是国家的公职人员，把教师队伍纳入国家干部管理系统进行管理，属于国家公务员系列。在这种体制下，高校实际上是教育行政机关的附属机构，没有用人自主权，高校只是接受国家的委托来管理教育，行使的是教育行政机关委托的职能。高校与教师之间的关系是领导与被领导的关系，是行政隶属关系，形成的是纵向性的行政法律关系，且是内部行政法律关系，其争议具有不可诉性。

改革开放以来，我国开始实行政事分开的政策策略，一项重要的举措就是改变原用的人事任用制度，要建立一种适合于市场经济体制的新型的人事任用制度。事业单位人事制度改革的基本思路和最终目标是：改变用管理国家机关工作人员的办法管理事业单位人员的做法，取消事业单位的行政级别，相应地取消事业人员的行政级别或按行政级别确定其待遇的做法，逐步建立起"单位自主用人、人员自主择业"的充满生机与活力的新型人事任用制度。教育体制层面的教师任用制度的改革也包括其中。1993年《中国教育改革和发展纲要》提出"在合理定编的基础上，对教职工实行岗位责任制和聘任制"。随后的《教师法》、《高等教育法》以及一系列高校人事制度改革的部门规章等都重申了高校应该加快推进教师聘任制的实施。教师聘任制成为高校人事制度改革的核心。

那么，聘任制下高校教师的法律地位是什么？基于聘任制下高校教师的法律地位而形成的高校与教师的法律关系又是什么？

从世界范围来看，关于教师的法律地位大致有公务员、雇员、公务员兼雇员三种类型。有些国家将公立学校教师纳入公务员行列或享受公务员的待遇，教师与学校的关系是行政法律关系，如日本、德国、法国；世界上几乎所有国家的私立学校教师属于雇员身份，德国部分兼职教师为公职雇员；英、美等国公立学校的教师则兼有公务员和雇员双重身份，基于公务员身份，他们享有公务员法规定的各项权利，基于雇员身份，他们又具有契约中约定的权利和义务，教师与学校的关系是民事法律关系。

然而，聘任制下我国教师的法律地位在现行的法律法规中并没有明确的规定。虽然聘任制的实施，使教师逐步摆脱作为国家工作人员的行政法律身份，我国《教师法》第3条也明确规定"教师是履行教育教学职责的专业人员，承担教书育人，培养社会主义建设者和接班人、提高民族素质的使命。"从法律上划清了教师与国家工作员的界线，将其划入了专业人员之列。但是专业人员只是教师职业属性的体现，并不是教师法律地位的界定。通过加强教师职业的专业性，有利于提高教师的社会地位，使教师的职业成为人们羡慕的职业，从而提高了教师的准入门槛。但我国高校教师的法律地位仍处于模糊状态，学界也进行了诸多探讨，比如有"国家工作人员说"、"特殊劳动者说"、"公务员说"、"专业人员说"、"雇员兼准公务员说"，从而使聘任制下高校与教师法律关系的定位出现了多重认识。

有学者认为，高校作为法律、法规授权的事业单位，具有行政主体资格，应将高校行使的管理行为纳入内部行政管理范围，它与教师的关系应是内部行政关系。因为，在实际的教师聘任过程中，教师与学校的地位是不对等的，教师在聘任关系中的重要权力——拒聘权是受到严格限制的。目前的聘任制度下，教师既不是公务员，也不同于律师、会计师等专业化程度较高的专业人员，其地位尚未最后确定，但基本上可以肯定仍然是"国家工作人员"。高等学校在教师聘任中，具有行政优先权，有对合同的变更权、解除权、对合同的监督指挥权、强制履行权和制裁权；作为"国家工作人员"的教师的权益则明显受到限制。（刘香菊，2004）

也有学者认为，《教师法》第17条明确规定："学校和其他教育机构应当逐步实行教师聘任制。教师的聘任应当遵循双方地位平等的原则，由学校和教师签订聘任合同。"这说明教师和高等学校之间是一种基于双方自愿平等的民事法律关系。在聘任制度下，教师作为履行教育教学的专业人员是特殊的劳动者。因为根据1997年10月1日生效的《刑法》第93条规定，教师不是国家工作人员。总之，教师既不是国家公务员，也不是从事公务的国家工作人员，而是劳动者（特殊的脑力劳动者），是学校雇用的工资劳动者（丁文珍，2002）。其劳动关系适用劳动法，教师与学校之间形成的是平等主体间的民事法律关系。

还有学者认为，高校属于"第三部门"，高校与教师间法律关系既不是内部行政关系，也不是纯粹的民事法律关系，应当是一种委托契约关系（陈晓景，2004）。

还有学者在研究《民法》、《合同法》及《行政诉讼法》关于调整高等学校与教师的法律作用后指出，高等学校与教师间的法律关系是一种特殊的劳动雇用关系。双方所签订的合同，应是基于平等自愿的劳动合同，但有别于劳动法和公务员法。（屈满学，2005）

4. 实践视域下的高校教师聘任合同的合法性缺失——基于大学教师聘任合同书文本分析的视角

由于当前我国高校教师聘任合同法律性质的不确定性、高校教师法律地位的模糊性以及高校与教师法律关系的复杂性、多重性，致使实践中高校教师的聘任合同流于形式，缺乏"情理"与"法理"，依然带有浓厚的单位所有制人身依附倾向。

从本原意义上来讲，高校与教师签订聘任合同是双方在平等自愿的基础上通过聘书和合同确定双方义务和权利的过程，教师聘任合同通常表现为教师聘任合同书。教师聘任合同书是以书面形式明确双方法律权责的文书。合同书的主要条款一般包括：学校的名称；教师的姓名；双方的地址；教育教学活动；履行期限；报酬或工资；合同的变更、终止和解除；违约责任。然而，现实又是怎么样的呢？我们选取了几所高校教师聘任合同书对其进行了文本分析（见表2.1），从中可以看出当前我国高校教师聘任合同书存在着合法性缺失。

表 2.1　几所大学教师聘任合同书的文本内容

内容 高校	高校教师聘任合同书的条款
某工业大学	第一条　聘用岗位及合同期限；第二条　乙方工作任务和岗位职责；第三条　权利和义务；第四条　合同的变更、解除、终止和续订；第五条　其他约定；第六条　附则。
某科技大学	仅有一项应聘者承诺：即根据《某科技大学××年教师岗位聘任办法》，作为××，我承诺在聘期中达到以下目标：在学科建设中发挥重要作用；指导研究生，承担研究生、本科生课程讲授任务，完成或超额完成教学工作量；在科研、教学中取得以下成果（对照相应岗位聘任条例，根据本人情况，指出具体目标）；积极参加校内外的社会公益活动和学术活动。
某师范大学	第一条　合同期限；第二条　岗位与职责；第三条　权利和义务；第四条　薪酬和其他待遇；第五条　合同变更；第六条　合同终止；第七条　续聘；第八条　解除现教师职务岗位；第九条　违约责任；第十条　附则。
某大学	第一条　聘期；第二条　续聘；第三条　乙方的岗位工作目标及任务；第四条　权利和义务；第五条　考核；第六条　合同的变更与解除；第七条　附则。

从我们选取的高校教师聘任合同书的文本中可以看出，只有某科技大学的聘任合同书仅仅有一项"应聘者承诺"的规范，其他内容没有涉及，显然不是一份合法的教师聘任合同书。而其他三份高校教师聘任合同书从形式上来看，是比较规范的，完全符合合同书的主要条款。然而其内容是否合法合理呢？我们认为，从法理层面来看，三所高校的教师聘任合同书都存在着适用法律缺失、充斥大量政策性用语、显失公平与合理、自行设定、人事争议处理不畅等方面的缺陷。具体来讲：

（1）在聘任合同书的"填写说明"中，都有"除本合同所列内容外，经聘任单位与受聘人员协商一致，可增加有关条款"的规定，也就是说，高校教师在与单位签订聘用合同时，对格式条文不得修改，而只能对其他问题进行约定。由此可见，高校在贯彻聘用合同制用以签约时，当事人之间是不平等的，对合同文本及格式、条文没有选择权，因此存在着聘用合同书不但是强制性规定，而且剥夺了当事人的选择权。众所周知，合同是确定合同各方当事人权利和义务的法律文件，签订合同是一个法律行为，合同一经签订就具有受国家法律保护的法律约束力，因此合同的签订必须贯彻自愿原则。而"填写说明"的这项规定显然违反签订合同的基本原则，即自愿原则。

（2）在"合同期限或聘期"条款中，都有岗位聘期年限，一般为三到六年，且有时间不等的试用期（有三个月、六个月甚至一年的），同时规定聘任期满，聘任合同自动终止。我们认为，规定合同的最少年限，虽然保护了高校教师，但另一方面却又限制了人才或人员的流动，致使不少教师被阻滞下来。同时，如果我们将高校与教师的聘用合同理解为劳动合同的话，依据《劳动法》规定，劳动合同可以约定试用期。劳动合同中约定试用期不是必备条款，而是协商条款，是否约定由劳动者和用人单位协商确定。教师聘任合同中的试用期，一般是指高校和受聘教师为双向选择而在劳动合同中约定的不超过6个月的考察期。目的是让教师和用人单位相互考察，经过一定时限的磨合、适应，在双方自愿的基础上决定是否正式建立教师聘任劳动关系。协商约定试用期，就必须遵守有关试用期的规定。根据我国现行的法律和政策规定，订立劳动合同，约定试用期时应由高校和应聘教师双方平等协商约定，不得由用人单位一方强行规定。然而，目前的情况却是高校单方面将拟定好的聘任合同书摆在教师面前，从来没有协商的余地。

（3）在"工作任务与岗位职责"条款中，都明确地规定了受聘者必须完成的教学、科研、学科建设、人才培养等方面的任务，这本来是无可厚非的。然而，这种规定带有单方性、强制性，同时对存在的特殊情况没有明确地进行规定，作为教师没有选择的权利，是一种强制性的义务条款。

（4）在"权利与义务"条款中，关于聘任方与受聘方权利与义务的规定存在着不平衡性、不对等性。从权利与义务的关系来看，二者具有结构相关、功能互补、数量相当、价值主从等特点，同时，我们应当彰显权利的优先性。然而，在目前的聘任合同书中，对聘任方更多的是权利性规范，而对受聘方则更多的是义务性、禁止性规范。如甲方"依照国家法律、法规及学校的有关规定，对乙方工作进行考核和奖惩。""乙方在聘期内所取得的教学、科研等成果均属职务成果，其发表有关论文、著作或申报有关奖励、专利和科研项目及经费等，均须同时署乙方及甲方名（作者单位只能署甲方名）。"

（5）在"合同的变更、解除与终止"条款中，几所高校的聘任合同书都明确地规定了由于客观情况、国家政策法规等方面情况的改变与变更，合同经双方协商同意，可以变更与解除。而且，都明确地载有"出现下列情形之一的，本合同自行终止"的事项，也就是说在有的情况之下，聘任方可以单方面地解除合同，可以不与受聘方协商，比如"因违反校规而被开除；有严重的失职、渎职行为、师德败坏；工作期间，恶意诋毁甲方，对甲方的声誉或利益造成严重损害；因违反国家法律、法规，被依法追究刑事责任。""有弄虚作假或欺诈行为，如伪造经历、学历、学位、奖励证书、健康证明等，或谎报成果、剽窃他人成果的；乙方患病或者负伤，医疗期满后，不能从事教师岗位工作的"等情况时，聘任方可以解除合同。我们认为，这里存在着德治与法治的论争。什么是师德败坏？其程度是什么？什么情况才算是对甲方的声誉或利益造成严重损害呢？等等问题，并不是一种制度层面的规范，更应该是道德层面的约束，在法制社会中，我们不能把道德看成是评判是非、裁定争议的核心方式和主要标准，道德范畴的问题应通过加强道德教育来解决，二者不应混淆和相互替代。同时，高校的聘任合同亦不能与相关的法律法规相抵触，应遵循法律保留原则、比例原则、法律优先原则，且也应增加"但甲乙双方在聘用合同中另有约定的除外"，这对双方方才公平。

（6）在"附则"条款中，几所高校的聘任合同书中基本都有"本合同条款与法律、法规、规章和政策相抵触的，以及本合同未尽事宜，均按法律、法规、规章和政策的规定执行；没有规定的，由甲、乙双方协商约定"的条款。这一条文虽规定了"本合同未尽事宜，均按法律、法规、规章和政策的规定执行"，而在司法实务中，一旦发生争议，人民法院审理案件只能适用法律与行政法规，而规章与政策是不能适用的，此时如何保护申诉者的合法权益呢？而且，几所高校教师聘任合同书中，基本都未涉及"人事争议处理"的条款，即使有，也是协商解决，并未有进一步的救济途径，比如：经协商不能达成一致的，是否可向单位上级主管部门申请调解；调解无效的，是否可以按照有关规定向人事争议仲裁机构申请仲裁；对仲裁机构的仲裁不服的，是否可以寻求司法救济等问题，都没有明确的规定。

5. 高校教师聘任合同法律性质的再审视

如前所述，目前高校教师聘任合同书存在着适用法律缺失、人事争议处理不畅等问题。我们认为，问题的关键仍在于：要准确地定位高校教师聘任合同的法律性质。

从世界范围来看，大陆法系国家高校教师的法律地位是国家公务员或地方公务员，教师与学校的法律关系是行政法律关系，教师聘任制合同是行政合同，教师权益救济途径有申诉、行政复议、行政诉讼、民事诉讼；英美法系国家高校教师的法律地位是自由职业者，教师与学校的法律关系是民事法律关系，教师聘任合同是劳动合同，教师权益救济途径有调解、民事诉讼。（周光礼，2005）[12]

而在中国，高校教师的法律地位存在着专业人员、国家工作人员、特殊的劳动者等多种争论，相应地对高校教师聘任合同的法律性质也存在着雇用合同、行政合同、劳动合同、兼具行政与民事双重特点的特殊合同等的观点。而且，最近几年发生的一些解聘教师事件也反映出这样一个问题，即高校教师被解聘的随意性较大，缺乏直接的法律依据，并且教师被解聘后，由于缺乏相应的法律救济途径，使得教师被侵害的合法权益难以得到补偿和救济。

为了弥补上述缺憾以及尽快明晰高校教师聘任合同的法律性质，我们认为，高校教师聘任合同实质上是一种劳动合同。所谓劳动合同，也称劳动契约、劳动协议，它是指劳动者同企业、事业、机关单位等用人单位为确立劳动关系，明确双方责任、权利和义务的协议。根据协议，劳动者加入某一用人单位，承担某一工作和任务，遵守单位内部的劳动规则和其他规章制度。企业、事业、机关、团体等用人单位有义务按照劳动者的劳动数量和质量支付劳动报酬，并根据劳动法律、法规和双方的协议，提供各种劳动条件，保证劳动者享受本单位成员的各种权利和福利待遇。

劳动合同既不同于行政合同，也不同于雇用合同。所谓行政合同是指行政主体和行政相对人以协商一致的方式，设立、变更或消灭行政法上的权利义务关系的合同，又称公法契约。（叶必丰，2002）[291] 显然，要拥有行政合同的适格主体资格，必然要是行政机关或法律法规的授权组织。高校不是行政机关，但在行使特定的权力时，可以成为法律法规授权组织。但我们要区分高校的行政权力与法人权力之别，如在高校教师资格认定与职务评定、招生录取与学籍管理、颁发国家认可的学业证书与学位证书等方面，高校在授权范围内行使国家行政权，拥有对相对人实施行政管理的权力，高校与相对人构成的是行政法律关系。而在按照章程自主管理、聘任教师、组织实施教育教学活动等方面，高校行使的是办学自主权，是高校享有的法人权力而不是高校行使的行政权力，高校与教师不构成行政法律关系而是民事法律关系。更进一步来讲，在合同签约与履行中，行政合同中的行政机关依法享有特权，如缔结合同的特权、履行合同的特权（包括监督权和指挥权、单方变更权、单方解除权、单方制裁权）。而高校教师的聘任合同很显然不符合行政合同的一般特征，况且如果把教师的聘用合同认定为行政合同在法规与法理层面也存在着很大的障碍。教师聘用合同的双方是平等的法律关系主体，教师平等法律地位的确立，实现了教师从身份到契约的转变，而行政合同的一个基本特征就是当事人之间地位不平等，这与教育法律法规中的相关规定是冲突的、相抵触的。

劳动合同也不同于雇用合同。从法理层面来讲，劳动合同是一种特殊的雇用合同，二者既有相同点，又有不同点。二者的相同点主要是：都是私法上的合同、都以给付劳务为目的、都是继续性合同、都是双务有偿合同。二者的区别主要表现在：（1）主体不同。这是劳动合同和雇用合同产生差别的根本原因。雇用合同中法律对合同主体没有特别限制，自然人、法人都可以作为雇用人；《劳动法》第 2 条规定了劳动合同的雇用人，即用人单位，包括企业、个体经济组织和与劳动者建立劳动合同关系的国家机关、事业组织、社会团体。（2）形式不同。法律对雇用合同的形式没有要求，根据《合同法》的规定，既可以是书面合同，也可以是口头合同，是不要式合同。根据《劳动法》第 19 条的规定，我国的劳动合同应当采用书面形式，是要式合同。（3）受国家干预的程度不同。雇用合同作为一种民事合同，以意思自治为基本原则，合同当事人在合同条件的约定上有较大的自由。而国家经常以强行法的形式规定劳动合同当事人的权利义务，干预劳动合同内容的确定，当事人的约定不能超出法律的规定。（4）解决争议的方式不同。雇用合同作为一种民事合同，发生争议，当事人可以直接向人民法院起诉，如果雇用合同中订有仲裁条款，应向双方选定的仲裁委员会申请仲裁。因劳动合同发生的争议，当事人要向人民法院起诉，必须先向有管辖权的劳动争议仲裁委员会申请仲裁，对仲裁裁决不服的才可以向人民法院起诉，当事人不能就是否仲裁和对仲裁机构进行选择。（5）适用的法律不同。劳动合同是一类特别的雇用合同，劳动法有特别规定的，应当适用劳动法的规定，劳动法没有规定的，应当适用民法的规定。但是，劳动法的制定是为了保护在经济上居于弱者地位的劳动者。根据规范目的，劳动法的规定不能适用于民法上的雇用合同。

基于以上分析，我们认为，《教育法》、《教师法》和《高等教育法》对于教师聘任制的规定与《劳动法》中有关劳动合同的规定是一致的。聘任制的一切原则、聘任合同的签订和效力的评价、合同的变更、转让，合同的订立程序，合同的履行、终止、争议的解决、合同条款的内容与构成都与劳动法的相关规定相一致。比如国务院办公厅转发人事部的《关于在事业单位试行人员聘用制度的意见》中规定的一些合同内容，基本上都是根据《劳动法》中相应的条款制定的。例如《聘用制度意见》中第四项关于规范聘用合同的内容的规定为："聘用合同由聘用单位的法定代表人或者其委托的人与受聘人员以书面形式订立，聘用合同必须具备下列条款：1. 聘用合同期限；2. 岗位及其职责要求；3. 岗位纪律；4. 岗位工作条件；5. 工资待遇；6. 聘用合同变更和终止的条件；7. 违反聘用合同的责任。经双方当事人协商一致，可以在聘用合同中约定试用期、培训和继续教育、知识产权保护、解聘提前通知时限等条款。"而我国《劳动法》第19条的规定为："劳动合同应当以书面形式订立，并具备以下条款：1. 劳动合同期限；2. 工作内容；3. 劳动保护和劳动条件；4. 劳动报酬；5. 劳动纪律；6. 劳动合同终止的条件；7. 违反劳动合同的责任。劳动合同除前款规定的必备条款外，当事人可以协商约定其他内容。"从上述规定的内容来看，两类合同内容相同。

高等学校与教师签订聘任合同是劳动合同，适用于劳动法。"教师既不是公务员，也不是从事国家公务的工作人员。因此，在聘任制条件下，教师的劳动适用《劳动法》。"（郭春发，2006）最高人民法院做出的《最高人民法院关于人民法院审理事业单位人事争议案件若干问题的规定》（法释〔2003〕13号）也进一步明确了高校教师聘任的法律适用问题。这一司法解释抛弃了原来的"人事制度适用于干部的使用和管理，劳动制度适用于工人的招用与管理"的规定，做出"事业单位与工作人员之间的辞职、辞退及履行聘任合同所发生的争议，适用《中华人民共和国劳动法》"的决定，而且，该法第 3 条也明确了"人事争议"是事业单位与其工作人员之间因辞职、辞退及履行合同所发生的纠纷，同时赋予教师聘任争议的可诉性，即"当事人对依照国家有关规定设立的人事争议仲裁机构所作的人事争议仲裁不服，自收到仲裁裁决之日起 15 日内向人民法院提起诉讼，人民法院应依法受理。"从司法解释的角度进一步明确了教师聘任合同适用《劳动法》，从而使教师聘任争议从单纯的申诉救济途径扩展到司法救济渠道。

总而言之，大学教师聘任制包含着效率机制和合法性机制两个方面。效率机制要求组织有效率，合法性机制要求组织采纳具有合法性的组织结构和行为观念，即在制度环境下"广为接受"的组织形式和做法。实行教师聘任制是社会主义市场经济与社会发展趋势的必然要求和迫切愿望，实现了教师从身份到契约的伟大转变，打破了原有的教师职称评定与职务聘任完全对应的局面。目前，我们迫切需要确定聘任制下高校教师的法律地位以及高校与教师的法律关系，从而明晰高校教师聘任合同的法律性质，使各高校在推行教师聘任制中有法可依、有章可循，切实保障教师的合法权益，最终形成"人员能进能出、职务能上能下、待遇能升能降、优秀人才能够脱颖而出、充满生机与活力的用人机制"。

6. 中国高校教师聘任制的未来走向与理性选择

推行高校教师聘任制是高校人事制度改革的大势所趋，不仅符合国际潮流，同时为高校、教师的发展带来了新的契机，而且当下也有相应原则性的教师聘任制度方面的政策、法律支撑。目前我国高校教师聘任制度的迫切任务是要在坚持继续推行聘任制的过程中，实现如下转变，确保高校、教师各自的权益不受损害。

一是要实现从"单位人"向"社会人"的转变。长期以来，我国高等学校在人事管理上存在着根深蒂固的人才单位所有制观点，无论是高校、教师，还是社会中的人士，只要进入了事业单位，就相当于端上了"铁饭碗"，教师的"吃喝拉撒睡、生老病死退"，学校就全包了，"进了学校门，就成国家人"。教师一旦被聘任就意味着他应该为本校服务终身，只要没有什么违法乱纪的事情，就应该一直在这个学校任职直至法定退休年龄。如果教师提出辞职等要求，高校不会应允。这其实是一种典型的计划经济体制下的"单位人"模式。在市场经济体制的当下，依然有一定数量的教师和学校奉行这样的法则。我们认为，随着我国相关法律法规的完善以及高等教育发展的大众化、市场化、国际化的不断加深，高校教师聘任制应实现从"单位人"向"社会人"的转变。我国《劳动法》中明确规定："劳动合同期满或者当事人约定的劳动合同终止条件出现，劳动合同即行终止"、"经劳动合同当事人协商一致，劳动合同可以解除"。也就是说教师有权与高校协商终止聘任合同或者不再续聘，这就为高校建立灵活的人才机制提供了法律保障，不能一味地采取"堵"的办法，既不能因不愿优秀人才流失而采取各种办法阻碍教师的辞职，也不能因个别教师的不称职而束手无策，这不仅违反了《劳动法》的有关规定，违背了所签署的聘任合同，也阻碍了正常的人才流动。作为高校来讲，应从自身抓起，树立"社会人"的观念，努力通过多种渠道留住人才、吸引"凤凰"、淘汰不称职人员。作为教师本人来讲，不能依然抱着只要进入事业单位就会拿到"铁饭碗"的一劳永逸的思想，应不断提高自身，努力开拓创新，积极锻造素质，做一个合格的、能够适应激烈的市场竞争需要的有用人才。

二是要实现从"人身依附关系"向"劳动关系"的转变。新中国成立以来，我国按照计划经济体制建立了一套完整的行政机关和企事业单位的体制，国家通过庞大的单位体制将每一个人直接控制在国家权力之下，因而，无论是行政机关还是企事业单位，实质上都是国家权力链条上的一环，国家在对行政机关与事业单位的管理上不存在本质区别。教师作为国家干部，被纳入行政管理的系列之中，教师在任职、晋升、工资福利、退休、奖惩等方面都与国家机关工作人员同样对待。在任用方式上，教育行政部门代表国家，根据计划和指标，通过行政命令对教师进行计划录用、统一管理、统一调配、统一使用。高等学校只作为国家职权的执行机构存在，并不是用人主体。教师的这种身份和任用方式，使每一位教师与高等学校之间建立起复杂的、沉重的人身依附关系，学校与教师之间是管理与被管理的行政隶属关系。客观地讲，教师的这种身份和任用方式在当时国情背景下，产生过重要作用，但随着我国市场经济体制的建立与完善，计划经济下形成的"全能政府"的模式必须予以调整，政府的职能与企业、事业单位的职能必须分开。事业单位改革的基本思路和目标就是，改变用管理国家机关工作人员的办法管理事业单位人员的做法，逐步建立起"单位自主用人，人员自主择业"的充满生机与活力的新型人事任用制度。这一人事制度改革，促使教师身份及其学校与教师关系的转变。二者不再是一种人身依附关系，而应构成劳动关系。高校与教师的聘任关系本质上是一种劳动契约关系。学校和教师之间的劳动契约关系，是在学校与教师双方地位平等的原则上建立的，学校应充分尊重教师应有的权利，注重协商，避免侵犯教师合法权益。同时，受聘教师也应履行自己的职责和义务，不能置社会责任、学校利益于不顾，任意弃职而去或消极怠工，造成教师劳动力资源的流失。

三是要实现从"身份管理"向"岗位管理"的转变。传统的高校人事管理制度是一种典型的身份管理模式，形成了"重管理，轻开发；重稳定，轻流动；重'公平'，轻竞争；重身份，轻岗位"的局面，以严格的编制管理制度、封闭僵化的用人制度、统一的刚性工资制度等为特征的高度集中、统一计划、以行政管理为主的高校人事管理模式。（郭丽君，2007）[115]这种模式不利于人才的发展，桎梏了人才的合理流动，造成了人才的有形或无形的磨损。我们认为，高校教师聘任制其实就是高校岗位聘任制。高校岗位聘任制是高校依照《教育法》和《高等教育法》自主聘任教师的市场行为，它突破了原有的"评聘结合"的终身制模式，是一种人力资源开发与合理配置相结合的新型用人机制。岗位聘任制遵循公开、平等、竞争、择优的原则，按照国家、地区规定的教师职务合理结构比例，通过按需设岗、择优聘用、竞争上岗、考核评估、契约管理等程序，建立优胜劣汰、能上能下的用人机制，打破了脱离实际工作需要的职称终身制，淡化了职称概念，强化了岗位聘任，坚持因事设岗而非因人设岗的方针，突出了教师履职考核和聘任管理，促进了教师管理制度由"身份管理"转向"岗位管理"，为教师群体创造了一个宽松、公平、公开、公正的竞争环境，有利于激励教师自我奋进、刻苦钻研、精益求精，促进教师队伍整体素质的不断提高。如近几年来，部分高校在完善岗位聘任制度中不再评定身份职称，而是设置岗位职称由单位直接聘任符合要求的人才，谁上该岗位，谁就获得该岗位职称，同时为保障职务聘任的竞争性和动态性，不断优化人才资源配置，在聘任管理中强化能力和绩效考核，做到"能上能下、能进能出"，实现了教师管理制度由"身份管理"向"岗位管理"的转变。

四是要实现从"形式平等"向"实质平等"的转变。在我国，教师聘任制度与教师的资格制度、职务制度紧密相关，取得高校教师资格和教师职务才能有资格受聘高等学校从事教育教学工作。在教师资格制度中，高等学校接受教育行政部门的委托，对本校教师以及拟聘本校的教师实施资格认定，代替履行教育行政部门的职责；在教师职务评审中，高等学校作为法律、法规的授权组织，具有行政主体资格。因此，无论是在教师资格认定还是在教师职务评审过程中，高等学校与教师之间形成教育行政法律关系，教师作为行政相对人与作为行政主体的高等学校或教育行政机关的法律地位不对等，教师必须服从国家、学校的命令、听从分配与调配。因此，在聘任制过程之中，他们不可能充分表达自己的意愿并以自己的意愿自主地选择聘任岗位，受聘教师很难以平等主体的身份与聘任的高等学校平起平坐。同时，高等学校作为管理者，与教师之间是不平等的管理与被管理的法律关系，学校处于领导的、管理的、命令的、主导的地位，教师则处于被领导的、被管理的、服从的、被动的地位；而作为聘任人，高等学校与受聘教师是平等主体之间的法律关系，聘任合同的达成，是平等双方基于共同意思表达基础上形成的。在这种貌视平等的聘任过程中，高校既是规则的制定者，又是规则的执行者和裁判者；既是运动员，也是裁判员。高等学校同时拥有管理者和聘任者双重身份。在这种双重身份下，高等学校很难主动放弃行政职权，而把自己摆在与教师平等的地位，与教师进行平等的协商、对话，学校可以理直气壮地对教师进行领导与支配，特别是法律对聘任合同缺乏详细规定的情况下，高校更习惯于通过行政手段干预聘任过程，从而导致在高校教师聘任制实施中形式上的平等协商和实际上的单边任命，教师聘任制并没有走出传统的教师任命制的阴影。加之长期以来教师与高等学校形成的复杂的人身依附关系，如人事关系、住房、子女就学等问题，使教师在聘任过程中更加处于被动的地位，他们根本没有同学校平等对话的资本。因此，高校教师聘任制要能够真正地得以推进，应从源头入手，淡化行政权力，强化学术权力；强调教师的广泛参与，充分尊重教师的意愿，满足教师表达的权利。而且，从法律的角度来讲，学校是事业单位法人，在聘任关系中，教师与学校具有平等的法律关系，教师与学校是平权的。在实施教师聘任制过程中，从聘任方案的制订到聘任合同的形成，要相互尊重，相互协商，达成一致，真正实现从"形式平等"向"实质平等"的转变。在高校教师聘任制的过程中，高校是拥有充分自主的聘任权利的主体，具有高校教师资格的公民则是享有自主受聘权利的劳动主体。双方就聘任问题充分协商，基于意见一致或相互同意而建立聘任关系。作为聘任人的高等学校和作为受聘人的具有高校教师资格的公民在权利与义务方面是对等的，应该遵循公正、公平的原则，不能把单方面的意愿强加给另一方。"实施聘任制的学校，学校与教师的关系是以共同意愿为前提，以平等互利为原则，双方的权利与义务是对等的，没有行政隶属关系。"（李连宁，孙葆森，1997）[130]聘任制中的平等自愿、协商一致、公正平等的原则，在我国现行的《教师法》、《劳动法》、《民法通则》、《合同法》等法律法规中都有明确的规定，作为学校不能想当然地将其视为写在纸上的法律条文而置之不理。

五是要实现从"效率至上"向"崇尚学术"的转变。"一个有效率的制度的根本特征在于它能够提供一组有关权利、责任和义务的规则，能够为一切制造和生产活动提供最广大的空间。"（樊纲，1996）[41]高校教师聘任制实质上是寻求有效率的人力资源配置方式，使学术资源在追逐收益的过程中实现最优化的配置，实现以最小的成本赢得学校与社会最大的利益，从而提高学校的核心竞争力并不断塑造学校的内在品质，使学校的发展实现从外延式扩张走向内涵式发展之路。高校教师聘任制需要重视效率目标，然而现阶段的教师聘任制则过于强调效率，倡导"效率至上"原则，"重数量轻质量、重投入轻产出、重当前轻长远、重商业价值轻理论价值"（刘献君，2008），这样做的最大危害在于不断远离高校所应有的学术价值。大学是一个以学术为价值旨趣的组织，学术的生命在于创造，创造性价值是大学本体存在的价值。"大学本质上是围绕学科和行政单位组织的矩阵组织。作为从事高深专门知识加工和传播的高校，学科知识是组织形式，是大学结构的基础，是学科而不是行政单位把学者组织在一起。"（克拉克，1999）[124]而学科的核心主体是教师，高校教师的职业是学术职业，"如果让学术工作者在学科和单位两者之间选择，他或她一般都选择离开单位而不是学科。一个人离开他的专业领域要比离开他所在的大学或学院代价高得多，因为一个人的高等教育层次越高，其专业在决定任务时的重要性越明显。……简言之，主宰学者工作生活的力量是学科而不是所在院校。"（克拉克，1999）[35]学术职业是一种专业性职业，这一职业群体的"主要精力和生活重心是教学和研究，出于知识自身的目的追求知识，通过国内和国际专业协会建立声誉，职业回报和职业流动性随着职业者持续不断的强化专业化程度而增加。"（EUGENT RIGE，1996）[563]学术职业具有探究性、自主性、学科性等特点。对大学来讲，学术目标是大学应坚守的生命线，效率目标是为学术目标服务的，高校教师聘任制不能本末倒置，应实现从"效率至上"向"崇尚学术"的转变，因为

"在大学人事制度的改革问题上，如果不顾大学教师的职业特性，其消极后果也许将在很远的未来才能看清楚，而到那时，人们只能是站在'沙尘暴'中追求绿洲"（周作宇，2001）。

六是要实现从"评聘合一"向"评聘分离"的转变。教师职称评定是我国实行专业技术职务聘任制度的一个很重要的环节，它是指依照有关教师的申请，由主管教育行政部门或部分高校组织教师职务评审委员会对其进行评审，对符合条件的教师授予一定职称的行为。教师的职称授予行为是一种行政行为。教师职务聘任是指作为用人单位的学校与教师在自愿平等的基础上经过充分协商，通过签订聘用合同对该教师进行聘用的行为。在教师职务聘任过程中，学校与教师都是平等的民事主体，双方形成的关系是平等的民事法律关系。聘任双方对于受聘、解聘及双方的权利、义务等都要在平等的基础上充分协商，达成意思表示的完全一致。可见教师职务聘任是一种民事行为。通过教师职称评定与教师职称聘任的概念的界定和其所属行为的明确。我们认为，"评"与"聘"应是两个相对独立的行为过程。"评"是对教师能否胜任一定教师职务能力的评价；"聘"是学校在与教师平等协商的基础上同意该教师担任该校一定教师职务的行为。"评"涉及高校与教师的教育行政法律关系；而"聘"涉及高校与教师的民事法律关系。因此，我们应该坚决摒弃传统的"评聘不分"、"评聘合一"、"评聘结合"的模式，即一旦评上了，就肯定聘任，实现从"评聘合一"向"评聘分离"的转变，即依据"能上能下"、"进出自由"的原则，即使"评"不上，但如果其业务能力强、综合素质高，高校也可以"聘"。相应地，即使"评"上了，但其教学能力差，不受学生欢迎，也可以不"聘"，或者即使大家都是教授，但也应该是有区别，应依据岗位内部不同等级之间的结构比例，实行"分级制"模式。这些都将更加有利于形成良性的激励机制，有利于刺激教师在培养人才、科学研究、服务社会等方面更大的积极性。

七是要实现从"以事为本"向"以人为本"的转变。传统的大学人事制度是一种被动的、指令性、常规性、经验式的制度，以事为中心，价值观的天平倾向于事，事的地位超过人，事的重要性取代了人，教师处于附属性的地位，对教师的管理局限于教师的考勤、业务考核、奖励、惩罚、薪金福利等事务性工作，内容简单且被动滞后，注重管制、监控与约束的刚性管理，以命令来控制教师的行为，管理缺乏规范化，专业性不强，人为的因素较大，强调对教师的使用，不重视其素质的进一步拓展，以管促用。这种制度模式依然延续着计划经济体制下的旧有模式，对人的关注较弱，把人视为一种负担和成本。我们认为，衡量人事制度改革成功与否，主要应看教师的积极性是否被充分调动和发挥出来。因此，高校教师聘任制改革应坚持科学发展观，把教师看做是学校的主体，强调教师的民主与参与，注重挖掘教师的最大潜力，对其进行全方位拓展，发挥其最大效用，重视教师的培训与开发，以育促用，体现尊重个人尊严和尊重教师的自我价值需要，以人力资源的开发与利用取代传统的人事管理办法，真正树立以人为中心的管理观念，把人事制度改革的重心从以事为本转到以人为本，激活生产力基本要素中最活跃的因素，鼓励优秀人才通过竞争进入关键岗位，发挥其骨干作用，强调激励与引导的柔性管理，并通过对高级岗位设定的特殊激励制度，获得更好的工作条件和生活条件，实现教师人力资源的不断增值，从而构建出优秀人才脱颖而出的良性循环机制。同时，实行人性化管理，注重人文关怀，构建和谐校园，促进人的全面发展。

总之，全面推行高校教师聘任制，按照"按需设岗、公开招聘、平等竞争、择优聘用、严格考核、合同管理"的原则，学校和教职工在平等自愿的基础上，通过签订聘任合同，确立受法律保护的劳动关系，实现高校任用制度的彻底转型，使各高校在推行教师聘任制中有法可依、有章可循，切实保障教师的合法权益，最终形成"人员能进能出、职务能上能下、待遇能升能降、优秀人才能够脱颖而出、充满生机与活力的用人机制"，是我国当前及今后一段时间高校人事制度改革和完善的核心。

7. 新形势下高校教师与大学的法律关系：人事代理教师的法律地位探讨

1995年12月人事部正式提出推行人事代理制，使人事代理制度规范化、法制化，以人事代理促进人才产业化，最终使人事管理变成一种公众服务。

（1）人事代理制的内涵及其特点——从单位人走向社会人

在我国，人事代理是指在社会主义市场经济条件下，经组织人事部门批准或授权指定的人才服务机构，在核定的业务范围内受用人单位和个人委托，依据代理合同，运用社会化服务方式和现代化手段，按指定的法律和政策规定，为其代办的有关人事业务。人事代理实行许可制度，并严格按许可的业务范围开展人事代理。简单地说，就是把"单位人"变成"社会人"，实现人事关系管理与人员使用分离，即单位管用人，而一些具体的人事管理工作，如档案管理、计算工龄、评定职称、社会保险等，由人才交流中心代管。

一般来讲，人事代理制作为一项制度，具有法制化、系统化、社会化和专业化等特点。

所谓法制化，就是人事代理单位和委托单位要有严格的合同约束，有明确的权利、责任、义务保证；开展人事代理业务要以人事法规政策为依据，符合人事管理的每个环节。

所谓系统化，就是人事代理业务扩展到人事管理的每个环节，从宏观的人事规划到具体的人事管理业务。

所谓社会化，就是人事代理的范围和服务领域具有广泛性和市场化的特点，国有企事业单位可以委托，其他多种经济成分的用人单位也可以委托，单位可以委托，个人也可以委托；既可以全权委托，也可以单项委托。

所谓专业化，就是人事代理机构应当具有较强的人事代理业务能力和相关专业技术设备、技术手段、提供具有较高专业水准的服务。

（2）开展人事代理的意义

首先，开展人事代理是对人才社会化观念的再认识，促进了人才使用权与所有权的分离。马克思主义的人才观是人具有社会性，是全社会的财富，为国家和人民所用。而传统的人事管理是人才单位所有，致使人才对单位产生依附关系，普遍对下岗、失业有恐惧感，而真正能干的人又不放不用。人事代理是对人才的社会化管理，把人才的所有权与使用权区别开来，使各类人才割断了以人事档案为核心的对单位的依附关系，保证人才有充分择业的自由，又增加了他们工作的危机感和责任感，促使他们刻苦学习、努力工作、提高素质。

其次，开展人事代理适应了企事业单位人事制度改革的需要，是深化人事制度改革的切入口。"小而全"、"大而全"、低水平重复建设造成资源浪费和效益、效率低下的问题不仅在经济领域存在，在人事管理上依然存在。我国单位众多，管理体制错综复杂，每个单位都设有人事机构，都在进行着同一方式的人事管理，造成资源浪费。而改革开放后出现了大批新型企业，原先的人事管理对这些单位管不了、管不好。而人事代理正是为了克服这些弊端，把社会大生产和专业化协作原则运用于人事管理。

再次，随着国家各项改革的深入，解决再就业问题已成为经济发展和改革的关键。而现有企事业普遍存在的"人才流失"与"富余人员流不动"，"该走的走不了、该进的进不来"，已阻碍了企事业的发展。而实行人事代理制正是发挥市场对人力资源配置的基础作用的重要内容。

最后，开展人事代理制是 21 世纪适应知识经济对人事管理高水平要求的重要内容。知识经济给人事管理带来的变化主要表现在人才素质复合化、人才流动加速化、人才劳动分散化、组织结构虚拟化、人事协调复杂化。而人事代理正是适应这一趋势，使企事业单位能从繁杂的人事工作中解脱出来，把主要精力放在选好人、用好人上，而人事代理进行集约型管理，更有利于人事管理的规范化和科学化，同时也为用人单位节省人力物力，提高工作效率。

（3）签订《人事代理协议书》需准备的材料以及经许可的人才市场中介服务机构代理项目

就签订《人事代理协议书》需准备的材料而言，应该包括的事项有："人事代理"申请及单位简介；单位营业执照附本复印件；人事代理需存档的人员名单；单位详细地址、邮编、人事部负责人及联系电话。签订《人事代理协议书》，甲、乙双方代表在协议书上签字盖章后生效。

经许可的人才市场中介服务机构可分别开展以下人事代理项目：代理人事政策咨询与人事规划；代理人才招聘、人才素质测评和组织人才培训；代办人才招聘启事的审批事宜；按照国家有关规定，代理人事档案管理；依据国家有关规定，代理用人单位办理接受高校应届毕业生有关人事手续；经国家和本市有关部门批准，代办社会保险；经国家和本市有关部门批准，代办住房公积金；代办聘用合同鉴证；代理当事人参加人才流动争议仲裁事宜；其他人事管理事项。

在代理服务方式上，委托代理对象包括委托代理单位和委托代理个人。人事代理机构和委托代理对象不具有行政隶属关系。人事代理可实行单位委托，也可实行个人委托。委托单位和委托个人应明确代理项目，可全权委托代理，也可单项或多项委托代理。人事代理应明确代理期限。

（4）教师人事代理制下教师代理合同的法律性质

教师聘用制是以合同的形式确定高校与教师基本人事关系的一种用人制度，即教师在本单位的身份属性通过与单位签订聘用合同确定。高校传统的用人制度是职工一旦被调入或分配到其单位，就终身成为该单位的职工。教师聘用制就是要将传统的用人制度改革成为合同契约式的用人制度；聘任制是事业单位内部具体工作岗位的管理制度，是相对委任制而言的。受聘人拟任工作岗位或职务一般通过竞争取得，确定的形式可以签订聘任合同，也可以签订聘约，或颁发聘书，也可以签订目标责任书。在高校人事制度改革中，对某一职工既要通过聘用制确定基本人事关系，又要通过聘任明确具体岗位职务。聘任制是高校自身的用人制度，在聘任制下，二者构成平权型的法律关系，聘任合同属于劳动合同。

教师人事代理制是在社会主义市场经济条件下产生的一种新的人事管理方式，即人事代理机构（指政府人事部门所属人才交流服务机构）按照国家有关政策法规要求，接受用人单位或个人委托代理有关人事管理事务。用人单位与被聘用人员只受双方签订的聘用合同的约束。用人单位有充分的用人自主权，而劳动者则享有充分的择业自主权和流动的权利，真正实现了"单位人"到"社会人"的转变。

从以上可以看出，这其实是两个不能完全并列的制度。区别一，本质不同，聘任制是高校自身的用人制度，而人事代理制是社会人事管理制度；区别二，主体不同，聘任制的主体是高校与教师，而人事代理制的主体包括人事代理机构、高校与教师；区别三，协调对象不同，聘用制协调的是劳动关系，而人事代理制协调的是人事关系；区别四，主管部门不同，聘用制的主管部门是劳动与社会保障部门，而人事代理制的主管部门是人事部门。

教师人事代理工作应严格实行合同管理。高校通过与人才中介服务机构签订人事代理合同书，确立人事代理关系。人事代理合同应包括委托实行人事代理的内容、工作程序、合同期限及其他服务约定等，明确双方责任、权利和义务。双方应严格贯彻执行国家人事工作方针政策，切实履行合同，保障维护各利益主体的合法权益。现在的问题是，人事代理合同是什么性质的合同呢？

我们认为，既然人事代理制是社会人事管理制度、协调的是人事关系、是人事代理机构与教师和高校签订的合同，这种合同的性质不是劳动合同，而是雇用合同。所谓"雇用合同是受雇人向雇用人提供劳务，雇用人支付报酬的合同"。王泽鉴先生指出，雇用合同，"即受雇人于一定或不一定之期限内，为雇用人服劳务，雇用人负担给付报酬的契约"，雇用合同受《民法》而不是《劳动法》的调整。

第三节　高等学校与教师关系的法律治理机制

从一般意义上来讲，在大学与教师的关系中，大学处于强势地位，教师处于弱势地位，这无论是从教师资格制度、教师职务制度中，还是从教师聘任制度中，都凸显出二者地位不平等的现状。因此，高校与教师关系的法律治理机制的核心是对教师的权利进行合法地配置，并确保教师的权利能够得到合法化的行使。而作为高等学校，应尽力地提供各种条件保障教师权利的正常行使，因为"高等教育结构和制度的产生，大都是为了保护研究者和教师的正当利益。它们帮助界定并捍卫一个组织内的主要专业领域。"（克拉克，1994）[205]当教师的权利受到损害以后，也必须有权利的救济通道。

一、大学教师的权利配置

高校教师既是社会的公民，又是特定的群体，不仅享有一般公民所享有的权利，同时又享有作为大学成员的教师的权利。在此，我们只就教师作为特殊的教师群体所享有的权利进行分析。

作为大学成员的教师，其享有的权利在我国《教师法》第 7 条中从"教育教学权、科学研究权、指导与评定学生权、物质保障权、民主管理权、进修培训权"等六个方面进行了规定。我们认为，在当时看来《教师法》中关于教师权利的规定虽然较为全面，但随着我国社会主义法治的发展与健全，颁布已经有 14 年之余的《教师法》需要做出修改，有的内容已经不能完全反映我国依法治教的需要，这其中就包括关于教师权利的配置问题。具体而言，我们认为教师的权利应包括如下方面。

1. 教育教学权，包括教学方法与教学内容自由权、开设课程权在内，这是教师最基本的权利，教师区别于其他职业的典型特征，就在于教师有权依据教学计划、教学大纲的要求，可以根据课程内容、学生特点和自己对教学规律的把握，自主地组织课堂教学，组合教学内容、确定进度和教学方式，可以对教学的内容、方法进行改革和实验，任何人不得非法剥夺教师这一基本权利。"教师可以自主确定专业方向，选择讲授的课程及其教学内容和教学方法，甚至考试方式；自主确定研究方向，选择研究课题；自主决定社会服务的方向、内容；自主安排时间。"（刘献君，2003）大学应当"允许学者有追求学术研究而不管研究将导向何处的自由；与研究生一起探索深奥的和有争议的思想观点的自由。"（陈学飞，1998）[93-94]这都属于教师教育教学权的范畴，教师可以自由地支配。而且，教师的教学都是基于学科而言的，学科性是大学教师安身立命之本。

2. 科学研究权，包括学术参与权、发表研究成果权与表达专业意见权。教师是专业技术人员，是我国知识分子队伍的重要成员，他们的学术研究是国家科技进步的源泉。因此，教师在其专业领域内，进行科学研究、技术开发，撰写学术论文，著书立说，并在学术团体中，自由地表达自己的学术观点，开展学术交流。"在校外本专业范围内发表意见的自由；就一般的社会和政治问题以体面的适于教授身份的方式发表意见的自由"。（陈学飞，1998）[93-94]任何团体与个人都不应当限制教师发表言论的学术自由权，同时教师有权参与同行评议，进行学术评价，应当从学术本身的内容出发，保持客观中立性，避免基于个人观点的不同作出主观判断。

3. 身份保障权即职业保障权。教师的身份受到法律的保障，非经法定的事由与程序，教师的身份不应受到侵犯。同时教师的聘任期一般有最低期限限制；教师在聘任期满后有自动获得续聘的权利，不予续聘需要正当事由、经正当程序进行；在任职满一段时间、获得教授职务的教师有权获得终身教职的权利，除非遇到特殊情况，直到退休为止，大学不得随意解除教师的教职。（刘北成，2003）

4. 指导与评定学生权。指导学生与发展，就是教师有权根据教育教学的要求和学生身心发展的规律，有针对性地引导学生的学习，促进学生的发展，并对学生的升学与就业予以指引；评定学生的品行和学业成绩，就是教师有权对学生的品德、智力、体质等方面予以客观公正的评价，使学生得到全面发展。由于这一权利的行使，直接关系到学生的身心发展，因此，教师在对学生指导与评定的过程，一定要树立以人为本的观念，将关心爱护与严格要求学生有机结合起来，避免权利的扩张与滥用。

5. 物质保障权即报酬待遇权。工资报酬是指由基础工资、职务工资、课时报酬、奖金、教龄津贴、班主任津贴及其他各种津贴构成的工资性收入。它是教师物质保障权的货币形式，直接关系到教师的生活质量与生存状态，是教师从事教育教学活动的物质基础。而按时获取工资报酬，就是相对拖欠教师工资或不全额发放教师工资的违法行为，国家做出的有针对性的法律规定；福利待遇是指国家对教师在住房、医疗、退休和寒暑假期的带薪休假等方面所享有的社会福利保障。

6. 民主管理权即校务参与权。教师是学校的主体，教师参与学校的民主管理可以通过两种方式：一是直接地对学校的教育教学、管理工作和教育行政部门的工作提出意见与建议；二是通过教职工代表大会等形式，参与学校的改革发展、教师队伍建设、住房分配政策、教职工的奖惩办法等重大政策的制定与实施。这是宪法所规定的"公民对任何国家机关和国家工作人员，有权提出批评和建议的权利"的具体化，有利于调动教师工作的积极性，发挥教师的主人翁作用，也有利于对学校和教育行政部门工作的监督。具体来讲，教师作为大学的核心成员，享有广泛的校务参与权，尤其是在学术事务方面。对于大学行政事务的参与，属于教师的民主参与权利，也应得到保障。不同职务的教师享有校务参与权利的范围及机会不同。一般在学术事务上，教授、副教授享有广泛的校务参与权；而教师和助教的校务参与权则较为有限。但在大学行政事务上，应当保障不同职务的教师平等参与校务管理的权利。

7. 进修培训权。这是教师享有的继续教育的权利。当今社会更处于信息爆炸的时代，新旧知识的交替周期越来越短，教师在学校教育所掌握的有限知识会因为科学知识迅猛发展而陈旧，终身学习成为教育发展的趋势，教师只有不断进修提高才能适应教育教学的要求，因此，作为权利主体，教师在完成教育教学任务的条件下，有权要求各级政府、各级学校提供多种形式、多种渠道的进修培训机会，切实保障教师权利的实现。

8. 程序保障和救济权即获得救济权。教师在被解聘、不予续聘时受正当法律程序的保护。在解聘时有获得听证的权利。在上述各种权利被侵犯的时候，有申诉和起诉的权利。

二、大学教师权利的法律救济

英国法学家韦德（H. W. R. Wade）指出："权利依赖于救济。"（韦德，

1997）[223]"有权利就必须有救济"，"没有救济的权利不是真正的权利"。（劳凯声，2003）[463]法律救济对于维护教师的合法权益，依法监督高校权利的行使具有现实意义。

法律救济是指依据法律对权利冲突的解决。也就是说，当公民的权利受到侵害时，可以从法律上获得自行解决，或请求司法机关及其他机关给予解决，使受损的权益得到补救。权利的救济以权利的损害为前提，没有权利的损害，就无权利的救济；法律救济就是对受损权利的补救，其根本目的就是实现合法权益并保证法定义务的履行。

那么，当高校教师的权利受到损害以后，可以通过哪些渠道和方式请求法律救济呢？在英美法系的国家，教师的权利救济往往通过普通司法途径解决，主要有调解、民事诉讼等；而大陆法系国家则往往通过行政救济方式解决，主要有申诉、行政复议、行政诉讼，此外，也有民事诉讼等。

而我们国家高校教师的权利救济又是一种什么状况呢？我们认为，归根到底大学教师权利的法律救济渠道不外乎诉讼途径与非诉讼途径两种，具体到高等学校与教师的法律关系，主要涉及教师申诉制度、行政复议与行政诉讼制度、民事诉讼制度。

1. 教师申诉制度

（1）教师申诉制度的含义

我国《教师法》第 39 条规定："教师对学校或者其他教育机构侵犯其合法权益的，或者对学校或者其他教育机构做出的处理不服的，可以向教育行政部门提出申诉，教育行政部门应当在接到申诉的三十日内，做出处理"。"教师认为当地人民政府有关行政部门侵犯其根据本法规定享有的权利的，可以向同级人民政府或者上一级人民政府有关部门提出申诉；同级人民政府或者上一级人民政府有关部门应当做出处理"。这是宪法关于公民申诉权利规定在教师身上的具体体现。《教师法》确立的这项维护教师合法权益的行政救济程序的制度，即教师在其合法权益受到侵害；依照法律、法规的规定，向主管的行政机关申诉理由，请求处理的制度，就是教师申诉制度。

相对于其他形式的申诉制度，教师申诉制度具有如下特征。

首先，教师申诉制度是一项法定申诉制度。《教师法》明确规定了教师申诉的程序，各级人民政府及其有关部门必须依法在规定的期限内对教师的申诉做出处理决定，使教师的合法权益及时得到保障。学校及其他教育机构，有关部门对上级行政机关做出的处理决定，负有执行的义务。否则将承担相应的法律责任。而其他非诉讼中的申诉，如向信访部门、行政监察部门等部门提出的申诉，虽然对维护教师的权益有一定的保障作用，但由于不是专门针对教师的申诉制度，在某种程序上降低了申诉人受损的合法权益的恢复和补救。这也是《教师法》之所以将教师申诉制度上升为法律制度的目的所在。

其次，教师申诉制度是一项专门性的权利救济制度。它在宪法赋予公民享有申诉权利的基础上，将教师这一特定专业人员的申诉权利具体化。这就使教师申诉制度区别于一般的信访工作。从申诉受理的主体上看，教师申诉受理的主体是特定的，而信访工作则没有明确的受理主体规定。从申诉时限上看，对教师的申诉主管机关必须在法定期限内做出处理决定，从对教师申诉的时效上看，必须是在《教师法》颁布以后发生的，而信访工作则无此限制，相对人对发生在几年、十几年、甚至几十年的事情，如果认为极不公平，均可向有关国家机关申诉。从效力上看，对教师申诉的处理决定具有行政法上的效力，而信访机关往往是将需要立案查处的事项转交给有关主管机关处理，它们仅对主管机关的处理加以检查督促。

再次，教师申诉制度是非诉讼意义上的行政申诉制度。它是由行政机关依法对教师的申诉，根据法定行政职权和程序做出行政处理的制度。其行政处理决定具有行政法上的效力。这有别于诉讼法上的申诉制度。诉讼法上的申诉制度是公民对司法机关已经做出的发生法律效力的判决、裁定不服，而向法院或检察院提出申诉，请求再审的制度。

最后，从对教育申诉的处理看，教育主管部门、人民政府或有关行政主管部门对教育申诉的处理活动，是行使其行政职权的行为，并且其处理结果能够直接对申诉人和被申诉人产生法律后果，符合具体行政行为的要求。

由此可见，教育申诉制度是一项行政管理制度，也是一项特定的行政法律救济制度。

（2）教师申诉范围

《教师法》对教师可以对学校或其他教育机构提出申诉的范围规定得比较宽，主要有：

首先，教师认为学校或其他教育机构侵犯其《教师法》规定的合法权益的，可以提出申诉。这里的合法权益，包括《教师法》规定的教师在职务聘任、教学科研、工作条件、民主管理、培训进修、考核奖惩、工资福利待遇、退休等各方面的合法权益。当然，是否确实侵犯了教师的合法权益，要通过申诉后的查办才能确认。但只要教师认为学校或其他教育机构侵害了其合法权益，就可以提出申诉。

其次，教师对学校或其他教育机构做出的处理决定不服的，可以提出申诉。在这里，学校或其他教育机构的处理决定，可能侵害了教师的合法权益，也可能没有侵害教师的合法权益。但如果教师对处理不服，就可以提出申诉。而对其他企业、事业单位或个人侵犯其合法权益的，不属于教师申诉的范围。

最后，教师认为当地人民政府的有关部门侵犯其《教师法》规定的合法权益的，可以提出申诉。这表明，作为被申诉人，仅限于当地人民政府有关行政部门，可能是教育行政部门，也可能是其他行政主管部门，但不能以政府为被申诉对象。其他企业、事业单位或个人侵犯教师合法权益的，不列入教师申诉制度的范围。

同时，申诉范围，还有一个时间的范围。即只有在《教师法》生效之日以后发生的案件，才可以依照《教师法》的规定提起申诉。对《教师法》生效之日以前发生的案件，一般仍按原来的有关程序办理。

（3）受理教师申诉的机关及管辖

受理申诉的机关，因被申诉主体的不同而有所区别。教师如果是对学校或其他教育机构提出申诉的，受理申诉的机关为主管的教育部门；如果是对当地人民政府的有关行政部门提出申诉的，受理申诉的机关可以是同级人民政府或者是上一级人民政府对口的行政主管部门。这里需要指出的是提出申诉不要向行政机关的个人提出，而应向行政机关提出。否则将按一般的群众来信办理。

教师申诉的管辖，是指行政机关之间受理教师申诉案件的分工和权限。教师申诉制度的管辖分为隶属管辖、地域管辖、选择管辖、移送管辖等。

第一，隶属管辖。指教师提出申诉时，应当向该学校或其他教育机构所隶属的教育行政主管部门提出申诉。

第二，地域管辖。指没有直接隶属关系的学校或其他教育机构中的教师提出申诉时，按照教育行政部门的管理权限，由当地主管的教育行政部门受理。如：民办学校同教育行政部门之间没有隶属关系，民办学校中的教师申诉适用地域管辖。

第三，选择管辖。指教师在两个或两个以上有管辖权的行政机关之间选择一个，提起申诉。受理申诉的行政机关不得拖延推诿。对当地人民政府的有关行政部门的申诉，申诉人可以在同级人民政府或者上一级人民政府的有关部门选择受理的机关。在这种情况下，申诉人一般应本着及时、便利和业务比较对口的原则选择受理机关。

第四，移送管辖。指行政机关对不属于其管辖范围的申诉案件，应当移送给有管辖权的行政机关办理，同时告知申诉人。

另外还有协议管辖和指定管辖。前者即因申诉管辖发生争议的，由涉及管辖的行政机关协商确定。后者指因管辖权发生争议的，由它们所属的同一级人民政府或者共同的上一级主管机关指定。

（4）教师申诉制度的主要环节和程序

教师申诉制度由提出申诉、受理和处理三个环节组成，并依次序进行。

第一，提出申诉。教师提出申诉，应当以书面形式提出。申诉书应载明如下内容：①申诉人的姓名、性别、年龄、住址等。②被申诉人（指教师所在的学校或者其他教育机构，以及当地人民政府的有关行政部门）的名称、地址、法定代表人的姓名、性别、职务等。③申诉要求。主要写明申诉人对被申诉人因侵犯其合法权益或不服申诉人的处理决定而要求受理机关进行处理的具体要求。④申诉理由。主要写明被申诉人侵害其合法权益；或不服被申诉人处理决定的事实依据，针对被申诉人的侵权行为或处理决定的错误，提出纠正的法律、政策依据，并就其陈述理由。⑤附项。写明并附交有关的物证，书证或复印件等。

第二，对申诉的受理。主管的教育行政部门接到申诉书后，应对申诉人的资格和申诉的条件进行审查，分别不同情况，做出如下处理：①对于符合申诉条件的应予以受理；②对于不符合申诉条件的，可以答复申诉人不予受理；③对于申诉书未说清申诉理由和要求的，要求重新提交申诉书。

第三，对申诉的处理。行政机关对受理的申诉案件，进行全面的调查核实，根据不同情况，分别做出如下规定：①学校或其他教育机构的管理行为符合法定权限和适用法律法规正确、事实清楚，可以维持原处理结果；②管理行为存在着程序上的不足，决定被申诉人补正；③对申诉人不履行法律、法规和规章规定的职责的，决定期限改正；④管理行为的一部分适用法律、法规和规章错误的，变更原处理结果或不适用部分；⑤管理行为所依据的规章制度与法律、法规及其他规范性文件相抵触的，可撤销其原处理决定。

《教师法》第39条第1款规定："教师对学校或者其他教育机构侵犯其合法权益的，或者对学校及其他教育机构做出的处理不服的，可以向教育行政部门提出申诉，教育行政部门应当在接到申诉的30日内做出处理。"第2款规定："教师认为当地人民政府有关部门侵犯其根据本法所享有的权利的，可以向同级人民政府或者上一级人民政府有关部门提出申诉，同级人民政府或上一级人民政府有关部门应当作出处理。"

从该法条的规定可以看出，教师申诉的处理有以下特征。

第一，处理教师申诉的主体是行政主体。根据被申诉对象的不同，处理教师申诉的行政机关分为两类：教师如果是对学校及其他教育机构提出申诉的，作出处理的机关是主管的教育行政部门；如果是向当地人民政府的有关部门提出申诉的，受理处理的机关可以是同级人民政府或上一级人民政府有关行政部门。这两类处理机关均为国家行政管理机关，是代表国家对教育进行管理的机构，拥有国家法律赋予的职权，能以自己的名义从事行政管理活动，并能独立承担由此产生的法律责任的行政主体。

第二，行为的作用对象是申诉人教师和被申诉人学校及其他教育机构、当地政府的有关部门等教育行政管理的相对方。

第三，行为的性质是教育行政机关或人民政府行使《教师法》所赋予的法定职责的行为，履行的是国家公共管理职能且有法定的作为方式、期限："教育行政部门应当在接到申诉的30日内做出处理。"

第四，行为针对的是教师的合法权益。教师的合法权益是指教师享有的、受法律保护的权利与利益。

按照《教师法》第39条第1、2款的规定，教师只要认为学校及其他教育机构，或当地人民政府有关部门侵犯了其上述合法权益，就可以依法申诉。有关行政主体必须在法定期限内按照法定程序做出处理。

对学校或者其他教育机构提出的申诉，主管教育行政部门应当在收到申诉书的次日起30天内进行处理，在移送管辖的情况下，从有管辖权的主管教育部门接到移送的申诉案件的次日起计算期限。主管教育行政部门逾期未作处理的，或者久拖不决的，其申诉内容涉及人身权、财产权以及其他属于行政复议，行政诉讼受案范围的，申诉人可依法提起行政复议或行政诉讼。

行政机关作出申诉处理决定后，应当将申诉处理决定书发送给申诉当事人。申诉处理决定书自送达之日起发生效力。申诉当事人对申诉处理决定书不服的，可向原处理机关隶属的人民政府申诉复核。其申诉内容直接涉及人身权、财产权及其他属于行政复议，行政诉讼受案范围的，可依法提起行政复议或者行政诉讼。

（5）我国教师申诉制度的缺陷

《教师法》与类似法律（《执业医师法》《律师法》）相比，专门为教师设定了一条法律救济途径。被申诉者可以是教育行政部门，也可以是非教育行政部门；既可以对学校及其他教育机构或教育行政部门的处分、解聘等内部具体行政行为申诉，也可以对涉及教师人身权、财产权等外部具体行政行为进行申诉。其目的是保护教师的合法权益不受侵犯。但从实践操作看，现行教师申诉制度存在较大缺陷，妨碍了教师权利的维护。

第一，教师权益救济的"申诉"立法模式，限制了地方立法救济条款。

由于《教师法》第 39 条规定，教师有权对侵犯其合法权益的学校、教育行政机关和其他行政部门进行申诉，而没有明确规定教师可以通过行政诉讼、民事诉讼等司法救济渠道维护自己的权益，因此，此条款备受理论界争议。支持者认为，它有利于教师维权，反对者认为，它妨碍了教师通过其他途径救济权利的渠道。但不论立法者的意图如何，从实践层面看，全国大多数省、自治区、直辖市的地方立法机关，在制定地方性教育法规的过程中，都将教师的权利的救济手段局限于"申诉"方式，或有意回避、模糊。这不利于国民教育法律素质的提高，也不利用教师权益的维护。

第二，处理教师申诉的机构不明确。

《教师法》及其他教育法律、法规，在确定实施教师申诉制度的同时，没有就受理教师申诉的机构予以明确的规定。1995 年 8 月 28 日，原国家教委办公厅印发《关于开展加强教育执法及监督试点工作的意见》（以下简称《意见》），强调："各教育主管部门可以成立信访机构，在有关业务职能机构的配合下，采取一定组织形式，办理行政申诉案件，各级政府也应根据实际情况加强相应机构的建设或人员配备。"同年 10 月 6 日，原国家教委发布《关于〈中华人民共和国教师法〉若干问题的实施意见》（以下简称《实施意见》），对教师申诉问题作了进一步的规定，要求："教师对学校或者其他教育机构提出的申诉，由其所在区域的主管教育行政部门受理。省、市、县教育行政部门或主管部门应当确定相应的职能机构或者由专人负责，依法办理教师申诉案件。行政机关对不属于其管辖范围的申诉案件，应当移送有管辖权的行政机关办理，同时告知申诉人。因申诉管辖发生争议的，由涉及管辖的行政机关协商确定，也可由它们所属的同一级人民政府或者共同的上一级主管机关指定。"

虽然国务院教育主管部门为实施教师申诉制度颁布了相应的行政规章，在一定程度上细化了《教师法》的相关规定，有利于教师申诉制度的完善。但从上述教育行政规章中，人们仍然难以明晰地确认不同教师申诉的审理机构。规章对处理教师申诉的机构的规定随意性较大；同时，国务院教育行政部门制定的部门规章对其具有隶属关系的各级教育行政部门具有强制性与权威性，而对教育行政系统之外其他政府机构，这些规章是否具有约束力确实需要认真考虑。我们认为，如果由国务院发布相应的教育行政法规，其法律效力相比国务院教育行政部门颁布的部门规章要大，且对其他政府有关职能部门具有约束力。

第三，处理教师申诉的适用程序尚未确定。

《教师法》只是原则性地规定要实施教师申诉制度，但对申诉程序没有作相关的规定。《意见》在此基础上作了进一步的规定，要求："申诉应以书面的形式提出，并附交有关证明材料。申诉受理审理，申诉处理都应以书面的形式做出决定，通知申诉人和被申诉人，并在一定时限内完成。对有关申诉请求，申诉处理机关应当根据具体情况分别做出维持、责令限期改正、撤销原处理决定和在管理权限内做出变更的决定。"但《意见》对这些要求在许多方面同样是不明确的。比如处理机关在哪些情况下可以做出维持、责令限期更改、撤销原处理决定或者变更原处理决定？受理审理时间期限是多少？等等，《意见》都没有做出明确的规定。《实施意见》较《意见》对教师申诉程序的规定有了一些进步，要求："行政机关对属于其管辖的教师申诉案件，应当及时进行审查，对符合申诉条件的应该受理；对不符申诉条件的，应以书面形式决定不予受理，并通知申诉人，行政机关对受理的申诉案件，应当进行全面核实，根据不同情况，依法做出维持或变更原处理决定、撤销原处理决定或者责令被申诉人重新做出处理决定。"但总体而言仍然是不清楚的。

第四，申诉与行政复议、行政诉讼的关系不明。

在对教师申诉制度的研究中，许多学者认为，教师申诉制度的实施妨碍了教师通过行政复议、行政诉讼维护自身权益的途径。对此，学者朱应平的观点较有代表性。他认为："申诉通常被认为是教师权益救济的较好方法，但要害恰恰在于：《教师法》颁布后，它在很大程度上是被作为排斥行政复议和行政诉讼的封闭性的救济方法来理解和执行的。"（朱应平，2000）

由于《教师法》在第 39 条第 1、2 款中申诉人对被申诉人做出的处理不服是否可以申请行政复议或提起行政诉讼没有做出规定，使教师的维权过程缺乏法律依据，有关行政机关和人民法院会以此拒绝对教师申诉案件的受理、审理。虽然原国家教委的《实施意见》中规定："申诉当事人对申诉处理不服的，可向原处理机关隶属的人民政府申请复核，其申诉的内容直接涉及人身权、财产权及其他属于行政复议、行政诉讼受案范围的事项的，可以依法提起行政复议或者行政诉讼。"但一方面，由于部门规章不能作为司法依据，法院难于以此为据受理、审理教师申诉案件；另一方面，由于人身权、财产权概念的内涵与外延尚在争论之中，这样原则性的规定往往容易引起争议。有学者认为："财产权的含义看似明确，实则模糊。比如扣发教师工资、拖欠教师工资是否属于教师的财产权。所谓人身权也有模糊的地方，比如教师受到学校领导的名誉侵害，向教育行政部门申请保护，不予解决，教师可否提起行政复议或行政诉讼。"（朱应平，2000）有学者对人身权作了更为广义的解释，认为"凡是与主体人身紧密联系在一起又有特定人身利益内容的权利，都可称为人身权，如公民的选举权、被选举权等政治权力也是与公民人身权紧密联系在一起，也可以说是具有特定人身利益的内容。"（郑立，王作堂，1998）[572]根据这一观点，学者王延卫认为，《教师法》所规定的教师的 6 项权利及其他条款规定的合法权益都应当归为侵犯人身权、财产权的范围，都可以提起行政诉讼。关于教师对学校解聘不服而申诉的行政案件，教师申请保护的是劳动权，是其安身立命与人身密不可分的重要权利；教师申请资格、职称、考核、奖励等案件涉及教师的身份权、名誉权、荣誉权……只要涉及教师法所设定的合法权益，都应当属于行政诉讼的受案范围。（王延卫，2000）因此，从维护权益的视角出发，教师申诉不应是一个封闭性的、终局性的救济手段，从立法者的本意来讲，这种特定的、法定的法律救济不应排斥其他法律救济渠道。立法者应在《教师法》第 39

条中明确规定教师不服申诉机关的处理决定可以提起行政复议或行政诉讼，这才符合《教师法》"保障教师的合法权益"这一立法宗旨。

2. 教育行政复议制度

1999 年 4 月 29 日第九届全国人民代表大会常务委员会通过的《中华人民共和国行政复议法》（以下简称《行政复议法》）标志着我国独立的行政复议制度的确立。《行政复议法》第 2 条明确规定："公民、法人或者其他组织认为具体行政行为侵犯其合法权益，向行政机关提出行政复议申请，行政机关受理行政复议申请，作出行政复议决定，适用本法。"行政复议制度是我国行政法律制度的重要组成部分，是向公民、法人和其他组织提供行政法律救济的基本渠道之一。它通过行政机关的层级监督和对行政活动的审查，纠正违法和不当的行政行为，以保护公民、法人和其他组织的合法权益不受行政机关的侵犯，维护和监督行政机关依法行使职权。

（1）教育行政复议的概念及特征

教育行政复议，是指教育管理相对人认为教育行政机关做出的具体行政行为侵犯其合法权益，向做出该行为的机关的上一级教育行政机关或该机关所属的本级人民政府提出申请，受理申请的行政机关对发生争议的具体行政行为进行复查并做出决定的活动。

我国现行的教育法律、法规中对教育行政复议的适用作出了原则的规定。在 1998 年 3 月 6 日原国家教育委员会发布的《教育行政处罚暂行实施办法》第 31 条规定："当事人对行政处罚不服的，有权依据法律、法规的规定，申请行政复议或者提起行政诉讼。行政复议、行政诉讼期间，行政处罚不停止执行。"此外，在原国家教委"关于《中华人民共和国教师法》若干问题的实施意见"里有关教师申诉的问题中也规定：对教师提出的申诉"逾期未作出处理的或者久拖不决，其申诉内容涉及人身权、财产权以及其他属于行政复议、行政诉讼受案范围的，申诉人可以依法提起行政复议或者行政诉讼。""申诉当事人对申诉处理决定不服的……其申诉内容涉及其人身权、财产权及其他属于行政复议、行政诉讼受案范围事项的，可以依法提起行政复议或者行政诉讼。"这些规定为我国教育行政复议制度的确立奠定了基础。当然，教育行政复议的最重要的法律依据是从 1999 年 10 月 1 日起施行的《行政复议法》。

由教育行政复议的含义及有关教育行政复议的法律规定可以看出，教育行政复议作为非诉讼的行政法律救济手段，具有如下特点。

首先，教育行政复议是以教育行政争议为处理对象的。教育行政相对人不服教育行政机关的具体行政行为，认为该行为侵犯其合法权益的，就产生了教育行政争议。引发教育行政复议的前提也就是在教育行政管理过程中，教育行政相对人怀疑乃至否定具体行政行为的合法性和适当性。在现实生活中，作为教育管理相对人（如学校、教师）除了接受教育行政机关的管理外，还会受到许多其他行政机关的管理，也会不可避免地产生其他行政争议，但这些行政争议不是我们这里所探讨的"教育行政争议"。只有教育行政机关依法行使其法定职权活动中与相对人产生的纠纷，才属于教育行政复议的范围。这也是教育行政复议与一般行政复议最重要的区别。

其次，教育行政复议的双方当事人是固定的。与其他行政复议一样，教育行政复议总是以行政相对人为复议申请人，以作出具体行政行为的教育行政机关为复议被申请人。当事人双方这种固定的法律地位，是由教育行政争议的性质和特点所决定的。在教育行政管理过程中，双方当事人的法律地位不对等，没有行政相对人不服具体行政行为这个前提，就不会发生行政争议。因此，请求解决教育行政争议的申请人总是教育行政相对人，复议申请也只能向作出决定的原教育行政机关或其上一级机关提出。而作出这个引起争议的具体行政行为的教育行政机关，也就总是被动地成为教育行政复议的被申请人。

其次，教育行政复议是一种依法申请的行政行为，即教育行政复议机关作出行政复议行为，必须基于教育管理相对人的申请。如果被处理的相对人不依法提请复议，行政复议机关就不能主动地实施行政复议行为。

最后，教育行政复议必须依照一定的法律程序进行。教育行政复议是解决教育行政争议的法律行为，解决争议的活动必须遵循一定的法律程序，否则，就无法保证行政争议得到公正合法的解决。我国的《行政复议法》对行政复议程序作了较为明确的规定。

（2）教育行政复议与教育申诉的关系

教育行政复议与教育申诉都是重要的教育行政救济途径。这两条途径都是为了解决教育行政相对人和行政主体之间的纠纷，其处理决定都有法律效力，都会对争议双方当事人的权利、义务产生影响。并且，我国的有关教育法律和文件还规定，对教育申诉处理决定不服的或受理申诉的主体未按期作出申诉处理决定的，其申诉内容涉及人身权、财产权及其他属于行政复议受案范围的，申诉人可以依法提起行政复议。可见，教育行政复议同时也是对教育申诉的救济。

但是，教育行政复议与教育申诉还是有着很大的差异性。其区别主要表现在以下几个方面。

首先，提起的主体不同。按照我国现行有关教育法律、法规的规定，目前能够提出教育申诉的还只限于认为其合法权益受到损害或对行政主体作出的处理不服的教师或学生，其他组织和个人虽然也是教育行政相对人，但目前法律并未规定他们可以提起教育申诉。而有权提起教育行政复议的主体则较为广泛，按照《行政复议法》的规定，只要是公民、法人或者其他组织认为教育行政机关的具体行政行为侵犯其合法权益的，都可依法提起教育行政复议，这其中既包括教师和学生，也包括其他教育行政相对人。

其次，受理的机关不同。按照有关教育法律的规定，教师对学校或者其他教育机构提出申诉的受理机关主要为其所在区域的主管教育行政部门，对当地人民政府的有关行政部门提出的申诉，受理机关为同级人民政府或上一级人民政府的有关部门；学生对学校的处分不服或认为学校、教师侵犯其合法权益的申诉，则主要由当地教育主管部门或学校来受理。而教育行政复议的受理机关，根据不同层级的教育行政机关之间受理行政复议的分工和权限的不同，可由本级人民政府或上一级教育主管部门管辖；只有对国务院教育主管部门的具体行政行为不服的复议申请，由原教育行政机关管辖。

再次，被申请人不同。教育行政复议中的被申请人只能是作出具体行政行为的教育行政机关，而教育申诉中的被申请人可以是教育行政机关，也可以是所在的学校，还可以是当地人民政府的其他行政部门。

最后，程序不同。教育申诉制度在我国尚处于起步阶段，并无非常严格的程序规定。而教育行政复议则须按《行政复议法》关于程序的规定严格执行。

另外，范围不同。教育申诉的范围按《教育法》和《教师法》的规定，教师、学生可以对受到的处理、处分提起申诉，也可以对其他侵犯合法权益的行为提起申诉。而教育行政复议一般只能对教育行政机关的具体行政行为提起。教育申诉的内容只有直接涉及人身权、财产权及其他属于行政复议受案范围的，才可以依法提起行政复议。

此外，教育行政复议与教育申诉在当事人的称谓、处理期限、法律依据等方面也存在着不同。

（3）教育行政复议的范围

教育行政复议的范围，指教育行政复议机关受理行政复议案件的权限和界域，即教育行政相对人对教育行政机关作出的具体行政行为不服，认为侵犯其合法权益而向有关机关申请救济的范围。

根据我国《行政复议法》关于行政复议范围的规定，并结合我国教育行政管理的实际，我国教育行政复议的范围主要包括以下几方面。

1）对教育行政处罚不服的。

1998 年 3 月 6 日原国家教委发布了《教育行政处罚暂定实施办法》（以下简称《办法》），该《办法》第九条规定教育行政处罚的种类包括：警告；罚款；没收违法所得，没收违法颁发、印制的学历证书、学位证书及其他学业证书；撤销违法举办的其他教育机构；撤销教师资格；停考，停止申请认定资格；责令停止招生；吊销办学许可证；法律、法规规定的其他教育行政处罚。同时，该《办法》第 31 条第 1 款还规定，"当事人对行政处罚决定不服的，有权依据法律、法规的规定"，申请行政复议。可见，对教育行政处罚不服提起复议，是教育行政复议的范围中最重要的一类。

2）对教育行政强制措施不服的。

按照《行政复议法》的规定，教育行政相对人对教育行政机关对其财产的查封、扣押、冻结等行政强制措施不服的，可以申请复议。

3）对教育行政机关作出的有关许可证、执照、资质证、资格证等证书变更、中止、撤销的决定不服的。

《行政复议法》第 6 条第 3 项明确规定："对行政机关作出的有关许可证、执照、资质证、资格证等证书变更、中止、撤销的决定不服的"，可以申请行政复议。我国的教育法律、法规将办学许可证审批和管理、教师资格的审批及教师资格证书的发放及管理等行政管理权限赋予各级教育行政机关。当教育行政机关在日常管理中认为管理相对人不符合法定的资格条件或者有违法行为发生时，可作出变更、中止或撤销相对人的办学许可证、教师资格证书等处理决定。行政相对人对此不服的，可以申请复议。

4）对教育行政机关因不作为违法的，可以请求复议救济。

这类情况主要包括两个方面。

一是教育行政相对人认为符合法定条件，申请教育行政机关颁发许可证、执照、资质证、资格证等证书，或者申请行政机关审批、登记有关事项，行政机关没有依法办理的。（《行政复议法》第六条第八项）

二是行政相对人申请教育行政机关履行保护人身权利、财产权利、受教育权利的法定职责，行政机关没有依法履行的。（《行政复议法》第六条第九项）

《行政复议法》的规定中，特别强调了行政机关应履行的法定职责中，对行政相对人受教育权利的保护是非常重要的一项。我们知道，受教育权是宪法规定的公民的基本权利，是公民的发展权的基础。《行政复议法》将对公民受教育权利的保护与对其人身权利、财产权利的保护一并规定为行政机关的法定职责。如果行政相对人申请有关行政机关履行其上述法定职责，而行政机关没有依法履行的，行政相对人可依法申请行政复议。

5）行政相对人认为教育行政机关违法集资、征收财务、摊派费用或者违法要求履行其他义务的。（《行政复议法》第六条第七项）

这一规定表明，行政相对人认为教育行政机关违反法定条件和法定程序，要求其履行义务的，可以申请复议。

6）认为教育行政机关侵犯合法的经营自主权的。

在教育行政复议中，主要是校办企业作为行政相对人，认为教育行政机关侵犯其法律、法规规定的经营自主权，主要包括干预、限制、取消或截留其对财产享有的占有权、自主使用权、收益权及支配权等。

7）认为教育行政机关的其他具体行政行为侵犯其合法权益的。（《行政复议法》第六条第十一项）

即对涉及相对人合法权益范围内的具体行政行为，都概括规定为行政复议的受案范围。

特别值得注意的是，《行政复议法》第七条规定："公民、法人或者其他组织认为行政机关的具体行政行为所依据的下列规定不合法，在对具体行政行为申请行政复议时，可以一并向行政复议机关提出对该规定的审查申请：（一）国务院部门的规定；（二）县级以上地方各级人民政府及其工作部门的规定；（三）乡、镇人民政府的规定。前款所列规定不含国务院部、委员会规章和地方人民政府规章。规章的审查依照法律、行政法规办理。"《行政复议法》的这一规定表明：首先，受到行政机关具体行政行为侵害的公民、法人和其他组织，可以要求行政复议机关对具体行政行为所依据的规范性行政文件进行审查，即行政相对人可对部分抽象行政行为申请复议。这就意味着，对于违法的规范性行政文件，有权的行政机关可根据法定程序予以撤销。《行政复议法》的这一规定，不仅使更多的行政活动受到法律监督，而且将极大地增加公民、法人和其他组织在行政复议中得到有效救济的机会；其次，对具体行政行为所依据的规范性文件提出的审查申请，必须附属于对该具体行政行为申请行政复议时一并提出，即不得只单独提出对作为依据的规范性行政文件的审查申请。这样规定也是为了维护行政机关依法正常行使行政职权的活动。

此外，《行政复议法》第八条第一款规定："不服行政机关作出的行政处分或者其他人事处理决定的，依照有关法律、行政法规的规定提出申诉。"这表明，对人事处理决定只能申请申诉救济，而不能申请复议救济。

在教育行政救济制度中，由《行政复议法》以及我们前面所述《教育法》《教师法》的规定可以看出，在我国教育管理实践中，学校对教师的行政处分决定以及学校对学生的处分决定，作为教师或学生如不服的，只能依法通过教育申诉途径来获得救济，而无法通过教育行政复议途径获取救济。

依据《行政复议法》第八条第二款的规定，不服教育行政机关对民事纠纷作出的调解或者其他处理，不得申请复议，只能依法申请仲裁或者向人民法院提起诉讼。

（4）教育行政复议的程序

一般说来，教育行政复议的程序由以下几个环节组成。

1）申请

教育行政复议申请可以以书面形式提出，也可以口头申请。以书面形式申请时，申请人应递交申请书。申请书应载明以下内容：

第一，申请人的姓名、性别、年龄、职业、地址等（法人或其他组织的名称、地址、法定代表人的姓名）；

第二，被申请人的名称、地址；

第三，申请复议的要求和理由；

第四，提出复议申请的日期。

申请人口头申请的，行政复议机关应当场记录申请人的基本情况、行政复议请求、主要事实、理由和时间。相对人向主管机关提出复议申请，可以自知道该具体行政行为之日起 60 日内提出，法律法规另有规定的除外。

2）受理

复议机关在收到复议申请后，应当在 5 日内对申请人的资格和申请复议的条件认真加以审查，并对复议申请分别作出如下处理：

第一，复议申请符合申请条件的，应予以受理；

第二，复议申请不符合申请条件的，不予受理并书面告知申请人；

第三，对符合法律规定，但是不属于本机关受理的行政复议申请，应当告知申请人向有关行政复议机关提出。

复议机关无正当理由不予受理的，上一级行政机关应当责令其受理；必要时，上级行政机关也可以直接受理。

3）审理

行政复议原则上实行书面复议制度，但申请人提出要求或者复议机关认为必要时，可以向有关组织和人员调查情况，听取申请人、被申请人和第三人的意见。复议机关应当在受理之日起 7 日内将复议申请书副本或复议申请笔录复印件发送被申请人。被申请人在接到复议申请书或者复议申请笔录复印件之日起 10 日内，提出书面答复，并向复议机关提交作出具体行政行为的证据、依据和其他有关材料。被申请人逾期不答辩的，不影响复议。在复议决定做出之前，申请人经说明理由可以主动撤回申请。撤回行政复议申请的，行政复议中止。

4）决定

行政复议机关应当自受理申请之日起 60 日内作出行政复议决定，但法律另有规定的除外。行政复议机关负责法制工作的机构，具体办理行政复议事项。它通过对被申请人作出的具体行政行为进行审查，提出意见，行政复议机关的负责人同意或集体讨论通过后，可以分别作出以下复议决定。

第一，具体行政行为认定事实清楚，证据确凿，适用依据正确，程序合法，内容适当的，决定维持；

第二，被申请人不履行法定职责的，责令其在一定期限内履行；

第三，具体行政行为有下列情形之一的，决定撤销、变更，并可以责令被申请人，在一定期限内重新作出具体行政行为：①主要事实不清、证据不足的；②适用依据错误的；③违反法定程序的；④超越或者滥用职权的；⑤具体行政行为明显不当的。

第四，被申请人不按照《行政复议法》的有关规定提出书面答复、提交当初作出具体行政行为的证据、依据和其他有关材料的，视为该具体行政行为没有证据、依据，决定撤销该具体行政行为。

第五，申请人在申请行政复议时可以一并提出行政赔偿请求，行政复议机关对符合国家赔偿法的有关规定，应当给予赔偿的，在决定撤销、变更具体行政行为或者确认具体行政行为违法时，应当同时决定被申请人依法给予赔偿。申请人没有同时提出行政赔偿请求的，行政复议机关在依法决定撤销或者变更违法的具体行政行为时，应当同时责令被申请人返还财产，解除对财产的查封、扣押、冻结措施，或者赔偿相应的价款。

5）执行

复议决定做出后，应当制作行政复议决定书，并加盖复议机关印章。复议决定书一经送达即发生法律效力。除法律规定终局的复议外，申请人对复议决定不服的，可以依法向人民法院提起行政诉讼。被申请人应当履行行政复议决定。被申请人不履行或者无正当理由拖延履行行政复议决定的，行政复议机关或者有关上级行政机关应当责令其限期履行。对于申请人逾期不起诉又不履行复议决定的，或者不履行最终裁决的行政复议决定的，应分情况予以处理：对于维持具体行政行为的行政复议决定，由最初作出具体行政行为的行政机关依法强制执行，或者申请人民法院强制执行；对于变更原具体行政行为的行政复议决定，由行政复议机关依法强制执行，或者申请人民法院强制执行。

3. 教育行政诉讼

第七届全国人民代表大会第二次会议于 1989 年 4 月 4 日通过，从 1990 年 10 月 1 日开始施行了《中华人民共和国行政诉讼法》，这是一部集中规范行政诉讼活动的法律，在我国行政法制建立、发展、健全的过程中发挥着极其重要的作用。行政诉讼作为解决行政争议，对合法权益受到侵犯的行政管理相对人进行救济的行政法律救济制度，与其他行政救济制度，如申诉、行政复议相比较，行政诉讼的程序最为严格，地位最为超脱，裁决最为权威。因而，行政诉讼被认为是解决行政争议最重要、也是最终的一个环节。

（1）教育行政诉讼的内涵及特点

依据我国《行政诉讼法》，教育上的行政诉讼，是指教育行政管理相对人认为教育行政机关或教育法律、法规授权的组织的具体行政行为侵犯其合法权益，依法向人民法院起诉，请求给予法律补救；人民法院对教育行政机关或教育法律、法规授权的组织的具体行政行为的合法性进行审查，维护和监督行政职权的依法行使，矫正或撤销违法侵权的具体行政行为，给予相对人的合法权益以保护的法律救济活动。

教育行政诉讼作为教育行政法律救济手段，具有如下特点。

一是主管恒定。教育行政诉讼的主管机关只属于人民法院，而不属其他机关。教育行政诉讼的产生，是由于教育行政管理相对人认为教育行政机关侵害了其合法权益而引起，作为解决侵权纠纷的诉讼活动，法院负有制止和纠正侵犯他人权益行为的权力和责任，以免其损害他人合法权益，为相对人提供一种使其与教育行政机关处于平等法律地位的救济途径。

二是诉讼专属。教育行政诉讼只能由教育行政管理相对人，如教师、学生或学校提起，不能由教育行政机关提起，教育行政相对人在所有的教育行政诉讼中都是原告，而将教育行政机关恒定为被告。同时根据行政诉讼法的规定，教育行政机关只有上诉权，没有反诉权。

三是标的确指。教育行政诉讼的标的是教育法律规定的具体教育行政行为。对于教育行政机关实施的制定教育行政法规、规章的教育行政立法行为或者教育行政机关制定、发布具有普遍约束力的决定、命令等行为，根据现行《行政诉讼法》的规定，也不能进行行政诉讼。

四是被告举证。在教育行政诉讼中，作为被告的教育行政机关或教育法律、法规授权的组织负有举证责任。《行政诉讼法》规定："被告对作出的具体行政行为负有举证责任，应当提供作出该具体行政行为的证据和所依据的规范性文件"。这是由教育行政机关的性质所决定的，在教育行政管理活动中，教育行政机关作为管理者自始至终处于主动支配地位。作出的决定，其根据如何，相对人无从知晓。同时，教育行政机关在收集证据方面明显地处于优越地位，其决定的作出过程和依据的了解程度非相对人所能达到，这就决定了教育行政机关应负举证责任。

五是不得调解。人民法院在审理教育行政诉讼案件时，不得采取调解作为审理程序和结案方式。这是由教育行政机关享有的公共权力和国家权力所决定的。

（2）教育行政诉讼与教育行政复议的区别

行政诉讼与行政复议都是解决行政争议的制度，是宪法关于保护公民合法权益的体现。根据《行政诉讼法》的规定，除特殊情况外（即除法律、法规作了特别规定的），公民和法人的申请复议权和提起诉讼权是同时存在的，不互相排斥，我国《行政诉讼法》第 37 条第 1 款规定："对属于人民法院受案范围的行政案件，公民、法人或者其他组织可以先向上一级行政机关或者法律、法规规定的行政机关申请复议，对复议不服的，再向人民法院提起诉讼；也可以直接向人民法院提起诉讼。"这一规定既确定了诉讼选择原则，又确定了复议前置原则。这也说明行政诉讼与行政复议二者有着共同之处。主要表现在：一是审理目的相同，即行政复议与行政诉讼均以追究违法行政，解决行政纠纷为目的。二是审理对象相同，即行政复议与行政诉讼均以行政机关的具体行政行为所导致的行政争议为处理对象。三是提起的条件相同。行政复议与行政诉讼均因相对人的请求而引起，均适用不告不理的原则，都是依申请的行为。

但是，行政诉讼与行政复议毕竟是两种不同的法律制度，二者的区别主要表现为以下几点。

一是性质不同。行政复议是行政机关的一种行政行为，其全部过程都在行政系统内部进行。而行政诉讼则是人民法院的一种司法行为，是对行政机关具体行政行为的司法监督。

二是受理机关不同。行政诉讼的受理机关是独立于行政系列之外的各级人民法院，行政复议的受理机关通常是作出引起行政争议的具体行政行为的行政机关上一级机关或法律、法规规定的行政机关。

三是审查范围不同。行政复议既审查具体行政行为的合法性，又审查具体行政行为的适当性。而行政诉讼，一般情况下只审查具体行政行为的合法性，对具体行政行为是否适当，则不予过问，因此，行政复议的审查范围比行政诉讼的审查范围宽。

四是审理程序不同。行政复议除特殊情况，大都实行一级复议，而且原则上采取书面复议。行政诉讼在审级上实行两审终审，而且组成合议庭，开庭审理。

五是处理结果不同。复议机关对原具体行政行为，不仅可以撤销，而且可以直接变更。且除法律规定为终局裁判外，当事人不服复议决定的，可以向人民法院起诉。而人民法院对行政机关的具体行政行为，除显示公正的行政处罚外，均不能直接予以变更，对违法的具体行政行为，或判决撤销，或者要求行政机关重新处理，且二审判决为终局判决，当事人不得上诉，必须无条件服从。

（3）教育行政诉讼的范围

关于我国教育行政诉讼的具体受案范围，《行政诉讼法》第11条和第12条分别从肯定性的列举和排除性的规定两方面作出了明确的规范。在教育行政诉讼中，教育行政案件的涉案范围与教育行政复议的范围极为相似，主要集中在以下几方面：第一，对教育行政处罚不服的；第二，认为符合法定条件申请教育行政机关颁发许可证或执照，教育行政机关拒绝颁发或不予答复的；第三，申请教育行政机关履行保护人身权、财产权的法定职责，教育行政机关拒绝履行或者不予答复；第四，认为教育行政机关违法要求履行义务的；第五，认为教育行政机关侵犯其他人身权、财产权的。在此基础上，对不得提起诉讼的事项也进行了明确的法律规定，即：国防、外交等国家行为；行政法规、规章或行政机构制定的有普遍约束力的决定、命令；行政机关对行政机关工作人员的奖惩、任免等决定；法律规定由行政机关最终裁决的具体行政行为四项内容不适用行政诉讼。

（4）教育行政诉讼的管辖

一是级别管辖与地域管辖。级别管辖解决不同审级法院之间管辖权的划分，行政诉讼法在规定方式上采用了"列举式"与"概括式"两种。例如，中级人民法院管辖海关案件、发明专利权案件等属于列举性规定，"重大复杂"标准属于概括式规定。地域管辖解决行政案件由哪个地区的法院受理的问题。对此，行政诉讼法采取了"概括式"规定方式。

二是法定管辖与裁定管辖。法定管辖是指由法律直接确定的管辖。裁定管辖是指在特殊情况下，由法院以移送、指定等行为确定的管辖，具体包括指定管辖、管辖权转移和移送管辖三种。

三是共同管辖与单一管辖。共同管辖是指两个以上法院同时对一个案件均有管辖权。单一管辖则是只有一个法院有管辖权。

（5）教育行政诉讼的程序

1）起诉

起诉是指行政管理相对人认为行政机关的具体行政行为侵犯其合法权益，依法向人民法院提出诉讼请求，要求人民法院行使国家审判权，对行政执法决定的合法性进行审查的行为。

第一，起诉的条件

一是原告是认为具体行政行为侵犯其合法权益的公民、法人或者其他组织。原告必须是受具体行政行为侵犯的本人，而不能是其他人；原告不一定是单一的，两个或两个以上的当事人对同一具体行政行为不服，可以作为共同原告提起诉讼。

二是有明确的被告。原告直接向人民法院起诉的，作出具体行政行为的机关是被告；经过复议的案件，复议机关决定维持原具体行政行为的，作出原具体行政行为的行政机关仍是被告；复议机关改变原具体行政行为的，则复议机关是被告。

三是有具体的诉讼请求和事实根据。需要指出的是，这里要求原告提供事实根据是为了证明案情事实是否存在，而不是要求原告承担行政诉讼的举证责任。

四是属于人民法院受案范围和受诉人民法院管辖。

第二，起诉的期限

按照《行政诉讼法》的规定，对于须经复议的行政案件，申请人不服行政复议决定的，可以在收到复议决定书之日起 15 日内向人民法院提起诉讼；如果复议机关逾期不作决定的，申请人可以在复议期满之日起 15 日内向人民法院起诉。公民、法人或者其他组织直接向人民法院提起诉讼的，应当在知道作出具体行政行为之日起 3 个月内起诉。超过法定期限，起诉将无效，当事人也将因起诉时效届满而丧失诉权。

2）受理

人民法院接到起诉状后，应当对起诉的条件以及起诉状是否符合法律要求等予以审查。认为符合受理条件的，应当在接到起诉状之日起 7 日内立案，并告知当事人；认为不符合受理条件的，在接到起诉状之日起 7 日内作出不予受理的裁定。原告对不予受理的裁定，可在接到裁定书之日起 10 日内向上一级人民法院提出上诉。

3）审理

人民法院在审理之前应做好庭前准备工作。主要包括：一是组成合议庭。合议庭由 3 个以上单数的审判员或审判员、陪审员组成；二是通知被告应诉和发送诉讼文书。人民法院应当在立案之日起 5 日内，将起诉状副本发送被告。被告应当在收到起诉状副本之日起 10 日内向人民法院提交作出具体行政行为的有关材料，并提出答辩状。人民法院应当在收到答辩状之日起5日内，将答辩状副本发送原告。被告不提出答辩状的，不影响人民法院对案件的审判；三是审查诉讼材料，调查收集证据。对原、被告提供的起诉状、答辩状和各种证据材料进行审查，以全面了解案情。

人民法院对于教育行政案件实行公开审理，涉及国家秘密、个人隐私和法律另有规定的除外。一般说来，开庭审理经过宣布开庭、法庭调查、法庭辩论、当事人陈述、合议庭评议、判决裁定等阶段。在审理过程中，经人民法院两次合法传唤原告无正当理由拒不到庭的，视为申请撤诉；被告无正当理由拒不到庭的，可以缺席判决。人民法院宣判前，原告申请撤诉的，或者被告改变其所作的具体行政行为，原告同意并申请撤诉的，是否准许，由人民法院裁定。

人民法院审理教育行政案件，以法律和行政法规、地方性法规、自治条例和单行条例为依据。在没有法律、法规规定的情况下，可以参照国务院部委制定的规章以及省、自治区、直辖市和省、自治区的人民政府所在地的市和经国务院批准的较大的市的人民政府制定、发布的规章的规定作出处理。

4）判决

依照《行政诉讼法》第54条之规定，人民法院经过审理，根据不同情况，可以分别作出以下判决：判决维持具体行政行为；判决撤销、部分撤销或判决被告重新作出具体行政行为；判决被告履行法定职责；行政处罚显失公正的，判决变更行政处罚。

人民法院的第一审判决应当在立案之日起3个月内作出，有特殊情况需要延长的，由高级人民法院批准。高级人民法院审理第一审案件需要延长的，由最高人民法院批准。

5）执行

当事人必须履行人民法院发生法律效力的判决、裁定。公民、法人或者其他组织拒绝履行判决、裁定的，行政机关可以向第一审人民法院申请强制执行，或者依法强制执行。行政机关拒绝履行判决、裁定的，一审人民法院可以采取以下措施。

第一，对应当归还的罚款或者应当给付的赔偿金，通知银行从该行政机关的账户内划拨；

第二，在规定期限内不履行的，从规定期满之日起，对该行政机关按日处 50 元至 100 元的罚款；

第三，向该行政机关的上一级行政机关或者监察、人事机关提出司法建议；

第四，拒不履行判决、裁定，情节严重构成犯罪的，依法追究主管人员和直接责任人员的刑事责任。

但是现在问题的关键是：教师能否通过教育行政复议和行政诉讼途径维护自身合法权益？这主要取决于高校与教师法律关系的性质。

首先，在高校教师资格认定过程中，高等学校是被委托主体。高等学校教师资格认定和取得所形成的法律关系，是教育行政部门与教师之间的行政法律关系；高等学校在受教育行政部门委托的情况下，认定本校任职的人员和拟聘人员的高校教师资格，与教师之间形成委托性质的行政法律关系。在这一关系中，教育行政部门是委托主体，高等学校是被委托主体，高等学校不能以自己的名义，而必须以教育行政部门的名义代为履行行政职责，行为的法律后果由教育行政部门承担。因此，高校对教师资格的认定实质上是代表国家对高校教师资格的确认，在教师资格认定过程中高等学校与教师的法律关系实质上是教育行政部门与教师之间的行政关系。

在教师资格认定过程中，如果教师认为高等学校侵犯了《教师法》等教育法律、法规所规定的权利，他可以依据《行政复议法》、《行政诉讼法》依法提起行政复议或行政诉讼。

其次，在高等学校教师职务评审过程中，高等学校是法律、法规授权的组织，具有行政主体资格。我国《行政诉讼法》第 11 条规定："人民法院受理公民、法人和其他组织对具体行政行为不服提起的诉讼：……（四）认为符合法定条件申请行政机关颁发许可证和执照，行政机关拒绝颁发或不予答复的……（八）认为行政机关侵犯其他人身权、财产权的。除前款规定外，人民法院受理法律、法规规定可以提起诉讼的其他行政案件。"第 12 条规定："人民法院不受理公民、法人或者其他组织对下列事项提起的诉讼：（一）国防、外交等国家行为；（二）行政法规、规章或者行政机关制定、发布的具有普遍约束力的决定、命令；（三）行政机关对行政机关工作人员的奖惩、任免等决定；（四）法律规定由行政机关最终裁决的具体行政行为。"即国家行为、抽象行政行为、内部行政行为和法律规定的行政终局裁决行为不属于司法审查的范围。就教师职务评审中的争议说，其不属于第

12 条规定的排除性情况，但取得教授职务的行为与颁发许可证和执照的行为是否属于同类行为呢？许可证和执照是直接赋予其从事某种职业或活动的资格，而教授职务的取得则主要涉及对教师的学术水平、论文质量与数量、道德品质、教学水平的评价，当其取得教授职务以后，与教师的收入、名誉、社会评价等又息息相关。因此，从这个意义上说，适用第 11 条第 1 款第 8 项的规定对本案更为合适。退一步讲，如果教授职务取得的行为不属于"侵犯其他人身权、财产权"的行政行为，则该行为是否符合《行政诉讼法》第 11 条第 2 款规定的"法律、法规规定可以提起诉讼的其他行政案件"呢？根据《行政诉讼法》第 1 条"为保证人民法院正确及时审理行政案件，保护公民、法人和其他组织的合法权益，维护和监督行政机关依法行使行政职权，根据宪法制定本法。"以及第 2 条"公民、法人或者其他组织认为行政机关和行政机关工作人员的具体行政行为侵犯其合法权益，有权依照本法向人民法院提起诉讼。"目前，在尚无对教师职务评定行为作出明确法律规定的情况下，将教师职务评定行为的争议纳入行政诉讼的范围是符合《行政诉讼法》的立法目的、准则和立法精神的。

同时，1999 年 11 月 24 日颁布的《最高人民法院关于执行〈中华人民共和国行政诉讼法〉若干问题的解释》第 12 条规定，"与具体行政行为有法律上利害关系的公民、法人或其他组织对该行为不服的，可以依法提起行政诉讼"。随后，2000 年 3 月最高人民法院颁布《关于执行〈中华人民共和国行政诉讼法〉若干问题的解释》，其第 1 条第 1 款规定："公民、法人或者其他组织对具有国家行政职权的机关和组织及其工作人员的行政行为不服，依法提起诉讼的，属于人民法院行政诉讼的受案范围。"这一规定的进步在于使用了"行政行为"而没有沿袭"具体行政行为"的提法，表明了行政诉讼的受案范围正在逐步扩大，加强了对行政管理相对人诉权的保护力度，对公民权利的保障更加有力。（陈鹏，祁占勇，2004）

大学教师权利的救济除了教师申诉制度、教育行政复议和行政诉讼制度以外，还可以寻求更广泛的法律救济，如民事诉讼制度、人事仲裁、教育法庭制度、集体合同制度、教师终身任职制度、教师评议会制度等教师的权利保障制度。

第三章

高等学校与学生的法律关系及其权利配置与保障

　　高校与学生的法律关系是现代大学制度法人内部治理结构的核心内容之一。近年来，随着大学生起诉高校案的频繁发生，高校与大学生的法律关系日渐成为教育法学研究的热点。高校与大学生的法律关系就是高校与学生所形成的权利义务关系，在不同的法律关系中，二者所享有的权利与履行的义务是有所不同的，应该区别对待。高校与大学生法律关系的本质是要实现大学生与大学法律关系的法律化，首要的任务就是确定大学生的法律地位，基于大学生的法律地位来研究与分析在具体的大学生法律制度之中大学生与高校的法律关系，进而合理构建高校与大学生关系的法律治理机制。

第一节　高等学校与学生法律
关系的历史演进与现状

　　"纵观世界教育法的发展，发达国家教育立法开展得较早，基本上形成了完善的教育法律法规体系，具体体现为立法程序规范、结构完善、形式多样、监督严格等方面。像日本、美国、英国、法国、韩国等国家都有较完善的教育法制体系，可以成为'法律主义'国家。在这些国家中，教育上的任何事务均可做到有法可依，有法可循，整个社会形成了依法办事的风气。"（张维平，2000）⁶²⁹⁻⁶³⁰具体到关于高校与大学生的法律关系，在不同的国家或法系中有不同的界定，主要有以下几种学说，大陆法系国家高校与大学生的法律关系理论主要包括特别权力关系理论、契约关系说、部分社会说；英美法系国家高校与大学生的法律关系理论主要包括代替父母理论、特权理论、宪法理论、信托理论。显然，这几种理论从不同的角度论述了高等学校与学生的法律关系，由于每一种理论的指导思想与价值取向及其对学校、学生的法律地位理解的差异，他们对高校与学生法律关系的解释既有共同点，也有不同点。在大陆法系国家中，特别权力关系理论与公法契约理论，基于对公立高等学校公营造物或公法团体的法律地位认识，认为公立高等学校与学生是特别权力关系或公法契约关系，学校与学生之间的纠纷不得适用诉讼的途径化解，学生只能通过行政内部的申诉途径救济权利；而契约说理论则给予公立高等学校与私立高等学校相同的法律地位，认为公立高等学校与私立高等学校与学生的关系并无本质不同，学生与高等学校之间是平等主体之间的契约关系，学生可以通过诉讼途径维护自身权利。在英美法系国家中，代替父母理论和特权理论是解释高校与学生关系的传统理论，它们相继于20世纪六七十年代为法院所推翻，信托理论在法理上存在着重大疏漏，至今尚未被法院采纳，目前占据通说地位的是宪法理论。那么，我国大学与学生的法律关系又作何解释呢？

一、中国大学与学生法律关系的历史演进

　　在西方国家，从历史的发展角度来看，学生在大学的地位经历了主导地

位—从属地位—大学成员地位的转变。

而在我国，传统上学生在大学的地位一直处于被动地位。只是近30年以来，随着我国教育法制的健全，在号称"走向权利时代"的新世纪，高校与学生的法律关系开始分化，学生在学校中的被动地位有所改变，但并不是完全的改变，在公民权利意识增强、学生要求权利的呼声越来越高、学生越来越重视行使和维护自身权利的情况下，学生已不甘于长久以来纯粹受教育、受管理的被动地位，而希望能够在高等学校中成为真正的权利主体。

在改革开放之前，高校作为政府的附属物，没有自主权，其对学生的管理是代表政府进行的，学生处于被管理者的地位，大学与学生是一种行政管理关系。

改革开放之后，政府在放权、分权、授权的基础上，高校获得一定程度的办学自主权，高校拥有了越来越多的管理权力。传统的高校与学生的关系受到了冲击，高校与学生的关系逐渐打破了单一的行政关系的格局，开始呈现多样化的发展趋势，如既有行政关系、也有管理关系与契约关系，更是一种服务合同关系，这是"学生消费主义"时代的真实写照。当前，"时代本身和当前全世界的教育现状正在再次迫使大学要把学生放在中心位置——为学生服务而不是教师……"，"大学以学生为中心的概念必须得到贯彻，以达到能够影响其物质组织的程度。以此合理目的组织起来的学生自身应该引导大学的内部管理，决定习惯和行为礼仪，实行惩戒措施，肩负起维护风纪的责任。"（加塞特，2001）[70]学生在大学中的地位已经发生变化，不再是单纯的受教育者和大学教育服务的使用者；学生已经有了更多的主动权，成为大学的一分子；学生既是大学产品的使用者，也是大学产品的一部分。（张维迎，2004）[6-8]

由此观之，高校与大学生的法律关系亟待完善与清理，以便更好地凸显大学生作为高等教育权利主体的一面，从而为大学生受教育权的顺利实现提供法律保障。

二、大学与学生法律关系的现状

变革的实践需要变革的理论作支持与回应，随着近年来高校诉讼案的频发，尤其以学生诉高校案为"重发区"，司法实践亟须大学与学生法律关系的定性。大学与学生的法律关系的定位，关系着大学生的权利配置、大学生权利受损后的法律救济途径、高校依法治校理念的落实、大学生权利主体地位的实现等问题。

（一）高校与学生法律关系理论的已有研究

高校与学生之间法律关系的提出是中国社会法治建设和社会法律意识发展和进步的结果。然而，高校与学生之间的法律关系究竟是什么性质的法律关系，理论界还未尽一致。概言之，主要有以下几种学说。

第一，宪法关系说。此说认为，受教育权的本质是公民的一项宪法权利，是一项普遍的基本人权，政府根据社会需要和社会总体教育资源的状况来实行分配。大学是政府的机构，因此高校与大学生的关系适用宪法关于公民的权益关系。但该说也存在着明显的缺憾，就"宪法关系说"来看，从自然法意义的权利上升到制定法意义的权利，这是人权保障的巨大进步。但宪法作为部门法的上位概念，具有高度抽象性和概括性，一般没有具体的权利义务内容，司法实践中不能被援引。因此，把高校和大学生的关系定位为宪法关系意义不大。（肖建国，林志强，2004）

第二，行政法律关系说。这种观点认为，在我国目前的体制下，高校是法律授权的公益性事业单位，依据《中华人民共和国教育法》第28、29条之规定，高校享有依照章程自主管理的权利，具备行政主体的资格。（胡肖华，2001）而且，"学籍"与"国籍"、"户籍"等含义相同，学校与学生之间权利与义务关系依学籍的存在而展开，学籍是学校与学生之间法关系存续的标志，是二者之间其他法律关系产生的前提和依据，而学籍管理具有明显的性质管理属性。因此，学校与学生的关系不同于普通的民事关系，而是行政关系。（李静荣，雷玉明，2002）

第三，民事法律关系说。这种观点认为，高校不属于法律法规授权组织，不具备行政主体资格，既然学校不是行政主体，那么学校与学生的法律关系就不是行政法意义上的行政法律关系，而只能是民事法律关系。高校与学生之间是一种平等的民事合同关系。一方面，学校向学生提供教育、住宿、饮食等一系列的服务；另一方面，学生选择某一高校，就等于接受了该高校所发出的要约。（褚宏启，2000）

第四，行政契约说。该观点认为，高等学校作为公务法人，在履行公共权力，提供教育服务的过程中与学生发生的法律关系既包括行政法律关系，也包括民事法律关系，但主要表现为行政法律关系。高等学校与学生的行政法律关系是围绕公民的受教育权利，基于行政行为而产生的。这种法律关系具体分为入学法律关系和在学法律关系。高等学校和学生的入学法律关系主要是一种行政法律关系，而在学法律关系则是以行政法律关系为主的复合型法律关系。研究认为，高等学校与学生的部分行政法律关系逐渐由特别权力关系转变为具有双方合意的行政契约关系。行政契约作为调节高等学校与学生法律关系的一种方式，其引入高等学校主要在于宪法、教育法和民法的法理依据。平衡论是高等学校与学生行政契约关系的核心理论。同意理论、授权理论和契约理论也是这种关系得以成立的理论基础。行政契约关系的确立主要在于保障学生的权利主体地位，促使高等学校管理的法治化。但是，完全打破传统的特别权力关系建构一种新的理论来解释高等学校和学生的法律关系有较大的难度，也不可能将高等学校和学生的法律关系都解释为行政契约关系，只能将其限定在一定的范围内，或者说只能在一定程度上引入行政契约相关的精神和原则。高等学校和学生在行政契约关系视野下需要重新配置各自的权利。行政契约关系的落实主要通过保障学生的程序性权利和规范高等学校的权力来实现。参与权、知情权和申诉权是行政契约关系中契约性的主要表现。行政契约的行政性强调高等学校的行政优益权。高等学校与学生契约关系的保障需要对这种权力进行限制，同时还需对这种权力给学生造成的损害进行行政赔偿。总之，高等学校与学生之间是公共服务提供者和利用者的关系，两者主要形成的是以实施教育和接受教育为目的的行政法律关系，这种行政法律关系存在着向行政契约转变的可能性。（苏林琴，2011）[3]

第五，特别权力说。该说源于德国。此说先把公权力行使关系分为一般权力关系和特别权力关系，然后认为特别权力关系就是指包括高校在内的机关、事业组织或公立设施的内部管理关系。它不受法律调整，不受司法审查。（申素平，2003）特别权力关系认为，一个人除了服从国家或地方自治团体的一般支配权之外，有时因某种特殊原因，也要服从公法上为特别之目的而设定的特别权力。前者是以个人基于公民的资格，或者为地方自治团体之公民与为实现公法上特定目的，政府的统治权所成立的关系，即一般权力关系或一般支配关系；后者是基于公法上特定之目的在必要的范围内，对相对人有概括的支配权力，而相对人负有服从义务的关系，即特别权力关系，或特别支配关系。从特别权力关系角度解释高等学校与学生的法律关系，一般认为，公立高等学校作为公营造物，它与学生之间的关系是营造物利用关系，属于公法上的特别权力关系。营造物的管理者，为实现教育目的，在必要的限度内，拥有对学生的概括支配权力。台湾地区的谢瑞智博士将其概括为三点：1）公立高等学校与学生的关系是营造物利用关系；2）在合理的限度内，高等学校的特别权力在不受法治主义与人权保障之约束的原理下，虽无法理依据，学校也拥有向学生下达各种特别限制的概括支配权力；3）学生对于高校权力的行使，不得提起诉讼，高校对于现实的各种处分，拥有广泛的自由裁量权，并限制司法审判的介入。（谢瑞智，1996）

第六，综合说。该说认为，高校与学生之间的关系既有行政法律关系，又有民事法律关系。比如，对学生的处分及对学籍的管理就是行政法律关系；而诸如收取学费，提供教学和包括住宿、饮食在内的后勤服务以及对学生的人身、财产所给予的安全保障则明显属于民事法律关系。（卢祖元，陆岸，2001）有学者进一步指出，"综合说"符合时代及国际发展趋势，有利于教育事业的发展。当前，我国的高等教育受到了国外、国内的双重挑战。国际的挑战来自世界贸易组织。根据1994年乌拉圭回合达成的服务贸易总协定："教育服务是服务贸易的重要内容之一。"该协定规定："除了由各国政府彻底资助的教学活动以外，如军事院校，凡收取学费带有商业性质的教学活动均属教育服务贸易的范畴。"据此，该学者认为，教育是一个特殊的服务领域，它关系到国家主权、社会政治稳定、社会道德和民族文化传统等一系列重大问题，在开放上，我们应该有所区分：即社会教育应该完全开放，而国家教育则需要慎重对待。事实上，各国政府在开放各自教育市场时也大多持谨慎观望态度。在具体减让表上，参加承诺的国家明显减少，保留最惠国待遇豁免的国家很多。目前，承诺开放初等教育服务的国家为26个；承诺开放中等教育的国家为28个；承诺开放高等教育服务的国家为25个；承诺开放成人教育服务的国家为23个；承诺开放其他教育服务的国家为9个。根据服务贸易总协定的规定，除了"行使政府职权时提供的服务"之外，其他服务都是服务贸易总协定的范围。因此，把国家教育权定位为行政权、区分两种法律关系有利于我们应对国际上的挑战。国内的挑战主要来自于教育改革。自1999年我国政府决定扩大招生规模以来，各个高校的规模空前扩大。但我们必须看到，由于没有厘清高校和学生各方面的关系，教育体制改革步履维艰，教育质量受到了冲击，高等教育受到各方面的批评也顺理成章。教育体制改革应该区分不同领域、不同规则、不同步骤，寻找不同的改革目标和途径。在学籍管理方面，由于学籍管理属于行政权领域，具有主动性、公务性等特点，因此高校要严格贯彻国家教育法律法规，严格行使教育权，把关重质，为社会输送合格、优秀的人才；而在日常管理方面，高校更多的是在为学生提供服务。虽然高校的后勤服务带有福利性质，但他们之间是平等的民事法律关系。因此，从学生的最大利益考虑，高校的日常管理可以建立市场机制的运作模式，以此来推动高校事业的发展。（肖建国，林志强，2004）

（二）大学生的法律地位

以上诸多观点均有一定的合理性，但是由于高校身份的多重性，而使其与学生之间的关系定性复杂化，因而简单地认为高校与学生之间为纯粹的某一种法律关系均有不妥，并非单纯的私法或公法关系，而且这种认识在思维上陷入了"二元对立"，"不是什么、就是什么"的怪圈。虽然综合说在一定层面突破了思维上的二元对立，但研究不是很深入。也就是说，作为高校与学生之间的法律关系，究竟在哪些层面会构成行政法律关系，在哪些层面会构成民事法律关系，抑或其他？唯有如此，大学生的权利配置与保障才能落到实处，才能寻求到合法的法律救济途径。

而要考察大学生与大学的法律关系，不仅要考察大学的法律地位，更应该研究大学生的法律地位。所谓大学生的法律地位是指由法律形式规定大学生在社会关系中的地位，是学生的法律身份与属于某类的权利、责任、能力和无能力。

在德国，作为大学成员的学生是指依照联邦法律规定已经注册的学生。仅取得入学许可尚未办理注册手续仍不属于学校成员。休学学生因有注册行为属于大学成员，但是旁听生、选修生并不具备大学成员的资格。（董保城，1997）[139]

在英国，法律上并未明确规定大学学生的定义，仅在1996年地方管理机构制定的有关税务规章中从地方免税的角度对学生作了有关规定。但一般将学生分为潜在学生（prospective student）与注册学生（matriculant）。前者涉及大学学生身份的形成，而后者才构成作为大学成员的学生。同时，作为学生的 student，可以从三种身份来说明，一是 Scholars，一是 Clients，一是 Customers。（Farrington，1998）[307] Student 作为学生在一般意义上使用，是指任何在学院或大学学习的人；Scholars 则要么是学生，要么是由于学习成绩优异而拿奖学金的人，也可以是知识丰富的学者；Clients 作为顾客与 Customers 有着不同的意义。对此，需要从 Shoppers 说起，Shoppers 是购物者，指人们外出去店里买东西；Customers 则是顾客，人们在某家特定的商店里购物，便成为这一商店的顾客；Clients 则是指接受某一大学具体的教育服务。Scholars 强调的是学生在学校学习的权利，获得奖学金的权利，Shoppers 则强调一般公民选择的受教育权利；Customers 是指已经取得大学入学资格的学生。

在我们国家，也存在着大学学生身份的认可问题。我们认为，大学生的内涵含有准大学生、新生、大学生几种。大学生作为一个笼统的概念，需要从三个不同的阶段、三种不同的身份来理解。第一，是在招生录取阶段、作为受教育者的一般意义上的学生。这时涉及的大学与学生关系的形成，构成了学生作为大学成员身份的前提。第二，是在入学报到阶段、作为潜在大学成员身份意义上的新生。受教育者与大学发生入学法律关系后并不必然成为大学的成员，还需要经过复查、注册阶段。第三，是在注册之后毕业之前阶段、作为大学成员身份意义上的学生。学生经过复查合格，履行注册程序之后正式成为大学的成员。（姚金菊，2007）[217]

所以法律意义上的大学生是指在依法成立或国家法律认可的高校及其他教育机构按规定条件具有或取得学籍，并在其中接受教育的公民，是已经经过注册、正式取得学籍、尚未毕业的学生。

学生作为法律关系的主体，既是法律关系中权利的享受者，也是义务的承担者。但从历史发展来看，无论是西方，还是东方；无论是国外，还是国内，人们一开始并不认为学生受教育是他的权利，也没有认识到学生的受教育权与其生存权、发展权的逻辑联系，相反，则片面地强调，受教育是学生向国家、社会、学校、家庭应尽的义务。也就是说，学生是义务主体，而非权利主体。作为权利主体的国家、社会、学校、家庭有权利要求学生接受其认为合理的教育，而无需顾及学生的身心发展规律和学生作为公民、作为学习的主体、作为权利主体应该享受的基本人权。这一点在西方教育立法的历史中以及我国教育法制发展过程中均体现得淋漓尽致。在德国早期的宪法之中，认为公民有三大义务，即纳税、服兵役和受教育；我国清末的教育立法受大陆法系的影响，也基本沿袭这一思想。在此观念的影响下，家长、教师对学生具有绝对的权利。

我们认为，学生作为权利主体与义务主体的统一，在与学校的法律关系中享有公民的一切权利并履行公民应尽的义务，如人格权、健康权、名誉权、财产权、受教育权等，同时，也享有《教育法》等法律、法规规定的专有权利并履行《教育法》上的义务，如学习权、公正评价权、物质帮助权等。而作为义务主体的学校则必须履行其法定义务，以满足学生作为权利主体实现权利的基本要求，并不能侵害、妨碍或非法剥夺学生的公民权利和法定的受教育权利。

第二节　高等学校与学生的法律关系研究

高校与学生之间法律关系的提出是中国社会法治建设和社会法律意识发展和进步的结果。然而，高校与学生之间的法律关系究竟是什么性质的法律关系，理论界还未达成共识。概言之，主要有宪法关系说、民事法律关系说、行政法律关系说、特别权力说、综合说等不同观点。

我们认为，大学生作为一个整体的概念，需要从三个不同的阶段、三种不同的身份来理解，在不同的阶段大学生与高校会构成不同的法律关系，其中以在学法律关系为核心。

一、大学生在入学阶段与高校构成的法律关系

所谓入学关系，是指学生志愿选择某一学校，并以报名等实质性行为表达其意思，从而与特定的学校建立的关系。（周光礼，2005）[138]学生在入学阶段与大学发生的法律关系是大学行使招生权力与学生发生的法律关系。关于入学关系的性质，有的学者认为，二者是一种行政关系（申素平，2002）[105]；也有学者更进一步认为，二者是公法上的法律关系（姚金菊，2007）[223]；也有学者认为，二者是一种私法上的契约关系，其中，学生的报考行为是发出的要约邀请，而高等学校决定录取某学生并向其发放录取通知

书则是针对该邀请正式作出的要约，学生一旦接受此要约并按要求缴纳学费入学，即为做出了承诺，二者的契约关系即成立；也有学者在分析了我国现行的招生模式后认为，在分工合作与高校自主招生模式下，二者形成的是行政关系，在市场化运作模式下，二者既可以是行政关系，也可以是民事关系，但在当前的制度情境下，主要还是以行政关系为主。（周光礼，2005）[138-140]

我们认为，要分析大学生在入学阶段与高校构成的法律关系，首要的任务是要分析清楚大学所享有的招生权的性质。

招生录取工作是高等学校选拔合格新生的重要环节，是高等学校办学自主权的组成部分，是高等学校根据国家的教育法律、法规、规章、政策，按照一定标准、原则与程序选拔合格新生的权力。（劳凯声，2002）[125] 高校这一权力的实施，直接关系到考生能否通过公平竞争取得升学的权利，关系到学生受教育权的实现。那么，高等学校的招生录取权是一种什么性质的权力？高等学校在招生录取中居于什么法律地位？他与考生是什么性质的法律关系？我们认为，高校的招生录取权是法律、法规授权于高等学校的行政权力。

在我们国家，高校招生规章的制定、招生规模的确定、考试的组织、招生录取等，是国家实施对高等教育管理的重要组成部分，是国家教育行政部门的重要职责。《普通高等学校招生暂行条例》对国务院教育行政部门的职责，地方各级政府的职责及其招生委员会的职责和高等学校的职责，进行了具体的规定，以保证高校招生工作的有序进行。但由于各级各类高等学校、不同专业对生源素质的要求不尽相同，国家在实施这一专业性、学术性较强的行政管理中，一般经过对高等学校的办学资格、办学能力等一系列条件的审查后，通过法律、法规的授权，使高等学校作为行政主体实施这一行政权力。而授权本身既可以提高行政机关的行政效率，又可以使各高校根据自身特点选拔合格人才。《教育法》第28条第3款规定，学校有"招收学生或者其他受教育者"的权利；《高等教育法》的32条规定："高等学校根据社会需求、办学条件和国家核定的办学规模，制定招生方案，自主调节系科招生比例。"因此，高等学校的招生录取权是法律、法规授予的行政权力，不是法人权利，它在行使这一行政职权的过程中与考生的关系不是平等主体之间的民事法律关系，而是行政法律关系。

同时，在入学阶段，高等学校与学生之间构成的是外部行政法律关系。一般来讲，依据行政法律关系是否具有外部性，可以将其分为内部行政法律关系与外部行政法律关系。内部行政法律关系是指上下级行政机关之间、行政机关内部组织机构之间、行政机构与其工作人员之间发生的受行政法调整的行政关系。外部行政法律关系是指行政机关或法律授权组织与公民、法人或其他组织之间发生的受行政法调整的行政关系。外部行政法律关系的主体之间没有上下级的隶属地位身份，当外部行政法律关系发生错误时，相对人可以通过行政复议、行政诉讼的途径维护权利，而内部行政法律关系不具有这一特点。所以判断高等学校与录取考生之间的关系性质的关键，是该考生是否是取得或拥有该高等学校的学籍，是否是该高等学校的成员。根据《普通高等学校学生管理规定》第6条的规定："新生入学后，学校在三个月内按照国家招生规定对其进行复查。复查合格者予以注册，取得学籍。"由此可以断定，在招生录取阶段，高校与考生之间的关系不是内部行政法律关系，而是高校作为授权主体在行使招生权过程中与考生形成的外部行政法律关系。当考生认为高校在招生过程中存在偏私或瑕疵，致使其受教育权受到侵犯的，可以通过行政诉讼的途径获得救济。

二、大学生在注册阶段与高校构成的法律关系

公民获得入学资格之后、注册之前为新生。新生与大学发生的法律关系可以分为两种：一种是大学行使招生权力与学生发生的法律关系，大学对新生按照招生规则进行复查，决定是否允许其注册，对于不符合条件的可能会取消入学资格；一种则是大学由于行使类似于对其内部成员所享有的管理型权力与新生发生的法律关系，新生可能由于未能履行学校规定的义务而被学校取消入学资格。高等学校对新生进行各方面的检查是高等学校的行政权力，是有明确的法律法规的授权。2005年教育部在颁布的《普通高等学校学生管理规定》"第三章：学籍管理"中的"第一节：入学与注册"对学生在入学注册阶段进行了较为详细的规定。即"第七条　按国家招生规定录取的新生，持录取通知书，按学校有关要求和规定的期限到校办理入学手续。因故不能按期入学者，应当向学校请假。未请假或者请假逾期者，除因不可抗力等正当事由以外，视为放弃入学资格。""第八条　新生入学后，

学校在三个月内按照国家招生规定对其进行复查。复查合格者予以注册，取得学籍。复查不合格者，由学校区别情况，予以处理，直至取消入学资格。""凡属弄虚作假、徇私舞弊取得学籍者，一经查实，学校应当取消其学籍。情节恶劣的，应当请有关部门查究。""第九条　对患有疾病的新生，经学校指定的二级甲等以上医院（下同）诊断不宜在校学习的，可以保留入学资格一年。保留入学资格者不具有学籍。在保留入学资格期内经治疗康复，可以向学校申请入学，由学校指定医院诊断，符合体检要求，经学校复查合格后，重新办理入学手续。复查不合格或者逾期不办理入学手续者，取消入学资格。""第十条　每学期开学时，学生应当按学校规定办理注册手续。不能如期注册者，应当履行暂缓注册手续。未按学校规定缴纳学费或者其他不符合注册条件的不予注册。""家庭经济困难的学生可以申请贷款或者其他形式资助，办理有关手续后注册。"

显然，我国教育法律法规对大学生在入学注册阶段有严格的规定，当入学注册阶段的学生不符合规定中的任何一个条款，都不能取得学籍，其也就不是真正意义上的大学生。同时，既然在入学注册阶段高等学校对学生所进行的一系列资格审查等行为属于法律法规的授权，自然高校在此阶段履行的职权即为行政权力，新生与大学间的这种法律关系属于公法上的法律关系，且是一种外部行政法律关系，当学生的身份发生改变时，学生可以通过行政诉讼的方式寻求救济，即具有可诉性。

三、大学生在在学阶段与高校构成的法律关系

如前所述，关于对西方抑或我国大学与学生法律关系理论的研究而得出的诸多学说，都是基于在学法律关系而言的。我们在承认这些观点合理性的基础上，必须有所扬弃。由于高等学校法律地位的多重性，也决定了在学法律关系的复杂性，只有通过对具体事务的分析与研究，在不同的事项中，才能确定高校与大学生会构成什么性质的法律关系。

（一）高校与学生在学籍管理中的法律关系分析

我国《教育法》第 28 条第 4 款规定：学校及其他教育机构行使对受教育者进行学籍管理，实施奖励或者处分的权利。《高等教育法》第 41 条第 4

款规定：高等学校的校长行使对学生进行学籍管理并实施奖励或者处分的职权。从我国法律规定来看，学校以及学校的校长享有对于学生的学籍进行管理，以及对于学生进行奖励和处分的权力。教育法律法规在同一条款中规定了两个权力：一个是学籍管理权，另一个是奖励、处分权。这说明学籍管理权与奖励、处分权紧密联系，但不能说明二者在性质上是同一的。2005 年教育部颁布的《普通高等学校学生管理规定》中，学籍管理的事项包括：入学与注册；考核与成绩记载；转专业与转学；休学与复学；退学；毕业、结业与肄业等内容。在学籍管理的事项中，在入学与注册中，高校与学生形成的外部行政法律关系；在退学、毕业、结业、肄业事项中，高校与学生形成的依然是外部行政法律关系，我们将在后面有专门的论述。而在学籍管理的其他事项中，高校与学生形成行政法律关系，但究竟是内部行政法律关系还是外部行政法律关系呢？判断的一个基本标准是，是否改变了学生的身份。如果没有改变学生的身份，只有由于管理的需要与方便，就属于学校的办学自主权范畴，构成的是内部行政法律关系，学生不能就此要求司法救济。

我们认为，高校学籍管理中除了入学与注册、退学、毕业、结业与肄业外，高校在行使其他事项的学籍管理中，不可能造成对学生身份的改变，如转专业与转学、休学与复学、考核与成绩记载等，更多地和学校的日常管理一样，不涉及学生重大权益的管理，在这些事项中，高校与学生构成的是内部行政法律关系，不具有可诉性。

（二）基于开除学籍处分下的高校与学生的法律关系分析

大学代表国家的意志、愿望和利益对受教育者施教，为了有效地管理和教育学生以及保障教育教学工作的顺利实施，在教育法律法规的基础上，制定管理条例或办法，对学生进行奖励和处分，理应是无可厚非的；学生作为受教育者，在校接受教育，其行为不能违反校纪校规，否则将会受到学校的处分，这也是理所当然的。所谓的"学校处分权"，是指学校根据法定事由和法定程序对受教育者的一种强制性处分，也称之为学校对学生的纪律处分。我国现行的教育法律法规中，关于学校对学生的纪律处分权作了明确的规定。我国《教育法》第 28 条规定："学校及其他教育机构行使下列权利：……（四）对受教育者进行学籍管理，实施奖励或者处分。……"同时，在教育部2005 年颁布的新《普通高等学校学生管理规定》第五章第 52、53 条对处分作了进一步的解释："对有违法、违规、违纪行为的学生，学校应当给予批评教育或者纪律处分。""纪律处分的种类分为：（1）警告；（2）严重警告；（3）记过；（4）留校察看；（5）开除学籍。"显然，学校享有的上述五种处分权，对于义务教育阶段在校接受学习的学生而言，只适用于前四种。而对于在校的高校大学生来说，这五种处分都是适用的。只是因为前四种处分与开除学籍处分在本质上有差别，即是否改变了学校与学生的"在学法律关系"，也正是因为"在学法律关系"的不同，前四种处分的实施、执行相对来说不仅容易而且也不会引起人们的疑问，因为它符合目的与手段相结合的教育和管理原则。反观开除学籍处分的实施、执行就不是很容易的事情，因为它改变了学校与学生之间的"在学法律关系"，而且随着近年来学生诉学校案的时有发生，人们对后两种处分的可行性、合法性等问题都提出了广泛的质疑。这种广泛质疑的最大焦点就是后一种处分的执行是否具有可诉性，也就是说，如果学生对学校给予的处分不服，能否通过法律的途径寻求救济。

针对高校对学生退学权的处分，权利人是否可以诉诸法律？在这个问题的认识上，目前法学界存在着两种不同的观点。第一种观点认为，对于学生因为学校开除学籍的处理决定而直接起诉高等学校的不予受理，仅仅告知学生只能向学校的主管行政部门提起申诉。第二种观点认为，对于高校的处分行为要具体分析，对于学校与学生之间不平等的管理关系的行为，尤其是高校对学生给予的开除学籍的处分，应当给予学生一个直接起诉学校的诉讼救济的途径，以更好地维护其合法权利。理论界对高校退学权的这两种看法即高校退学权是否具有可诉性，代表着人们对我国现有法律的认识现状，同时也在司法实务中存在着这两种不同的受理现状，即有的受理，有的不受理。

1. 现实困境中高校退学权可诉性的盲点

关于高校退学权处分的争议，在司法实践中难以得到司法救济，就其缘由，与人们对我国目前法律法规的理解和理论的认识有很大的关系。

首先，高等学校不是行政机关，不能做被告。

我国《民法通则》依据法人宗旨、任务的不同，把法人分为企业法人和非企业法人。划分企业法人与非企业法人的一个重要标志就是是否以营利为目的，凡是以营利为目的组织均为企业法人，而不是以营利为目的的组织则为非企业法人。非企业法人也可依据不同的标准，分为机关法人、社团法人、事业单位法人。我国《教育法》第 25 条规定，"任何组织和个人不得以营利为目的举办学校及其他教育机构"。我国《高等教育法》第 24 条规定，"设立高等学校，应当符合国家高等教育发展规划，符合国家利益和社会公共利益，不得以营利为目的"。国务院颁布的《社会力量办学条例》第 6 条规定，"社会力量举办教育机构，不得以营利为目的"。因此可见，我国学校属于非企业法人中的事业单位法人，高等学校也不例外。既然事业单位法人有别于国家设立的机关法人，仅此而言，学校就不是行政机关，没有行使行政权的前提条件，根据《行政诉讼法》第 2 条的规定："公民、法人或者其他组织认为行政机关和行政机关工作人员的具体行政行为侵犯其合法权益，有权依照本法向人民法院提起诉讼。"显然，我国《行政诉讼法》针对的对象是行政机关基于公务的违法而侵害了行政相对人的权利受到起诉为前提的。也就是说，高等学校不是行政机关因而就不可能成为行政诉讼的被告。

所以，在学校日常的教育教学管理过程中，对学生权利的侵害，如取消学生的学籍、对学生取消学位证的颁发等，即使学生起诉到法院，法院时常以"此案不属于人民法院的受理范围"为由拒之，学生也只能无奈地接受，只因为学校不是行政机关，学生不能对学校提起行政诉讼，学校不能作为适格的被告。

其次，高等学校给予学生的纪律处分属于学校内部教育和管理行为，法院鞭长莫及，一般采取不管的策略。

我国《教育法》第 28 条对学校的权利进行了详细的规定，其中，第一款和第五款分别规定学校有"按照章程自主管理"和"对受教育者进行学籍管理，实施奖励或处分"的权利。学校的章程，是学校机构内部活动的规范性文件，学校按照章程自主管理即为法律所确认，它规定着学校的办学宗旨、管理体制及各项重大原则。这一权利的确立，有助于学校形成自主办学、自我约束的运行机制，保证学校工作的有序进行，避免学校工作的随意性从而提高学校工作效率，是学校法人地位的重要体现，也是落实学校法律地位的重要保障。同时，学校与受教育者之间的关系既是教育与受教育的关系，又是管理与被管理的关系，学校对受教育者的管理在一定程度上可以认为是一种教育。但既然是管理，就必然涉及管理者与被管理者之间权利与义务的设定。学校根据主管部门的学籍管理规定，有权针对受教育者的不同层次、类别，制定有关入学与报名注册、考试与成绩、纪律与考勤、休学与复学、转学、退学等管理办法，实施学籍管理活动；有权根据国家有关学生奖励、处分的规定，对学生进行处分。显然，高等学校所进行的行为，其性质是事业单位法人对内部进行自主管理的行为，属于事业单位的自律权范畴，不属于行政管理权的范畴。在《教育法》的这一规定下，学校给予学生的纪律处分，就套上了合法的外衣，学校对学生的管理，和监狱警察对犯人的管理以及精神病医院对病人的管理一样，都属于机构的内部教育和管理行为。根据司法审查的标准，法院对任何机构的内部行为是无能为力的。据此，法院对学校的纪律处分，一般都默认是学校对学生实施的内部教育和管理行为，法院也就鞭长莫及，采取不受理的态度。

再次，行政诉讼受案范围仅限于涉及人身权、财产权的具体行政行为。

如前所述，我国《行政诉讼法》既具体规定了行政诉讼的受案范围，也对不属于司法审查的范围进行了规定。据此，一般情况下，人们认为《行政诉讼法》在规定行政诉讼所保护的权利范围时，只出现了"人身权"、"财产权"等权利的名称，而没有出现"受教育权"的概念。鉴于此，"受教育权"的可诉性就没有法律依据，人民法院不受理也就不足为怪。

2. 高校处分权的法律规定性及其缺失

所谓的"高校处分权"，是指高校根据法定事由和法定程序对受教育者的一种强制性处分，也称作高校对学生的纪律处分。在我国现行的教育法律法规中，关于高校对学生的纪律处分权作了明确的规定。我国《教育法》第28条规定："学校及其他教育机构行使下列权利：……（四）对受教育者进行学籍管理，实施奖励或者处分。……"同时，在教育部2005年颁布的新《普通高等学校学生管理规定》第五章第52、53条对处分作了进一步的解释："对有违法、违规、违纪行为的学生，学校应当给予批评教育或者纪律处分。""纪律处分的种类分为：（1）警告；（2）严重警告；（3）记过；（4）留校察看；（5）开除学籍。"这是目前我国教育法律法规以及教育规章中对高校所拥有的处分权的最明确、最权威的规定。我们认为，高校对前四种处分的执行，是对学生的有效管理和教育所采取的内部行政行为，不涉及学生身份的改变，这有利于高校对学生的管理和教育，无须多谈。而争议最多的莫过于高校对学生开除学籍处分的执行，因为开除学籍的处分已造成了对学生身份的改变，改变了原有的受教育者和高校之间的"在学法律关系"，使受教育者丧失学籍，理应是一种具体行政行为。

　　然而在现实的高校管理中，高校的处分权存在着严重的缺失，不仅表现在法律和学生自身方面，更严重的缺陷是高校对学生的处分随意性很大。一方面法律本身的规定不是很完善，重实体轻程序，同时，学生的法律意识不强，学生基本上不愿也缺乏法律手段就其所受的纪律处分向法院提起诉讼，学生的合法权益得不到司法保护；另一方面在实践中出现的鲜有的几个案例中，法院认为纪律处分案件不属于行政诉讼之列，要么将其纳入民事诉讼的范畴，要么直接不予受理。与其他一些国家和地区对高校处分权的审慎态度相比，我国的法律没有具体规定高校处分学生的条件和程序，只是强调高校处分权的实施是法律笼统授予高校的法定职权。这样，高校为了很好的教育和管理学生，出台了诸多加强学籍管理、严肃纪律的成文规定，但是这些内部规定的设定大多不规范，大量校内规范性文件的相关规定与法律、行政法规、地方性法规和规章等方面的规定相抵触。实体法上的不完善，就更不用说程序法的健全，高校对处分权行使的处理结果，通常被视为内部管理的需要而采取的"内部处理"，没有必要的形式、程序，忽视了学生的知情权、申辩权、听证权、申诉权和诉讼权。就拿高校对学生作出的开除学籍处分来说，由于高校处分权的设定不当，造成严重地损害学生权益的诸种情形："（1）设定退学规范的主体层级多且规范的位阶低。前者有中央教育行政主管部门，省一级教育行政主管部门、各高校，后者有如《××省普通高等学校学生违纪处分条例》中有关勒令退学和开除学籍的规定。……（2）设定的主体权限划分不明确，规定之间有冲突。下层位主体超越了上层位主体的权限，下层位规范与上层位规范不一致甚至相抵触。……（3）设定的内容不规范，缺乏程序性规范。突出表现为对受教育者义务的增加或者对受教育者合法权益的限制。……后者如受教育者的被告知权、申辩权、申诉权得不到充分的保障。"（程燕雷，2001）

　　高校这种有恃无恐的以教育和有效管理为幌子的处分权，是以剥夺受教育者的受教育权为前提的，学生的严重违纪行为是以丧失自身的受教育权为代价的。现代法治认为，任何一项以剥夺公民的固有权利为前提的处分，应当给予适当的救济。有权利就有救济，没有救济的权利不是真正的权利，正如北京市西城法院民二庭副庭长吴鸣认为，受教育权是宪法赋予每一位公民的重要权利，对公民的宪法权利进行限制，并非是任何规范性文件都能做出的，学校仅凭自己制定的内部违纪处罚条例就剥夺公民的受教育权，其合法性令人质疑。同时，我国的台湾学者引用德国学者的观点认为："举凡教育内容、学习目的、修课目录、学生之地位等有关大学生学习自由之'重要事项'，皆应以法律明文限制之，或有法律明确之授权。尤其是足以剥夺大学生学习自由之退学或开除学籍处分，更应以法律明定其事由、范围与效力，而不得仅以行政命令或各校之学则即予剥夺，此乃法律保留原则之基本要求也。"（董保城，1993）

因此，高校处分权的存在必须是基于对其相对人的合法权益遭受到侵犯时的救济渠道的畅通为前提，否则就是不平等的和易于出现滥用权力的现象。正如启蒙思想家孟德斯鸠所言："一切有权力的人都容易滥用权力，这是万古不易的一条经验。有权力的人们使用权力直到遇有界限的地方才休止。"因此，"要防止滥用权力，就必须以权力来约束权力。"（孟德斯鸠，1961）[154]为了防止高校处分权的滥用而对高校处分权进行合法有限的司法审查就是当务之急。这就是我们所言及的高校处分权是否具有可诉性。

3. 高校处分权的可诉性

2005年教育部颁布的《普通高等学校学生管理规定》第57、58条规定："学校对学生作出开除学籍处分决定，应当由校长会议研究决定。""对学生开除学籍的处分决定书报学校所在地省级教育行政部门备案。"同时，我国《教育法》第42条规定："受教育者有权对学校给予的处分不服，向有关部门提出申诉……"也就是说，高校对学生的开除学籍处分，一是学校必须报上级机关备案；二是学生如果表示不服，可以向有关部门提出申诉。除此之外，法律上就无其他规定，没有言及诉讼。因此，在司法实务当中，法院依据《教育法》的这一条规定，完全排除了学生对学校给予的处分寻求司法救济的途径。在学生权益受到侵害的情况下，法院不必涉入争议。只有当申诉处理的决定仍不合理时，才允许申诉人以申诉的行政主管部门为被告，以高校为第三人提起诉讼。这一法律上的真空，即有"空白授权"之嫌。所谓"空白授权"的原则就是指"立法对本来应当由法律规定的法律构成要件甚至法律效果，授权由行政机关来规定，容易使公民的权利义务陷入不确定的状态，也使行政权的滥用可能性增加到最大程度。"（陈新民，2002）[119-120]

在当前的情势下，随着人们法律意识的增强和我国法律法规的完善，针对高校对学生处分权的不可诉性有望得到改观，如前所述的第二种认识将会有很大的市场并且希冀能够被人们接受进而被法律所规定，成为学生受到侵犯后诉诸法律的一项法定权利。

具体到高校对学生的纪律处分，显然高校对学生的前四种处分属于行政授权机关制定、发布的具有普遍约束力的规定，具有法律效力，即是高校对其内部成员做出的内部行政行为，不具有可诉性。但是具体到高校对学生的开除学籍的处分权，是否可诉诸法律？则存在诸多分歧。我们认为，受教育权利受到侵犯足以改变其身份的处分是可以通过司法途径来获得权利的救济。

除了我国《行政诉讼法》第 11 条的规定外，我国《行政诉讼法》第 11 条第 2 款还规定公民可就"法律、法规规定可以提起诉讼的其他行政案件"进行诉讼。根据《行政诉讼法》第 1 条"为保证人民法院正确及时审理行政案件，保护公民、法人和其他组织的合法权益，维护和监督行政机关依法行使行政职权，根据宪法制定本法。"以及第 2 条"公民、法人或者其他组织认为行政机关和行政机关工作人员的具体行政行为侵犯其合法权益，有权依照本法向人民法院提起诉讼。"目前在我国教育领域中尚缺乏对高校处分权行为的应有法律救济的情况下，将高校对学生处分权的行为（仅指开除学籍）的争议纳入行政诉讼的范围是符合《行政诉讼法》的立法目的、准则和立法精神的。因为，学校纪律处分行为属于自由裁量行为，而大量"过于宽泛和无限的自由裁量权容纳了允许执法人员任意和适用处分的专断权力的含义。在这里依法行为与权力泛用某种意义上成为同一语，最起码意义上，为滥施执法权留有可能的空隙。在合理的前提下，合法设定自由裁量范围才是现代法治的要求。"（汪启疆，2001）而我国《行政诉讼法》对自由裁量行为所采用的审查规则是判断自由裁量权是否被滥用。一般认为，滥用自由裁量权主要包括下列情形：（1）不正当目的；（2）错误的和不相干的原因；（3）错误的法律或事实根据；（4）遗忘了其他有关事项；（5）不作为或迟延；（6）背离了既定的判例与习惯。从行政法学理论上讲，滥用自由裁量权的决定就是不合理的可撤销的决定。因此在行政诉讼中，法院对学校纪律处分的审查应建立在一个合理的标准之上。现代行政法认为，"纪律处分等内部行为虽属于有关部门的自由裁量范围，但自由裁量系指根据合理和公正的原则做某事，而不是根据个人好恶做某事；自由裁量权不应是专断的、含糊不清的、捉摸不定的权力，而是法定的、有一定法规的权力。"

（韦德，1996）[63]基于自由裁量行为的危害，我们认为将自由裁量行政行为纳入行政诉讼的受案范围，增加对行政行为合理性的审查，是对自由裁量的行政行为的审查有据可循。

1991 年最高人民法院《关于贯彻执行〈中华人民共和国行政诉讼法〉若干问题的意见》第 1 条对此作了规定，明确了具体行政行为是指国家行政机关和行政机关工作人员、法律法规授权的组织、行政机关委托的组织或者个人在行政管理活动中的单方面行为。学校虽然不是行政机关，但根据《教育法》第 24 条的规定，学校是作为依法授权的组织对学生实施纪律处分的，并且学校纪律处分行为具有单方性、强制性等特征。在司法实践中，人民法院也承认学校在管理过程中实施的行为具有行政性，开始受理学生不服校方开除、退学和拒发毕业证、学位证而提起的行政诉讼。在这些诉讼中，法院将学校作为法律、法规授权的组织来对待，并在"田永诉北京科技大学案"的判决书中已有清楚的表述。这一判决得到了二审法院的维持且被最高人民法院刊登于 1999 年第 4 期《最高人民法院公报》上。2000 年3 月最高人民法院《关于执行〈中华人民共和国行政诉讼法〉若干问题的解释》就明确指出：公民、法人或其他组织对具有国家行政职能的机关和组织及其工作人员的行政行为不服，可以提起行政诉讼。这一规定没有沿袭"具体行政行为"的提法，而改用了"行政行为"，应当说对公民权利的保护更为有利，也为将学校纪律处分等行为纳入行政诉讼的受案范围进一步奠定了基础。同时在我国台湾，1995 年"司法院"大法官作出的"382 号解释文与解释理由书"指出："各级学校依有关学籍规则或者惩处规定，对学生所为退学或者类似之处分行为，足以改变学生身份并损及其受教育之机会，自属对人民宪法上受教育之权利有重大影响，此种处分行为应为诉愿法及行政诉讼法上之行政处分。受处分之学生于用尽校内申诉途径，未获得救济者，自得依法提起诉愿及行政诉讼。"（吴庚，1996）[205]

显然，高校在实施处分权的过程中，是法律法规的授权组织，具有行政主体资格，其实施处分权的行为属于行政行为。但高校处分权的行使应当符合法治精神，遵循"比例原则"和"正当程序原则"，使学生具有知情权、申诉权、听证权及至诉讼权，切实从"以学生为本"的理念出发，真正做到依法治校。

（三）高校与学生在学业证书与学位授予中的法律关系分析

学业证书和学位证书颁布与授予是目前高校诉讼案中较为集中的领域。一度在社会上和教育界、法律界引起广泛关注和热烈讨论的田永诉北京科技大学拒绝颁发毕业证、学位证案，刘燕文诉北京大学拒绝颁发博士毕业证书案，以及刘燕文诉北京大学学位评定委员会案，控辩双方都是围绕这一问题展开了激烈的争论。而法院受理、审理与判决，对我国高等教育法制化的走向以及我国行政诉讼法的改革产生了深远的影响。

在这一系列引发人们思考的案例中，高等学校的法律地位始终是上述各案争论的焦点。高等学校是一个什么性质的法律主体？高等学校拥有的学生学业证书与学位证书颁发权是一种什么性质的权力？高校在行使这一权力的过程中与学生构成什么性质的法律关系？高等学校的行为是否应受司法审查等等？都需要在理论上予以解答。

我们认为，学业证书与学位证书的颁发及认定是一项国家特许的权力，是一种代表国家行使的权力，它不是高等学校的法人权力。从《教育法》、《高等教育法》和《学位条例》等法律、法规的规定来看，高等学校具有的学业证书与学位证书颁发权是法律、法规的授权。高等学校是法律、法规的授权组织，具有行政主体资格。

因此，在学业证书与学位证书的颁发过程中，作为行政主体的高等学校，属于行政主体中法律、法规授权的组织，它与学生的关系是行政法律关系，而非民事法律关系。

但是，当高等学校的学生在其依法规定的取得学业证书和学位证书的权利受到侵害时，学生如何运用法律的武器维护自身的合法权益，是理论界与司法界需要认真研究的新问题。

《学位条例》对学位授予争议作了一些规定。如第 16 条："非学位授予单位和学术团体对于授予学位的决议和决定持有不同意见时，可以向学位授予单位和国务院学位委员会提出异议。学位授予单位和国务院学位委员会应当对提出的异议进行研究和处理。"第 17 条："学位授予单位对于已授予的学位，如发现有舞弊作伪等严重违反本条例规定的情况，经学位评定委员会复议，可以撤销。"但对于学位申请者学生，却无任何声明异议、申请行政复议、提起行政诉讼的救济规定。

我国宪法虽然也规定公民有申诉权，《教育法》第 42 条又将其进一步具体化，但由于该规定过于简单、原则，没有明确规定受理学生申诉的机构与人员，当学生的合法权益受到侵害时，向哪一个、哪一级"有关部门"申诉；同时，该条也没有申诉时效的规定，学生向有关部门提出申诉后，有关部门多长时间必须予以答复；也没有规定申诉后的救济渠道，及学生不服申诉处理决定，能否提起行政复议或行政诉讼，这就使学生在教育法范围内寻求维权途径，步履艰难。我们认为，应在完善学生申诉制度的同时，积极探索学生维权的其他途径。而《行政复议法》、《行政诉讼法》及其司法解释为司法救济进入这一领域打开了一条通道。

《行政复议法》第 6 条："有下列情形之一者，公民、法人或者其他组织可以依照本法申请行政复议：……（八）认为符合法定条件，申请行政机关颁发许可证、执照、资质证、资格证等证书，或者申请行政机关审批、登记有关事项，行政机关没有依法办理的；（九）申请行政机关履行保护人身权利、财产权利、受教育权利的法定职责，行政机关没有依法履行的……"学业证书与学位证书是否属于"许可证、执照、资质证、资格证"尚可以讨论，但它是否属于"等证书"的范围应该是比较肯定的，因为它符合《行政复议法》"为了纠正违法的或者不当的具体行政行为，保护公民、法人和其他组织的合法权益，保障和监督行政机关依法行使职权"这一立法宗旨；即使第 6 条第 8 款没有非常明确地将学业证书与学位证书列入复议范围，人们可能还有争议，但第 9 款则非常明确地将受教育权列入行政复议的范围。学生能否依法取得学业证书与学位证书，是其获得"公正评价"这一受教育权的直接体现，同时，它对学生未来人生选择与发展产生直接的影响。学生如果认为高等学校没有依法履行职责，向自己颁发相关证书，可以依据办法进行行政复议；如果不服行政复议决定，可依据本法第 5 条的规定，即："公民、法人或者其他组织对行政复议决定不服的，可以依照行政诉讼法的规定向人民法院提起行政诉讼。"

《行政诉讼法》第 38 条规定："公民、法人或者其他组织向行政机关申请复议的，复议机关应当在收到申请书之日起两个月内作出决定。法律、法规另有规定的除外。申请人不服复议决定的，可以在收到复议决定书之日起十五日内向人民法院提起诉讼。复议机关逾期不作决定的，申请人可以在复议期满之日十五日内向人民法院提起诉讼。法律另有规定除外。"显然，不论是《教育法》、《高等教育法》还是《学位条例》和其他教育法律、法规，都没有规定关于学生学业证书与学位证书不得诉讼。因此，学生如果对行政复议机关维持原行政行为不服的，可以直接对作出具体行政行为的高等学校提起诉讼；如果对行政复议机关改变原具体行政行为不服的，可以对复议机关提起诉讼。

2000 年 3 月，最高人民法院颁布《关于执行〈中华人民共和国行政诉讼法〉若干问题的解释》第 1 条第 1 款规定："公民、法人或者其他组织对具有国家行政职权的机关和组织及其工作人员的行政行为不服的，依法提起行政诉讼的，属于人民法院行政诉讼的受案范围。"这一解释没有沿用"具体行政行为"的提法而改为"行政行为"，使人民法院行政诉讼的受案范围加以扩大，有利于公民权利的保护。学生可以依据这一司法解释，对严重影响自己重大切身利益的学业证书与学位证书争议提起行政诉讼。

四、作为学生群体利益代表的高校学生会的法律地位

高校学生会是在高校党组织的领导下和共青团组织的指导与帮助下的学生自己的群众组织，是学生行使民主权利，进行自我管理、自我教育、自我服务的组织机构。学生会普遍存在于我国的各级各类高等学校中，是高等学校实现教学质量目标的重要辅助力量，也是联系学生的桥梁和纽带，发挥着团结引导广大同学健康成长，为广大同学服务的积极作用，是培养大学生成才的重要载体。凡在校的学生不分民族、性别、宗教信仰均为学生会会员。

但是，现实的情况则是高校学生会一直沿用行政管理体制来进行管理和运作，导致学生会组织结构松懈，功利性增强，有官僚化的倾向，严重影响了学生会组织功能的正常发挥，实践证明学生会不适合用行政管理体制进行管理。探究学生会与其他组织的差异，明确高校学生会的特点，确定高校学生会的法律地位，赋予高校学生会合法的权利，理顺学生会与高校中诸多组织的法律关系，不仅为高校学生会高效地开展工作提供法律依据，也是高校学生会发挥职能的重要保障。

（一）高校学生会设立的法律依据

从世界范围来看，学生会的产生有悠久的历史。西方中世纪大学存在"学生大学"与"教师大学"之别，学生大学在组织形式、运行机制、管理模式等方面主要围绕学生会来进行。比如，博洛尼亚大学学生公会（或者学生组织、学生社团）作为联合组织，可以有效地与市政府做交易，控制学校的行政事务。学生公会从波伦亚市获得特许状，从而可以与教授订立契约、调整学生寄宿房间的租金、确定讲授课程的科目和每种课程所使用的材料、决定授课时间和假期的长短以及调整书籍的出租和出售的价格。

从目前来看，世界各国都较为重视学生会的建设。大学要培养学生民主、法治意识，发挥学生在学校教育和管理中的特殊作用。丹麦、德国在保护学生权益方面一个共同突出的特点，就是特别重视学生在教育政策制定、学校教育教学和管理活动中的重要作用。丹麦充分利用各基层社区中的两个学生社团在社区教育政策制定中的作用；德国、丹麦在各类学校中广泛成立学生会，在学校决策和学生权益保护中扮演重要作用。

在美国，大学学生会产生于第一次世界大战之前，被称为"学生自治会"（associated student）或"学生政府"（student government），分为行政、立法和司法3个部门，自治会章程和法规规定各部门的组织和权责。学生自治会为学生提供各种服务，通过自身和其他的学生社团，推动学生课外活动，举行各种学术性、娱乐性、联谊性、体育竞赛的活动。学生自治会掌握着学生活动经费与其他财源，一般学生社团举办活动必须事先与学生自治会联席协调，以获得经费支持。自治会的主席及主要干部担任学生问题的主要顾问，参与各种教学与服务性委员会，代表学生参与校务。自治会还开展种种社区服务项目，服务学校所在的社区。

在中国，1919年6月16日，来自全国各地和留日的学生代表60余人，在上海召开了第一次全国学生代表大会，宣告全国学联正式成立。中华全国学生联合会（以下简称全国学联）是中国共产党领导下的中国高等学校学生会、研究生会和中等学校学生会的联合组织。

中国共产党成立后，全国学联在党的领导下，团结全国青年学生，为抵御外来侵略，推翻三座大山，夺取新民主主义革命的胜利，发挥了重要的历史性作用。从"五四"运动到全国解放，全国学联共召开14次全国学生代表大会。新中国成立后，全国学联响应党的号召，团结和引导全国广大学生刻苦学习，勇于实践，一批又一批的青年学生从学校走向社会，为祖国的繁荣富强建功立业。从 1951 年到 1965 年，全国学联召开了十五大至十八大 4 次代表大会。"文化大革命"中，学联组织受到严重冲击，全国学联被迫中断工作。以党的十一届三中全会为标志的伟大历史转变，使祖国的发展进入了崭新的历史阶段，全国学联也重新焕发了应有的青春活力。在这一新的历史时期，全国学联注重引导和帮助广大同学树立起振兴中华的使命感和只争朝夕的紧迫感，团结起来，发愤学习，奋发成才，勇敢地担负起振兴中华的历史责任。改革开放以来，全国学联召开了十九至二十三次代表大会。从 20 世纪的新民主主义革命到全面建设小康社会的今天，全国学联及各地学生会都发挥着积极的重要的作用。

显然，中国高校学生会统一的组织为全国学联，各高校学生会在党的领导下以及团组织的指导下独立地开展工作，高校学生会成立的原始动机就肩负有振兴祖国的历史使命感与责任感，其既是学生的一个群众性组织，也是学生的一个政治性组织。

我国《高等教育法》第 57 条规定："高等学校的学生，可以在校内组织学生团体。学生团体在法律法规规定的范围内活动"，这是学生会成立的直接法律依据。2005 年颁发的新的《普通高等学校学生管理规定》在第四章"校园秩序与课外活动"中对学生组织团体也进行了规定，该《规定》第 44 条第 1 款规定："学生可以在校内组织、参加学生团体。"这为学生会的成立提供了教育行政部门规章的支持。

因此，依据我国现行的法律法规的规定，高校成立学生会是有法律依据的，任何组织、个人都不得非法干涉与阻碍学生会的成立。

（二）高校学生会组织的特点

正如有学者所言：中国高校学生会的久远历史，以及机构设置、规章制度等内部系统的成熟性，造成学生会成员对组织本身的固有传统继承较多，开拓创新较少；学生会组织成立的原始动力——报效祖国，决定着学生会成员从来都不仅仅从自身出发考虑问题，而是从整个国家、社会的大局出发来综合考虑问题；学生会组织"自治"（学生自我教育、自我服务、自我管理）与"他治"（自觉接受党组织的领导和团组织的指导）兼有的性质特点和"纽带"（桥梁）特征，使学生会成员已经习惯从两个维度、两个方向、两个整体来思考问题，并努力在上情下达、下情上传中最大化地使广大同学意见和校方意见统一起来。（张立驰，2005）学生会作为学生的群众性组织，不仅有服务同学的责任，更有协助校方的义务。

但从我国高校学生会的现实运作来看，其隶属于学校行政工作，不是一个学生自治组织，它只是协助校方进行学生管理的辅助性机构，只是团委的工作助手，而不是学生绝对利益的代言人。这种属性直接导致了高校学生会在工作中存在着诸多的问题，高校学生会的"官方"味越来越浓，其学生群众性自治组织的性质没能得到充分体现，并没有真正地担当与发挥其作为学生利益代言人的角色与职能。具体来讲，存在着"高校学生会组织活动缺乏针对性、广泛性和实效性；高校学生会职能没有得到应有的发挥；学生会干部工作热情缺乏持久性，创新精神和能力没有得到激发与培养；学生会干部服务意识不同程度地缺失，存在官僚作风"（郜思，黄金晶，2007）等问题，甚至有学者更是指出"大学的团委和学生会，早已成为高校的藏污纳垢之地。"（李雅婷，2011）

高校学生会上述问题的普遍存在，既与人们对高校学生会特点认识不明有关，又与学生会组织的性质及其法律地位有关，更与高校学生会职能的模糊和其权利与义务定性不清楚有关。这些问题的解决在一定层面有助于我们加深对高校学生会的全面认识。

一般来讲，高校学生会被定义为"受团组织领导的学生组织"，作为一个"学生组织"，它与其他组织有什么区别呢？我们认为，学生会与其他组织相比，具有如下特点。

第一，非营利性。学生会组织目标是以为学生学习和生活提供服务，其活动不以营利性为目的，活动过程中也很少牵扯到经济活动。组织活动方式也和政府机构的运作方式有着很大的区别，学生会的成员参加活动没有物质报酬，其举办的活动具有公益性和互益性。学生会是一个非营利且无财产的组织，所有的活动经费也都是靠别的团体资助的。

第二，自治性。我国高校学生会是接受校党委领导和校团委指导的学生自治组织，应保持一定的学生自治性和较强的学生服务导向。但是，这里的自主性不是完全脱离党委领导和校团委指导的绝对自主性，学生会活动的导向性较强，自主性有限。学生会在服务同学、维护同学具体利益的同时，积极配合共青团的中心工作，在广大同学中宣传、贯彻党的路线方针政策，学生会的重大活动往往与某段时间内党政工作中心和团的工作重点相互响应。

第三，社会意义性。学生会的有关活动一般具备主观上的社会现实意义，并通过活动的开展来实现活动的现实意义。其活动的开展可以表述为以下过程：设定主题—把主题（意义）融入活动—活动开展—释放意义达到实际教育效果。学生会活动注重的是对全体的引导。

第四，非政府性。高校学生会从其成员组成、选任，及对成员的限制来看，应属社团性质。学生会既然应该是学生社团，那么他就应该代表学生的利益，而不应该是学校的利益。独立的、自治的学生会应该代表一种对学校追求利益的限制，限制其逐利不会造成弱势的学生利益的损失。学校的权力与学生会的限制之间的张力，才是学校在对待学生利益中达致公正的必需，也才是学校政策得以被自愿信仰而不是学生基于服从的习惯或者自利而选择被迫服从。西方大学里也有这种团体，跟学校行政根本没有关系，是大家发挥组织才能，为学生利益服务的。我们认为，学生会应该像工会代表工人利益一样是学生利益的代表，它的地位应当与学校管理机构平等，学校以及其他组织如有影响学生生活学习的重大措施应当与学生会商量讨论。

第五，服务性。"在西方大学校园里，学生的事全部由学生会组织和管理，学生会由学生选举产生，对学生负责。学生会代表学生与学校行政部门商讨有关事宜、组织各种各样的联谊会和旅游活动、帮助学校组织人才交流会及企业来校宣传会等。"（刘丽琼，2002）比如，斯坦福大学学生自治会自行经营餐厅与书店，定期举办电影欣赏会，寒暑假办理包机业务，整理若干重要讲演和大班级授课的讲稿出售等等。根据西方大学的演进历史，学生会的存在是为了在教师与校方之间，争取学生的权益，它带有强烈的民间色彩。只有如此，才能发挥学生会"来自于群众、服务于群众、与群众紧密相连的"服务特性。

（三）高校学生会的法律地位及其权利与义务

高校学生会的法律地位是指高校学生会作为一种社会组织与它所处的社会环境所构成的一系列社会关系，是指它在国家政治、经济与社会生活中所占有的位置。高校学生会的法律地位是学生会的政治、经济和社会地位在国家法律中的反映。作为学生的自治组织，归根到底，高校学生会的法律地位是由学生的地位所决定的。具体而言，高校学生会的法律地位主要表现在以下几个方面。

1. 高校学生会的组织性质

从高校学生会的组织性质来看，学生会是学生自己的群众组织，在党组织的领导和团组织的指导帮助下，依照法律、校规章制度和各自的章程，独立自主地开展工作。《中华全国学生联合会章程》第1条规定："中华全国学生联合会是中国共产党领导下的中国高等学校学生会、研究生会和中等学校学生会的联合组织。"也就是说，高校学生会在党委的领导与团组织的指导和帮助下，独立地开展工作。从这个角度来讲，高校学生会更像是一个非营利性组织。非营利性组织的一般定义是指不以营利为目的，主要开展志愿性的公益或互益活动的非政府的社会组织。非营利性组织的基本属性包括三个方面：其一，非营利性，是非营利性组织区别于企业的根本属性，企业千差万别，但都是以获取利润为目的。其二，非政府性，非政府性是非营利性组织的第二个基本属性，也是区别于政府的根本属性，相对于企业来说，非营利性组织都属于社会公共部门，这是它们的共性，但是非营利性组织和政府不同，它们不是政府机构或其附属部分，而是非政府的社会组织。其三，志愿公益性或互益性是非营利性组织的第三个基本属性，也是非营利性组织最具特征的一个基本属性，非营利性组织的内在驱动力不是利润动机，也不是权力原则，而是以志愿精神为背景的利他主义和互助主义。

如前所述，高校学生会具有非政府性、非营利性等的特点，这也决定了高校学生会应该是一个非营利组织，其根本宗旨是为学生服务的。

而且，《中华全国学生联合会章程》第2条也明确规定：高校学生会"（二）……促进同学之间、同学与教职员工之间的团结，协助学校建设良好的教学秩序和学习、生活环境；（三）组织同学开展勤工助学、校园公益劳动等自我服务活动，协助学校解决同学在学习生活中遇到的实际问题"。因此，我们认为，高校学生会的组织性质是在党委领导与团组织指导帮助下的学生自主的非营利性组织。

2. 高校学生会与高校的关系

高校学生会和高校之间的关系是多重的，如果从法律的角度来分析的话，就是高校事业单位法人和高校学生会的关系。首先，高校是学生会存在的基础。没有学校的建立，该学校的学生会也没有建立和存在的可能性与必要性。其次，学校和学生会具有不同的利益目的。高校学生会的作用是"沟通学校党政与广大同学的联系，通过学校各种正常渠道，反映同学的建议、意见和要求，参与涉及学生的学校事务的民主管理、维护同学的正当权益。"是为了更好地维护学生的利益，其存在不但有利于学生，而且也使学校和学生可以处于良性互动的关系之中，所以最终也有利于学校的发展，因此学校在涉及学生利益的问题上，应当听取学生会的意见。在学校的经营活动中，学生会以其独立的地位和学生利益的主要代表者、维护者的身份，对涉及学生权益的诸多问题，有权利提出意见和建议，协助、监督有关方面认真、及时地解决。因此，我们认为，高校学生会与高校不存在隶属关系，高校学生会的法律地位独立于高校。

但是，在我国现行的法律法规中，却存在着不确定性，以至于高校学生会的官僚化、行政化日益严重，这些条款需要进行重新的修订。如《高等教育法》第57条规定："高等学校的学生，可以在校内组织学生团体。……服从学校的领导和管理。"2005年颁布的《普通高等学校学生管理规定》第44条规定："学生可以在校内组织、参加学生团体。学生成立团体，应当按学校有关规定提出书面申请，报学校批准。学生团体应当在宪法、法律、法规和学校管理制度范围内活动，接受学校的领导和管理。"其实，这种规定助长了高校学生会的官僚化作风，使高校学生会成了学校的一个附属机构，使其职能的发挥受限，而且更多地偏重于学校的利益，从而忽视了其作为学生整体利益代表者的角色。一个真正的学生组织，必然是以一个合理的程序，经全体学生民主选举产生并受到监督的组织，它按照大多数学生的意志行事，并尊重和保护其余少数学生的利益，是学生们的代言人。

3. 高校学生会与学生的关系

作为高校学生的群众组织，应该使学生会干部都认识到，自己的角色依然是学生，而不是通常意义上的管理者，他们来自于学生，又要接受全体同学的监督。虽然他们手中的权力是党委、团组织授予的，但是也不能忘记自己的学生身份。我们应该创造条件让普通学生参与到学生会干部的选任、罢免、奖惩等各项监督工作中去，给其充分的发言权和适当的决定权，以此密切学生会干部与学生群众的关系，阻止学生会组织脱离群众的官僚化倾向。

4. 高校学生会的权利与义务

高校学生会的法律地位是通过高校学生会在法律关系中的权利和义务关

系体现出来的。在现有的法律法规中，并没有明确地载明高校学生会权利与义务的内容。但从相关的条款中，我们可以透视到类似于高校学生会义务的说法，而对权利的规定没有涉及。

《中华全国学生联合会章程》第 15 条明确规定：学生会的基本任务是"（一）遵循和贯彻党的教育方针，组织同学开展学习、科技、文体、社会实践、志愿服务等多种活动，促进同学全面发展；（二）维护校规校纪，倡导良好的校风、学风，促进同学之间、同学与教职员工之间的团结，协助学校建设良好的教学秩序和学习、生活环境；（三）组织同学开展勤工助学、校园公益劳动等自我服务活动，协助学校解决同学在学习和生活中遇到的实际问题；（四）沟通学校党政与广大同学的联系，通过学校各种正常渠道，反映同学的建议、意见和要求，参与涉及学生的学校事务的民主管理，维护同学的正当权益。"我们认为，学生会的基本任务，其实质上就是学生会的义务与责任，是对学生会义务的规定。

从应然层面来讲，作为学生自治组织的学生会，其权利可以概括为：建议权；参与权；知情权；自治权；程序保障权以及救济权等。

总而言之，高校和学生的根本利益是一致的，作为两者之间纽带的学生会必须切实担负起表达和维护学生利益的任务，体现以学生为中心，服务学生的新型性质。但学生会组织在内部因素和外部因素共同作用的运行机制中，外部因素（如团委的指导意见）往往起主导作用的潜性运行机制和部分高校逐渐把学生会作为团组织的下级准行政单位，造成学生会成员心态上"对上负责"（对校方）优于"对下负责"（广大学生），层级观念高于民主精神，社会化程度（共性）高于个性特征，从而造成近年来学生会在学生中威望和影响力的下降。（张立驰，2005）基于我们的分析，要改变这种现状，需要明确地定位学生会的法律地位，理顺学生会与高校中诸多利益主体的法律关系，从而避免高校学生会工作的"泛行政化"色彩。

第三节　高等学校与学生关系的法律治理机制

从一般意义上来讲，在大学与学生的关系中，大学处于强势地位，学生处于弱势地位，因此，高校与学生关系的法律治理机制的核心是对学生的权利进行合法地配置，并确保学生的权利能够得到合法化的行使，尤其是当学生的权益受到损害时，必须要有畅通的法律救济渠道。而作为高等学校，应树立学生权利本位的法律理念，尽力提供各种条件保障学生受教育权的正常行使。

一、赋予高等学校学生自治权是高等学校法治化进程中的必然选择

随着我国教育法治化进程的加快，"以权治校"、"依政策治校"已是历史的术语，高校只有依法治校，才能跟上时代的步伐、与时俱进，方能肩负起教育强国的历史使命。所谓依法治校，顾名思义，就是依据法律来治理学校，体现"有法可依、有法必依、执法必严、违法必究"的教育法治要求，促进学校教育事业的可持续发展，实现学校办学的制度化、绩效化、程序化、效率化。从依法治教的主体来看，涉及行政机关、学校、教师、学生等多个法律主体。但长期以来，学生作为高校的成员，其法律主体地位受到了藐视，高校与学生的法律关系受"特别权力关系"的影响与支配，学生的地位相当于医院的病人、精神病院的精神患者、监狱的犯人一样，受到了严格的监管和控制，是"物"不是"人"，是客体，是教育的对象，基本上没有任何权利可言。

一般来讲，特别权力关系理论起源于德国，后在大陆法系国家得以广泛传播，并对我国近代法制建设产生了深刻影响。按照大陆法系特别权力关系理论，学校是依照公法而设立的公务法人；是国家行政主体为了特定目标而设立的服务性机构；具有一定的公权力，具有独立的管理机构及法律人格，能够独立承担法律责任；学校与利用者之间的关系是"特别权力关系"。在特别法律关系中，"当事人地位不平等；义务不确定，属权力服从关系；有特别规则，约束相对人且无须法律授权；有惩戒罚；不得争诉，有关特别权力关系事项，既不能提起民事诉讼，也不能以行政诉讼为救济手段"，（劳凯声，2002）[100]这些规定实际上赋予学校很大的自由裁量权，学校可以直接根据自己的管理需要，发布规章或指示命令，安排和规范这种关系，不受法律的约束。学校与相对人的关系是不对等的管教服从的关系，相对人对学校的管教应表示遵守和服从，且当相对人的权益受到侵害时，只能通过向学校

的上级机关申诉的途径予以救济，而不能利用普通法律救济渠道寻求法律救济。对于深受大陆法系影响的我国，虽然无明确的特别权力关系的概念，但具有特别权力关系特征的管理关系却在公法内实际地存在着。由于受大陆法系行政法理论的影响，在我国《行政法》、《行政诉讼法》甚至《教育法》中都排除了司法对其内部事务的审查。《行政诉讼法》第 12 条规定，人民法院不受理公民、法人或者其他组织关于行政机关对其工作人员的奖惩、任免等决定所提起的诉讼；《教育法》第 42 条第 4 项规定：学生"对学校给予的处分不服的向有关部门提出申诉。"但这些规定都尽量地回避司法介入，而竭力主张通过行政内部的救济渠道化解纠纷。（陈鹏，2004）归根结底，特别权力关系的"特别"之处有二：一是排除法律保留原则，二是剥夺权利救济手段。显然，由于特别权力关系排除司法审查与救济，有悖于宪政理论和现代法制观念，人们在对特别权力关系提出质疑之际，也在不断地修正特别权力关系，特别权力关系范围不断缩小，基本人权保障原则、法律保留原则、司法最终原则等逐渐适用于特别权力关系，力求使其更加符合法治精神。

其实，中世纪大学产生之初，大学就是教师和学生的自治社团，有"先生大学"与"学生大学"。大学拥有广泛的自治权，而学生作为高校的成员，也拥有学生自治权，不但自主地决定大学的组织，而且自治地经营大学，可以说是一种自主、自律的自治组织。中世纪大学之所以能够取得自治权，与中世纪时代没有强大而统一的国家权力存在有着密切的关联，加之各种行政组织与司法制度均不完备，个人为求保障自身的安全或利益，往往加入各种团体或行会，因而赋予此类团体广泛的自治权。甚至在当时，君主为了获取大学、学生所能提供的有用的服务及具有稀少性价值的学问和知识，往往赋予大学、学生若干"特权"并给予保障。（周志宏，1989）[9-10] 然而，从 17 世纪到 20 世纪上半叶，高校学生自主权处于滞后、真空状态，高等学校的管理权力逐渐落入教会、政府、教授、校外人士的手中。但 20 世纪上半叶以来，高校学生自治权又有了新的发展。

20 世纪 60 年代以来，学生权力在世界各国大学中的作用迅速扩大，从选拔校长到决定与学生有关的事务，学生都能广泛参与。美国一些大学选拔校长的遴选委员会里有学生代表；日本大学里学生自治会和研究生会是学部"三权"之一，在涉及学生利益的学部事务上不仅拥有参与权，而且有着相当的影响力。（陈玉琨，戚业国，1999）萨耳多瓦在 1951 年法律上认可大学自治和学生参与大学管理权。洪都拉斯在 1957 年通过宪法，在高校建立代表管理制度，大学生团体可拥有 50% 的代表权。法国在 1968 年"五月风暴"后颁布《高等教育方向法》（也称福尔法案），制定自治和民主参与的大学教育方针，在法国大学的主要权力机构校务委员会中有学生的代表，学生权力发挥着重要的作用。在德国，无论是校务委员会还是系务委员会，学生代表都有规定的比例，根据 1978 年州议会所通过的高校法，德国的格廷根大学管理委员会是由选举出来的委员所组成的，教授、学生、科教辅助人员和从事技术与管理工作的人员的比例是 7：2：2：2。在加拿大，1992 年大学生联盟发表《学生权利宣言》，提出参与大学管理和课程评估制定的要求。（张永庆，2005）[42-44]

与此同时，高校学生自治权也逐渐形成世界共识。如 1988 年，联合国公布《利马宣言》主张学术公民一律享有平等的地位。宣言共有 19 条，其中第 9 条和第 10 条明确规定学生享有的自由权利，特别是宣言最后一条主张：高等教育机构的自治应通过自我管理这一民主手段来实现，其中包括各个学术团体所有成员的积极参与。所有学术团体成员都应有不受任何形式不公平待遇而加入学术活动和行政事务的权利和机会。所有高等教育机构的管理委员会都应自由选举产生并应有不同的学术团体的成员参加。自治应该包括有关行政的决策以及制定教育、研究、附属部门、资源分配以及其他相关活动的方针。（张永庆，2005）[31-32]

在我国，真正倡导和践行学生自治始于"五四"运动以后，从留美归来的学生极力提倡学生自治，形成了影响较大的自动主义教育思潮，采用学生自治会的美国模式，"美国学校中，学生自治制是其教育上最重要的特色之一。为了让学生在学校生活中体验和训练共和国民的生活，训练民主自治的能力和观念，美国学校往往模拟社会的方式，将学校视作一个小型的共和国，从学生中选出种种职员，按立法、司法、行政三权分立制度设立管理机构，或把一个学校视作一个市，配置各种职务者，有所谓学生州、学生市等市政机关和商店、农庄、新闻、工厂等社会部门，让学生自己来治理，参与各种公民生活，在这个过程中熟悉社会，训练学生做公民的职责和培养勤勉节俭自制独立的良好习惯。"（张雪蓉，2006）继而各种杂志、学校都纷纷介绍和实践学生自治制度。在此基础上，1920 年第六届全国教育会联合会通过《学生自治纲要》，该议案称：共和国教育，应养成全国学生人人有共和国国民之资格为基本，而欲养成学生共和国民资格，各学校就必须实施学生自治，学生自治可以发展青年天赋、能养成其互助的习惯。法案提出学生自治纲要五条：（1）自治，系教育陶冶，与实施政治有别；（2）以公民教育之精神，练习自治，得采分区制度；（3）学生自治权限，视学校性质，及学生之年龄与程度，由校长酌定之；（4）学校职教员，应设自治指导委员会，负指导学生之责；（5）除学校行政外，均得由学生根据校长所授予之权限，定相当之办法，由指导员会通过施行。（中国教育事典编委会，1994）[970]

新中国成立以后，所有的大学都收归国有，学校是政府的附属机构，教师是国家干部，学生也是统招统分的"准干部"，因此，也就无所谓自治问题。改革开放以来，在政事分开改革的推动下，扩大与落实高等学校办学自主权成为近 30 年高等教育改革与发展中的主旋律，人们也开始重新审视学生自治问题。比如我国《教育法》对受教育者的权利进行了较为全面地规定，我国《教育法》第 42 条规定："受教育者享有下列基本权利：（一）参加教育教学计划安排的各种活动，使用教育教学设施、设备、图书资料；（二）按照国家有关规定获得奖学金、贷学金、助学金；（三）在学业成绩和品行上获得公正评价，完成规定的学业后获得相应的学业证书、学位证书；（四）对学校给予的处分不服向有关部门提出申诉，对学校、教师侵犯其人身权、财产权等合法权益，提出申诉或依法提起诉讼；（五）法律、法规规定的其他权利。"同时，2005 年教育部颁发的《普通高等学校学生管理规定》第 5 条规定："学生在校期间依法享有下列权利：（一）参加学校教育教学计划安排的各项活动，使用学校提供的教育教学资源；（二）参加社会服务、勤工助学，在校内组织、参加学生团体及文娱体育等活动；（三）申请奖学金、助学金及助学贷款；（四）在思想品德、学业成绩等方面获得公正评价，完成学校规定学业后获得相应的学历证书、学位证书；（五）对学校给予的处分或者处理有异议，向学校或者教育行政部门提出申诉；对学校、教职员工侵犯其人身权、财产权等合法权益，提出申诉或者依法提起诉讼；（六）法律、法规规定的其他权利。"通过二者的比较发现，2005 年教育部颁发的《普通高等学校学生管理规定》中对学生权利的规定多了一项"参加社会服务、勤工助学，在校内组织、参加学生团体及文娱体育等活动"权利，其实这项权利在我国《高等教育法》第 56、57 条中有明确的规定，所以不存在部门规章增设权利、滥用职权以及部门规章与上位法律相冲突的说法。上述权利都是学生作为接受教育公民的身份所拥有的权利，带有一定的自主性质，但真正在实践中要得到充分地践行还存在着诸多困难和矛盾。2010 年 7 月 29 日中共中央、国务院颁布的《国家中长期教育改革和发展规划纲要（2010—2020 年)》第 40 条 "完善中国特色现代大学制度"中，明确指出要 "加强学生代表大会建设，发挥群众团体的作用"，可见，建立健全学生代表大会制度，对中国特色现代大学制度的建构起着举足轻重的作用，也对学生自治权的完善提供了制度性的保障。但总体来讲，我国《教育法》、《高等教育法》没有涉及学生参与管理学校事务的问题，更多的是强调学生应服从学校的管理。有关学生参与学校管理只在《普通高等学校学生管理规定》中有两条柔性表述，即 "鼓励学生对学校工作提出批评和建议，支持学生参与学校的民主管理。学生对国家政务和社会事务的意见与建议，学校应负责向上级组织和有关部门反映"。"学生对有关切身利益的问题，应通过正常渠道积极向学校和当地政府反映"。因此，从我国高等学校内部治理的现状看，高校学生参政尚无制度支撑，学生自治还没有直接而明确的法律依据，学生代表大会在学习事务及其与自身权益相关的领域亦无充分的话语权，学生代表大会作为学生组织，也无法起到预防行政权力、学术权力对学生受教育权的非法损害，显然，高等学校学生自治权缺乏法律来源，也就无法律保障。

二、大学生的权利配置

在教育领域中，大学生具有双重身份：他们首先是国家的公民，同时也是在高等学校接受教育的公民。这种身份决定了他们享有权利的特殊性。作为国家公民，他们享有宪法规定的作为公民应享有的权利，如受教育权、获得物质帮助权、身份自由权、人格尊严权、批评、建议、申诉、控告和取得赔偿权、言论、出版、集会、结社、游行、示威的自由权、婚姻自由权等；作为在高等学校接受教育的公民，大学生享有的主要是受教育权。大学生的受教育权作为一项法定权利，指的是大学生在接受高等教育过程中，基于学籍的取得，由国家通过法律授予学生的一种特定利益、资格、主张或自由，即法律文本性的权利，具有强制力的保证。也有的学者认为，"高校学生权力的内涵可以从两个方面进行分析：首先，作为公民的高校学生，必然享有最基本的人权，即生存权、财产权、自由权、平等权和发展权。其次，从市场经济的角度，学生是教育消费者，必然享有现代消费者的权益。'知情权、选择权和监督权，是现代消费者权益的重要组成部分'，也是学生权力的重要组成部分。"（秦毅，2004）但是，学生权利与公民权利有别，大学必须区分学生与公民的两种身份，不能对学生的公民权利予以限制或剥夺，大学生的身份不能妨碍作为公民所享有的权利。对于学生基于公民身份所享有的各种权利，大学无权制定限制规则，学生作为公民受宪法基本人权的保障。

在此，我们着重就大学生作为接受教育的公民层面来探讨大学生的受教育权。目前对学生权利有关"列举式"的规定的教育法律法规、规章有 1995 年的《教育法》与 2005 年教育部颁布的《普通高等学校学生管理规定》。

通过对二者的比较，我们可以看出，2005 年教育部颁发的《普通高等学校学生管理规定》中对学生权利的规定多了一项"参加社会服务、勤工助学，在校内组织、参加学生团体及文娱体育等活动"权利，其实这项权利在我国《高等教育法》第 56、57 条中有明确的规定，所以不存在部门规章增设权利、滥用职权以及部门规章与上位法律相冲突的说法。

在上述权利中，除了"对学校给予的处分不服向有关部门提出申诉，对学校、教师侵犯其人身权、财产权等合法权益，提出申诉或依法提起诉讼"属于程序性权利以外，其他的都属于实体性的权利。

在中国，由于学生"拥有非常广泛的权利"，要穷尽学生权利的类型几乎是不可能。（褚宏启，2000）学生权利是一个非闭合的概念，它还在不断发展中。面对新的形势与要求，诸如高等教育大众化的发展、大学生利益的多元需求、高校学生消费观念的确立，大学生的权利是否有新的发展呢？答案是肯定的。

在西方，学生的权利也存在一个外延不断发展与更新的扩张性过程。如在英国，在新的形势下，学生实际拥有了两种新的权利：选择学校权与对特殊教育需求予以平等保护权，除此还有生命权和人身安全权、平等和不受歧视权、言论自由权、程序救济权。在美国，学生权利主要包括表达自由、受教育权、教育机会平等、人身安全权、正当程序权、不受非法搜查或逮捕。

在中国，除了上述所列举的"设施享用权、获取物质保障权、获得公正评价与相应证书权、申请法律救济权、参与社会权、法定的其他权"以外，还应当增加有限的学习自由权、有限的校务参与权、有限自治权等内容。

（一）有限的学习自由权

简单地讲，学习自由是学生可以自由地学习感兴趣的学科，可形成他们自己的论断和发表他们自己的意见。学习自由作为一项独立的权利是否受宪法学术自由的保护，仍存在着争议。一种观点认为，学习自由是学术自由的独立构成部分，大学生只要是自我负责地从事学术活动，也是学术自由的权利主体。另一种观点认为，学习自由的法理基础不是来源于宪法学术自由条款，而是宪法受教育权条款，因为学习与学术不同，学习自由无法视为学术自由的组成部分，实际上，学生的学习自由来源于受教育权中的教育选择权。（董保城，1997）[189]其实，自由权作为各国宪法权利及世界基本人权之一，也是高校学生自治权确立的重要法理基础。"从某种意义上讲，自由权是作为人的一项基础性权利，如果失去了自由，其他权利很难获得。自由权是平等权的基础，没有自由权，就没有平等权；享有平等权，必然有自由权。"（张文山 等，2005）[10]因此，大学生享有学习自由权是实现学生学习平等权的基本保障，但对于大学生来说，学习自由是有限的，正如孟德斯鸠指出的那样："自由是做法律所许可的一切事情的权利；如果一个公民能够做法律所禁止的事，他就不再自由了，因为其他的人也同样会有这个权利。"（孟德斯鸠，1961）[154]而且洛克也指出："自由并非像罗伯特菲尔麦爵士所告诉我们的那样：'个人乐意怎样做就怎样做，高兴怎样生活就怎样生活，而不受任何法律束缚的那样自由'"。（洛克，1964）[16]所以，任何自由都是有边界的，不可能是无限度的。从教育法律层面来看，学习自由既不同于受教育权，也不是完全意义上的学习自由，其法理基础主要是受教育权条款。即使保障大学生的学习自由，是大学所必须负起的责任，也能对于学习自由予以无限上纲的保障，否则反而会损及学习自由所赖以维系的学术自由，进而斥伤大学自治的精神，也不能真正保障学习自由。（何子伦，1990）具体来讲，学习自由应该包括以下方面的内容：其一，选择适合自己发展的学校、院系的自由。其二，选择学科、专业的自由。其三，选课的自由，这一权利的保障最基本的是必须建立在有足够多的课程选择的基础上，比如哈佛大学每年能够提供的可选择的课程至少在 2 万门以上。近年来，我国各高校大力实施人文素质教育，比如"2+2"人才培养模式、元培计划、震旦学院等，首先按照大类培养，提供给学生可选择的课程，培养学生的科学、人文素养。但总体来讲，还仍显滞后与不足，因为学校所提供的可供学生选择的课程实在是太有限了。其四，上课的自由，其实质上是对教师的选择。其五，选择学习场所的自由，即在终身教育的时代，根据自己所处的不同情况在不同教育形式之间自由流动的权利，不能拘泥于某一个场所或环境。其五，参与讨论与表达意见的自由，表现为质疑教师观点或教材内容，免于任何精神或肉体处罚以及不公正评价或对待的自由。其六，参与讨论、决策一切自己学习事务的自由，也就是说，学生有权参与入学、转学、评价、奖惩、课程改革、教育改革等一切和自己利益相关的内容。

（二）有限的校务参与权

在世界范围，学生参与高等学校内部的管理事务已经成为很多国家共同的制度，只不过学生参与的程度和方式在不同的国家、地区，基于不同的历史、不同的学校体制而有所差异。如大陆法系国家实行校长和委员会（评议会）共同管理学校的体制，学校各个层次的人员都有代表参与委员会，包括学生代表，学生通过自己选举的代表在各个委员会中占有席位，学生通过他们的代表在委员会行使表决权参与校务管理，体现了"效率和民主"相结合的管理理念。同时，在起决策作用的管理委员会或者评议会中，学生代表的比例一般和教师、研究人员代表接近。正如珀森斯和沃勒斯坦认为，在大学组织结构中，必须给学生以学院或大学的成员地位，成员的身份就构成了学术界的"公民"地位。学生被接受进入学术团体，除了起到课外活动的学生自治体的作用外，应积极提倡学术事务方面的"参与民主"，所有与学生有重要关系的决策都应该征求学生意见。学生在确定课程和教师任命、晋升、解雇方面拥有一定程度的发言权。（布鲁贝克，2002）[41-42]

在我国，随着高等教育事业发展进入大众化阶段以来，生源的竞争变得激烈起来，这必然要求大学注重学生的地位和需求，学生代表在学校事务中也理应有更多的参与决策的机会。高等学校学生的参与权具有自主性、有效性与有限性的特性。2005 年教育部颁布的《普通高等学校学生管理规定》

第41条规定："学校应当建立和完善学生参与民主管理的组织形式，支持和保障学生依法参与学校民主管理。"而且，我国各级各类学校都有学生会以及各形各色的学生社团，学生会及学生社团作为学生组织，代表学生利益参与学校事务。学生社会是经有关部门批准，自发组织、自愿组成的、自我管理、自我教育、自我服务的业余性学生群体性组织，目的是活跃学校的学习气象，提高学生自己管理自己的能力，丰富学生的课余生活，高校学生组建、参加社团的行为是其行使公民结社权的充分表现，一切干涉、阻碍、破坏学生行使结社权的行为都是侵犯其政治权利的行为，要承担相应的法律责任。但学生社团一般没有按照《社会团体登记管理条例》的规定进行登记，因此，学生社团只能在高校范围内进行活动，高校作为学生社团的管理者，与学生社团之间构成一种公法性质的法律关系。然而在实践层面，这些组织基本上成了半行政性组织，并没有成为学生依法参与学校民主管理的渠道。我们认为，大学生享有参与大学事务的权利，但学生参与学校事务管理应当是有限的，其判断的标准就是相关、能力、责任原则。从相关原则来看，学生参与的事务必须与其自身利益密切相关，否则就会导致没有主见、无原则的决策。一般来讲，学生适宜参与的事项有：对于教师教学效果的评价、学术活动设施的管理、针对学生的处理决定、高校内部规则的制定等，其参与的方式可以有直接参与式、咨询交涉式、恳谈会和协议会等形式。从能力原则来看，高校学生基本都已进入成年，是完全民事行为能力的人，但由于高校管理事务具有复杂性、专业性、学术性等特点，学生在经验和学识等方面的能力依然处于成长阶段，因此难免在有些事务方面因为存在能力不足而导致参与校务出现无意义状态。从责任原则来看，参与学校决策事务的学生必须是学生利益的代言人，在学生群体中具有广泛的群众基础，能够代表学生，而且对所参与的事务有责任承担所引起的法律后果。

（三）有限自治权

科恩指出，自主是自治作为一种道德理想时的用语。auto 意思是自我，nomos 意思是法律；au-to-nomy 就是有理性的人给自己规定法律的理想境界。如果支配社会成员的规则不是来自他们的参与，而是来自外部或内部某种专制的力量强加于他们的，社会的道德品质必然受损，即使外加的决定是准确的。……理想的是指导与控制均来自内部，由自己做主的。（科恩，

2005)[273-274]学生的自治即为学生有建立和参与学生自治团体的权利。我国著名的教育家陶行知早在1919年就提出"学生自治"的思想。他说："今日的学生就是将来的公民，将来所需要的公民，即今日所应当养成的学生。专制国所需的公民，是要他们有被统治的习惯；共和国所需要的公民，是要他们有共同自治的能力。中国既号称共和国，当然要有能够共同自治的公民。想有能够共同自治的公民，必先有能够共同自治的学生。所以从我们的国体上看来，我们的学校一定要养成学生共同自治的能力，否则不应算为共和国的学校。"而且他进一步说："我们既要能自治的公民，又要能自治的学生，就不得不问问究竟如何可以养成这般公民学生。……养成服从的人民，必须用专制的方法；养成共和的人民，必须用自治的方法。"（江苏省陶行知教育思想研究所，南京晓庄师范陶行知研究所，1991)[78]但是，"学生自治不是自由行动，乃是共同治理；不是打消规则，乃是大家立法守法；不是放任，不是和学校宣布独立，乃是练习自治的道理。"（陶行知，1996)[21]同时，作为学生自治的团体，应该在法律、法规规定的范围内活动，是一种有限的自治，"学生自治如同地方自治。地方自治之权，出于中央；学生自治之权，出自学校。所以学生自治，虽然可以由学生发动，但是学校认可一层，似乎也是应有的手续。"（陶行知，1991)[140]这也充分地表明，作为一种有限的自治权，在行使过程中也要体现其正当性和合法性，"大凡团体都有一种特别的势力，这种势力比个人的大得多。用的正当，就能为公众尽义务；用不得当，就能驱公众争权利。学生自治，是一种团体的组织，所以用得不妥当的时候，也有这种危险。"（陶行知，1991)[136]也就是说，高校学生作为学校中的群体（集团）之一，拥有一定的自治权，但不是没有限度的。"从现在学生与教授、或与行政官僚之权力关系的实际运作情形亦即实然面来看，学生并不可能完全自治，而必然受到某种程度的约制。事实上，纵然从教育的理念或伦理，或从法律规章的约束——亦即应然面来看，无法赋予学生绝对的自由权利，必要受某种的约束限制……总的来说，学生自治只是一个相对的概念。其自主性的程度要看各种并存主导之教育理念矛盾与妥协的程度，也视教授、行政官僚与学生三者之间既存的权力实际分配情形和整个历史背景而定。"（欧阳教，黄政杰，1994)[283]因此，要降低学生自治危险的风险系数，构建起真正维护学生的"防火墙"，对学生自治进行有限的制约，也是权力制约权力制度的充分体现。

显然，高校学生所享有的有限学习自由权、有限校务参与权、有限自治权等权利，使学生在涉及自身利益发展的相关问题上具有了充分的话语权，同时，通过参与学校校务，不仅可以为学生民主意识、自治精神的培养提供场所，也可以为高校治理结构走向权力多元化提供基础。

三、大学生权利的法律救济

在大学生权利配置中，既有实体性的权利，又有程序性的权利。大学生受教育权利的保障，不仅要创造条件促进和保证权利的实现，更应该是当权利受到侵犯后，能够及时地得到适当的补偿。即使实体性权利再完善，如果缺少对程序性权利的规定，那么实体性权利就成为了一种摆设而不具有实际的价值与意义。也就是说，程序性权利规定了人们行使实体性权利的方式、步骤和形式，规定了当人们的实体性权利受到侵害时，可以采取哪些行为以保护其权利，应当在什么时候向什么部门请求对其提供法律保护，等等。在法律制度中，实体法总是通过相应的程序法制度而实施的，实体性权利义务也总是通过程序性权利义务而得到落实。

在西方，大学生的受教育权的程序性保护相对来说较为完善，基于自然正义原则而导出了正当法律程序原则。如美国宪法修正案第 14 条规定："任何州不得未经正当的法律程序而剥夺任何人的生命、自由或财产"。在美国，正当程序包括程序上的正当程序与实体上的正当程序。其中，程序上的正当程序主要包括：告知适用规则；送达书面通知，说明提出的具体指控；及时送达通知并给予足够时间以准备辩护；举行公正的听证。程序性的正当程序要求主要体现在与退学、录取、分数和学位有关的事项上。实体上的正当程序主要包括：适用的规则不得模糊；不得依据非书面的规则进行惩罚；决定应由实质性论据得出的结论予以支持；重要证人的身份予应公开；应受控方要求，应举行公开或私下的听证。实体上的正当程序主要体现在大学生行为规则的制定和纪律处分的实施上。

反观中国大学生受教育权的程序性权利，在《教育法》第 42 条第 4 款中规定，受教育者"对学校给予的处分不服向有关部门提出申诉，对学校、教师侵犯其人身权、财产权等合法权益，提出申诉或依法提起诉讼"，可见申诉权以及基于人身权、财产权受到侵犯后的诉讼权是我国《教育法》确立的一项法定的程序性权利。同时，在新颁布的《普通高等学校学生管理规定》中，从第55条到66条针对高校对学生的处分程序问题，进行了详细的规定，现摘录如下：

"第五十五条　学校对学生的处分，应当做到程序正当、证据充足、依据明确、定性准确、处分恰当。第五十六条　学校在对学生作出处分决定之前，应当听取学生或者其代理人的陈述和申辩。第五十七条　学校对学生作出开除学籍处分决定，应当由校长会议研究决定。第五十八条　学校对学生作出处分，应当出具处分决定书，送交本人。对学生开除学籍的处分决定书报学校所在地省级教育行政部门备案。第五十九条　学校对学生作出的处分决定书应当包括处分和处分事实、理由及依据，并告知学生可以提出申诉及申诉的期限。第六十条　学校应当成立学生申诉处理委员会，受理学生对取消入学资格、退学处理或者违规、违纪处分的申诉。学生申诉处理委员会应当由学校负责人、职能部门负责人、教师代表、学生代表组成。第六十一条　学生对处分决定有异议的，在接到学校处分决定书之日起5个工作日内，可以向学校学生申诉处理委员会提出书面申诉。第六十二条　学生申诉处理委员会对学生提出的申诉进行复查，并在接到书面申诉之日起15个工作日内，作出复查结论并告知申诉人。需要改变原处分决定的，由学生申诉处理委员会提交学校重新研究决定。第六十三条　学生对复查决定有异议的，在接到学校复查决定书之日起15个工作日内，可以向学校所在地省级教育行政部门提出书面申诉。省级教育行政部门在接到学生书面申诉之日起30个工作日内，对申诉人的问题给予处理并答复。第六十四条　从处分决定或者复查决定送交之日起，学生在申诉期内未提出申诉的，学校或者省级教育行政部门不再受理其提出的申诉。第六十五条　被开除学籍的学生，由学校发给学习证明。学生按学校规定期限离校，档案、户口退回其家庭户籍所在地。第六十六条　对学生的奖励、处分材料，学校应当真实完整地归入学校文书档案和本人档案。"

上述部门规章对基于学生对高校处分规定不服而行使的程序性权利，对完善我国学生申诉制度必将起到很大的推动作用，有利于高校法制化进程的加快，使学生受损的权益能够及时地得到救济。该规定对申诉人、申诉条件、受理申诉的机关、申诉程序、申诉时效等都进行了较为详细地规定。然而，该规定也存在着缺憾，一方面该规定的适用范围只是针对高校对学生的纪律处分而言的，是否具有扩张性，并没有明确地进行规定；另一方面如果学生对最终的申诉结果不服，是否可以通过诉讼的途径来救济权利，也没有进一步地规定，这不能说不是一个缺憾。

（一）学生申诉制度

1. 学生申诉制度的涵义

学生申诉制度，是指学生在其合法权益受到侵害时，依照《教育法》及其他法律的规定，向主管的行政机关申诉理由，请求处理的制度。我国《教育法》第 42 条规定，受教育者对学校给予的处分不服向有关部门提出申诉，对学校、教师侵犯其人身权，财产权等合法权益，有权提出申诉或者依法提起诉讼。这就为维护学生的合法权益确立了非诉讼法律救济的制度，也是教育法赋予学生维护自身合法权益的一项民主权利。学生申诉制度具有如下特征。

第一，学生申诉制度是受《教育法》保护的法定的申诉制度，不同于其他意义上的申诉制度。凡是学生认为学校、学校工作人员、教师侵犯其合法权益，均可向学校申诉机构提起申诉，任何阻碍，压制乃至剥夺学生申诉的行为均构成违法行为，应承担相应的法律责任。

第二，学生申诉制度是具有特定性的权利救济制度。学生申诉制度的本质，在于补救学生受损害的合法权益。由于学生特定的身份和在教育教学活动中的地位，决定了当学生的合法权益受到侵害时，其本人既不能采取拒绝履行决定的方式来补救自己，也无权采取强制手段制止或纠正其侵犯行为，因此，《教育法》规定的受教育者申诉的权利，是维护学生这一特定主体合法权益的法律救济保障。

2. 学生申诉的范围

《教育法》对学生申诉范围的规定比较宽。这对维护学生在学校或其他教育机构中的合法权益是十分有利的。依提起申诉的对象和内容可分为如下几种。

第一，学生对学校给予的处分不服的，包括学籍、考试、校规等方面，可以提起申诉。

第二，学生对学校侵犯其合法财产权利的可以提起申诉。例如：对学校违反相关教育法律、法规和规章的规定乱收费的，学生有权申诉。

第三，学生对学校侵犯其人身权利、受教育权的，可以提起申诉。例如，学生对学校在校纪管理中处理不当而侵害了名誉权的，学生有权提出申诉。

第四，学生对教师侵犯其合法财产权利可以提出申诉，例如，学生对教师强迫其购买与教学无关的东西，或以各种名义对学生给予罚款处罚的行为，有权申诉。

第五，学生对教师侵犯其人身权利可以提出申诉。

第六，学生对学校或教师侵犯其知识产权可以提出申诉。例如，教师剽窃学生的著作权、发现权、发明权或其他科技成果权，学校强行将学生的知识产权收归学校等，这不仅侵犯了学生的人身权，同时也侵犯其财产权，学生有权提出申诉。

3. 学生申诉制度中的申诉人和被申诉人

第一，申诉人。学生申诉制度的申诉人，主要包括其合法权益受到侵害的学生本人及其监护人。在这里，监护人可依法律规定产生。如我国《婚姻法》规定，父母、祖父母、外祖父母、兄、姐应为未成年的子女、孙子女、外孙子女、弟、妹的监护人；也可依赖监护人父母的遗嘱委任产生。

第二，被申诉人。学生申诉制度的被申诉人，一般是指学生所在的学校或者其他教育机构、学校工作人员以及教师。这里包含两层含义：一是学生对学校或其他教育机构按照学生管理规定给予的处分不服提出申诉，其被申诉人只限于学校及其他教育机构，而不涉及学校负责人；二是学校、学校工作人员、教师侵犯学生人身权、财产权等合法权益时，作为被申诉人。

目前，我国的学生申诉制度尚处于发育阶段，学生申诉制度中存在着法律规范的申诉范围宽泛、申诉形式模糊、申诉机构不明确、申诉委员会权力限制、申诉程序设计不规范、申诉后的救济制度不完善等问题，亟须规范和完善，有待通过实践逐步建立和完善。

（二）教育行政诉讼的特殊性

司法完全可以介入到高校教育教学管理过程中来，但司法介入应当是有限的，必须为司法介入划定适当的范围。那么如何划定司法介入的范围呢？

基于高等学校民事主体与行政主体的双重身份，高校作为民事主体与学生发生的民事诉讼主要涉及人身权、财产权等，学校行为可以提起诉讼，民事诉讼相对来说较为简单，也容易定性。而高校作为行政主体与学生发生的纠纷，是否适用行政诉讼？如何适用行政诉讼，是当前研究的重点与难点；并且是否在诉讼之前，必须先行进行申诉，高校的哪些行为具有可诉性，哪些行为不具有可诉性，学界进行了诸多的探讨。

关于第一个问题，"是否在诉讼之前，必须先行进行申诉"，即高校的可审查性行为是否当以教育申诉为前设必备条件？

这个应然性的问题其实并非进行司法审查的法官分内之事，而是立法决策的事宜。因为，根据《行政诉讼法》第 37 条第 2 款的规定，唯有法律、法规明确行政复议前置的，法院方不应过早介入。而当前的教育立法，并未有此明文规定。2005 年教育部出台的《普通高等学校学生管理规定》，虽然较之以往更加详细地规定了学生可对惩戒决定向学校"学生申诉处理委员会"提出申诉、可对学校的复查决定向学校所在地省级教育行政部门提出申诉的程序规则，但该文件的性质毕竟属于行政规章而非法律、法规，其也未强制性地把教育申诉作为行政诉讼的前置程序。从穷尽行政救济、发挥学校与教育行政部门在学术判断上的专业知识和能力、减少司法资源的耗费和司法审查有限性可能对学生的不利等角度出发，教育申诉前置或许是未来立法者可取之策，但在相关法律、法规制定或修改之前，法院不应僭越其权限而接受"教育行政纠纷除法律规定可以直接提起诉讼的外，都应先经申诉程序解决"这一与《行政诉讼法》相悖的解释和建议。所以，我们认为，只要高校作出的行为涉及学生行为的改变，在行政诉讼之前，无所谓先行申诉。

关于第二个问题即"高校的哪些行为具有可诉性，哪些行为不具有可诉性"，形成了如下观点。

在德国，主要有基础关系与管理关系理论和重要性理论。

1957 年德国学者乌勒（C. H. Ule）提出基础关系与管理关系理论，他将特别权力关系分成"基础关系"即外部关系与"管理关系"即内部关系。凡是有关该特别权力关系之产生、变更及消亡事项者是为"基础关系"。例如公务员、军人及公立学校学生身份资格的取得、丧失以及降级、撤职及学生的留级等，当事人可以提起诉讼。而"管理关系"是指为了达到行政目的，权力人所做的一切措施。例如学生的作息时间安排、考试考核的评定、宿舍管理规则、学生生活管理等，这些规则与措施应视为行政内部的指示（Innerdienstliche Weisung）不能提起司法救济。（陈新民，2002）[66]乌勒教授的理论贡献在于将对公民权利影响较大的基础关系纳入到了司法审查的范围，有助于保护公民的基本人权。

在乌勒的基础性理论之后，1972 年，德国宪法法院提出"重要性理论"，彻底废弃了特别权力关系理论。规定"对涉及学生及其父母基本权利的重要事项时，立法机关应对教育领域进行调整……教育领域需要法律调整的重要问题包括教育内容、学习目标、专业目录、学校的基本组织结构（学校类型、教育层次、专业设置、父母和学生的参与等），学生的法律地位（入学、毕业、考试、升级）以及纪律措施等"（毛雷尔，2002）[117]。该理论认为，只要涉及公民的基本权利的"重要事项"，不论是秩序行政抑或服务行政，都必须由立法者以立法的方式限制，而不可由权力人自行决定。这一理论突破了基础性理论的局限，不仅是"基础关系"事项应以法律规定，即便是"管理关系"中，凡涉及公民权利的"重要事项"，也都需立法规定。

在国内，近几年对教育行政诉讼问题也进行了研究。有学者认为，高校学生管理行为入讼有三个标准，法院依据其中的一个标准就可以判断某一高校学生管理行为是否具有可诉讼。这三个标准是：第一，被诉高校学生管理行为是否足以改变学生的在学身份。第二，被诉高校学生管理行为是否具有外部性。第三，被诉高校学生管理行为是否对学生的公民基本权益有重大影响。根据以上标准，司法介入高校学生管理纠纷的主要具体事项范围有：违纪处分类行为，学籍处理类行为，学业证书管理类行为，学位管理类行为，招生考录类行为。（程雁雷，2004）

也有学者基于对德国的行政法改革的研究认为，其给我们有两点启示：一是高校在实施自主管理权时，应遵循"法律保留原则"。"法律保留原则"是指对宪法关于公民基本权利的限制等专属立法事项，必须由立法机关通过法律规定，行政机关不得代为规定。行政机关实施任何行政行为都必须有法律授权。否则，其合法性将受到质疑。（程雁雷，2000）"法律保留原则"要求高等学校在制定章程和其他自治规则时，在法律、行政法规、地方性法规、规章没有现行规定的情况下，不能自行设定规则的内容，以限制相对人的权利。高校的章程、其他自治规则不能与国家的法律、法规、地方性法规、规章相冲突。二是凡是有关该特别权力关系之产生、变更及消亡的"基础关系"和涉及公民的基本权利的"重要事项"，学生可以提起司法救济。结合我国教育实际，该学者认为，在有关学生学籍的取得与丧失、学位授予、毕业等严重影响学生生存与发展的重要事项，相对人可依法诉讼，人民法院可依法审查。（陈鹏，2006）[118-119]同时，人民法院在司法审查中，应以程序性审查为主，并辅之以有限的实体审查。（陈鹏，2006）[141]

还有学者认为，能够成为司法审查标的的大学争议包括："第一，学生与大学之间由于招生发生的争议；第二，大学的决定足以对学生重大权益造成损害的争议，如退学、不予授予学位等"。（姚金菊，2007）[339]

我们认为，判断高校行政行为是否具有可诉性，其中最重要的原则应是：如果学生受到的处理决定足以影响其获得或失去作为学校成员这一特定的身份，都应纳入行政诉讼的范畴；而对学校为了达到特定的教育目的而在自己日常的管理中作出的必要安排且没有影响到学生获得或失去其作为学校成员的实质性地位，不适用行政诉讼，而是属于高校自由裁量权范围内的事项，申诉处理机关针对它们的处理决定，应视为终局决定。

在此基础上，由于受根深蒂固的特别权力关系的影响，高校学生自主权的彰显与认识才"刚上路"抑或"在路上"。因此，我们需要摒弃传统的特别权力关系的影响，从法律理念层面保障高校学生学习自由、校务参与等自治权的实现这就要求我国要树立学生权利本位的法律理念。

随着我国教育法制的健全，在号称"走向权利时代"的新世纪，高校与学生的关系开始分化，传统的高校与学生的关系受到了冲击；高校与学生的关系逐渐打破了单一的行政关系格局，开始呈现多样化发展趋势，既有行政关系，也有管理关系与契约关系，更有服务合同关系，这是"学生消费主义"时代的真实写照。当前，"时代本身和当前全世界的教育现状正在再次迫使大学要把学生放在中心位置——为学生服务而不是教师……"，"大学以学生为中心的概念必须得到贯彻，以达到能够影响其物质组织的程度。以此合理目的组织起来的学生自身应该引导大学的内部管理，决定习惯和行为礼仪，实行惩戒措施，肩负起维护风纪的责任。"（加塞特，2001）[70]学生在大学中的地位已经发生变化，不再是单纯的受教育者和大学教育服务的使用者；学生已经有了更多的主动权，成为大学的一分子；学生既是大学产品的使用者，也是大学产品的一部分。（张维迎，2004）[6-8]我们认为，学生作为接受教育的公民，虽然在教育教学活动中具有被动性，但至少他也是具有主观能动性的人、是有发展需要和发展潜能的人、是完整的人，是具有权利能力的人。因此，我们应该摒弃传统的二元对立思维，树立学生权利本位的法律理念，从权利的视角审视高校学生的发展，尊重学生个性，提高学生自治的法律认识，树立学生自治的法律观念，提高学生自治的法律素养，确立学生法律主体地位。一方面，高校在制定相关内部规则时，必须以正义作为制度安排的逻辑起点，正义"存在于社会有机体各个部分间的和谐关系之中。每个公民必须在其所属的地位中尽自己的义务，做与其本性最相适应的事情。"（周辅成，1964）[155] "在现代民主政治下，正义建立在作为规范大厦组成部分的规则、原则和标准的公正性与合理性之上，它关注法律规范和制度安排内容以及它在人类幸福和文明建设中的价值。"（博登海默，1987）[140] 在这种制度安排下，高校学生平等地享有宪法、法律、法规以及章程所赋予的权利（反歧视规则是正义的当然内涵），高校行政主体地位的确立，也并不完全代表学生绝对处于被管理、被支配地位，学生可以其程序或实体权利对抗高校管理权的不当行使。另一方面，高校学生权利本位理念的树立，是自由精神的体现。在法律的框架下，自由是权利与义务的糅合。"法律的目的不是限制自由，而是扩大和保护自由。这是因为，在一切能够接受法律支配的人类状态中，哪里没有法律，哪里就没有自由。"（洛克，1982）[36] 高校学生权利的列举是对权力行使的"警示"，在权利的范围内，权力不得以任何理由、形式非法剥夺或限制，权利是权力的"界限"，权力必须以权利实现为目标与宗旨，因此，高校树立学生权利本位理念，本质上是在经历理性利益权衡后实现的"自我抑制"与"自我主张"动态平衡的结果，在制度规则的规定中最大限度地实现对学生权利的维护。此外，高校自治规则的制定，必须恪守法治之"法律保留"原则和比例原则。所谓法律保留原则，是指对宪法关于公民基本权利的限制等专属立法事项，必须由立法机关通过法律规定，行政机关不得代为规定。行政机关实施任何行政行为必须有法律授权。否则，其合法性将受到质疑。高校作为特殊的行政主体，可以依据法律、行政法规、地方性法规、行政规章制定学校的规章制度，但相应规定必须与上位法的精神相一致，不得以内部规则方式限制、剥夺相对人的基本权利，损害相对人权益。所谓比例原则，或"最小侵害原则"，是指行政主体实施行政行为应兼顾行政目标的实现和保护相对人的权益，在作出行政处罚决定可能对相对人的权益造成某种不利影响时，应将这种不利影响限制在尽可能小的范围内，使"目的"和"手段"之间处于适度的比例。比例原则是拘束行政权力违法的最有效的原则，其在行政法中扮演的角色可比拟为民法中的"诚实信用原则"，是行政法中的"帝王条款"。高校实施行政管理职权时，应当充分考虑目的与管理手段之间的适度比例，不能因小过而重罚，罚过不相当，责过失衡，不能因相对人轻微的过失被秩序维护者剥夺终生的前途。（陈鹏，2010）

第四章

高等学校法人内部治理
结构的目的与价值取向

现代大学制度视野下高校法人内部治理结构的主要任务是解决大学与内部多元利益主体的权利配置与保障问题。不同利益主体的权利配置应在"权利本位"的基础上实现权利保障的法律化，通过法律的调控实现对不同利益主体权利与义务的确认，从而使大学内部不同利益主体的权利配置与保障通过法律的方式与手段达到治理的目标。不同的利益主体与大学构成了不同的法律关系，在不同的法律关系中我们需要审慎地确立各自的权利边界。而无论是何种法律关系，现代大学制度视野下高校法人内部治理结构必须以法律法规以及规章为依据，建立以维权为核心的自由裁量权的平衡机制为现代大学制度法人内部治理结构的目的，以及以学术自由为生命力的法理价值取向。

第一节　高等学校法人内部治理结构的依据

现代大学制度视野下高等学校法人内部治理结构的安排，应当体现合法性，即"法无明文规定者不得为之"的法治精神，这就需要我们寻求高等学校法人内部治理结构的边界，具体表现为：以法律法规为准绳、以大学章程为参照、以高校内部规则为底线。我们认为，要理顺大学内部决策和执行部门的关系，在法律法规的指导下，高校要能有效行使自主权，健全的规章制度是关键与核心，要在各组织机构中，都有明确的组织规则（standing order）、行为细则（by-law）和管理程序（reporting precedures）。（马万华，2004）[119]

一、以法律规定性为准绳

在我国，法律有广义与狭义之分，狭义的法律是指由最高权力机关及其常务委员会制定的一系列规范性文件。广义的法律从其制定主体来看是多元的且有层次的，从而形成了教育法的体系。从纵向层次来看，可以分为：教育法律—教育行政法规—地方性教育法规—自治地方教育法规—教育规章（包括部门规章与政府规章）。在中国，对法律的理解是从广义上认识的。因此，现代大学制度法人内部治理结构的法律来源，也应遵循广义的法律内涵，从多层面来认识现代大学制度法人内部治理结构的依据。

（一）法律法规层面的规定

目前，我国已形成了以教育基本法律——《教育法》为母法，多部单项教育法律为主线，几十部教育行政法规为基础，上百部教育规章相辅的教育法体系。在较为完善的教育法体系中，在"走向权利"与"以权利为本"的世纪中，法律法规对权利主体权益的配置与规定是必不可少的。现代大学制度法人内部治理结构中，不同权利主体的权益获取应该在法律法规中有明确规定，否则是不完善的、不健全的。

有关高校中权利主体的权利配置，在我国《教育法》、《高等教育法》

等法律法规中有明确的规定。尤其是《高等教育法》中对高等学校校长、学术委员会、教职工代表大会的职权作了初步的分工，此外，也对中国共产党在高校中的地位以及行政部门和社会监督的权利作了相应的规范。在《高等教育法》以及《教育法》中也相应地对教师、学生、行政管理、社会监督等方面的权利作出了规范。例如：

《高等教育法》第 39 条规定："国家举办的高等学校实行中国共产党高等学校基层委员会领导下的校长负责制。中国共产党高等学校基层委员会按照中国共产党章程和有关规定，统一领导学校工作，支持校长独立负责地行使职权，其领导职责主要是：执行中国共产党的路线、方针、政策，坚持社会主义办学方向，领导学校的思想政治工作和德育工作，讨论决定学校内部组织机构的设置和内部组织机构负责人的人选，讨论决定学校的改革、发展和基本管理制度等重大事项，保证以培养人才为中心的各项任务的完成。""社会力量举办的高等学校的内部管理体制应按照国家有关社会力量办学的规定确定。"

《高等教育法》第 40、41 条规定："高等学校的校长，由符合教育法规定的任职条件的公民担任。高等学校的校长、副校长按照国家有关规定任免。""高等学校的校长全面负责本学校的教学、科学研究和其他行政管理工作，行使下列职权：（一）拟订发展规划，制订具体规章制度和年度工作计划并组织实施；（二）组织教学活动、科学研究和思想品德教育；（三）拟订内部组织机构的设置方案，推荐副校长人选，任免内部组织机构的负责人；（四）聘任与解聘教师以及内部其他工作人员，对学生进行学籍管理并实施奖励或者处分；（五）拟订和执行年度经费预算方案，保护和管理校产，维护学校的合法权益；（六）章程规定的其他职权。""高等学校和校长办公会议或者校务会议，处理前款规定的有关事项。"

《高等教育法》第 42 条规定："高等学校设立学术委员会，审议学科、专业的设置，教学、科学研究计划方案，评定教学、科学厂家成果等有关学术事项。"

《高等教育法》第 43 条："高等学校通过以教师为主体的教职工代表大会等组织形式，依法保障教职工参与民主管理和监督，维护教职工合法权益。"

从以上教育法律法规的规定来看，我国高等学校采取的是党委领导下的校长负责制。其中党委主要负责执行共产党的政策方针，并管理学校的思想政治和德育工作，在机构设置、人员聘用方面具有决定权，对学校发展重大事项具有决策权。实际上，党委履行着类似于民办学校董事会或西方公立高等学校理事会的职责，掌握着学校重要人事任免和学校发展决策权。校长主要负责实施党委的决策，行使行政权并具体开展学校教学、科学研究和行政管理工作，为学校的实际经营者。

同时，高等学校还需要设立学术委员会，履行"学术事务"的管理职责，这是高等学校特有的"学术自由"在法人治理结构中的表现形式，从规定看，学校的学术事务管理职权不受其他外部势力的侵害，仅受到校长职权的制约。

教职工代表大会是维护教师合法权利、保障教师参与管理的重要组织，在学校行政事务中具有参政权、监督权，但是没有规定具有决策权。在具体操作中，教职工代表大会主要依据学校章程授权在规定的权限内履行监督权和参政权。

同时，关于教师、学生、行政管理、社会监督等方面权利的配置与规定，我们在之前已有所论述，在此不再赘述。

（二）规章层面的规定

从效力层次来看，规章效力低于法律法规，但规章在一定层面是对法律法规高度抽象化、概括化、原则化的具体化，其实践性、可操作性较强。这里我们以2005年3月教育部颁发的新的《普通高等学校学生管理规定》为例对规章层面的规范进行解释和说明。

改革的时代需要改革的实践和理论，2005年3月教育部颁发了新的《普通高等学校学生管理规定》（以下简称《规定》），新的《规定》适用于对接受普通高等学历教育的研究生、本科生、专科生和在校生的管理。我们认为，新的《规定》体现了"与时俱进"的时代精神，彰显了"以人为本"的管理理念，凸显了"细化规则"的管理策略。

1. 践行与时俱进的时代精神

近几年内，我国高等教育事业呈现超常规发展趋势，如何适应高等教育的快速发展是我国高等教育改革的关键。原有的《规定》已很难涵盖目前的态势。新《规定》的出台弥补了高等教育发展滞后于依法治校的发展要求，体现了与时俱进的时代精神，反映了高等教育事业时代背景的要求。主要表现为以下几个方面。

首先，国家的政治、经济、文化科学技术等方面的巨大发展和深刻变革，对教育的理念、体制、制度等都产生了深刻的影响。高等教育事业的发展应当适应国家政治、经济的发展需要，反过来政治经济的发展对高等教育事业的发展具有双重的制约与促进作用。在计划经济时代，高等教育被看做是国家政治体制改革链条中的一环，高校是国家的附属机构，没有独立的法律地位。随着我国政治、经济体制改革的发展，现代企业制度的建立已初见成效，同时在社会主义市场经济体制的推动和完善下，事业单位、公务员制度的改革已初现端倪。作为事业单位的高等学校，从改革开放以来，一直围绕"扩大和落实高校办学自主权"展开讨论。1993年的《关于教育体制改革决定》、1998年的《高等教育法》等法律法规、规章制度，每次提到政府职能的转变与高校发展的关系时，都将进一步加大政府职能的转变与扩大高校依法办学自主权作为重点讨论的问题，但屡次的改革都陷入一个怪圈，即"一放就乱，一乱就收，一收就死"，出现这种局面的原因主要是因为历次的放权都不是很彻底，同时也没有明确政府的监督权限，新《规定》对这两个问题进行了有力的突破。

一方面，加大政府职能的转变，扩大了高校的依法办学自主权。新《规定》在明确学校的管理职能、职责和自主权基础上，给予高校以教学管理自主权为核心的多项自主权，给予高校根据办学层次、办学类型、办学特色创新管理制度、更好地激发学生学习活力和激情的管理空间。新《规定》取消国家对学校考试、补考、成绩评定方式以及留降级、重修、退学的不及格课程门数、在校最长学习时间等方面的规定；取消国家对休学条件、时限、休学后待遇的具体条件、程序等具体规定；取消国家对具体校务管理要求等规定，归入"遵守学校管理制度"要求中，对取消的有关要求由学校规定。总括全文，有5处直接明确为"由学校规定"，有13处要求明确为"按学校规定"执行。

另一方面，在放权的同时，加强了政府对学校权力进行的监督制度。正如孟德斯鸠所言"一切有权力的人都容易滥用权力，这是万古不易的一条经验。有权力的人们使用权力一直到遇到有界限的地方才休止"，"从事物的性质来说，要防止滥用权力，就必须以权力约束权力。"（孟德斯鸠，

1993)[154]那么在高校管理过程中，如何防止高校滥用权力呢？最好的途径就是加强对权力使用的监督。学校的教育权在本质上说是一种公共权力，法律在赋予高校充分享有自主权的同时，也应当将其纳入政府的监督之中。新《规定》要求学校将学生管理规定及时向学生公告，并报教育主管部门备案；省级教育行政部门不再具有一级管理规定的制定权，而是要履行依法指导、检查和督促高校实施学生管理工作的职责。

其次，为了进一步深化高等教育体制改革，顺应高等教育的历史性跨越，要求高校完善内部管理体制，建立新的有利于人才成长的管理制度。党的十六大报告中明确提出"坚持教育创新，深化教育改革，优化教育结构，合理配置教育资源，提高教育质量和管理水平，全面推进素质教育，造就数以亿计的高素质劳动者、数以千万计的专门人才和一大批拔尖创新人才"。显而易见，高等教育承载着培养和造就"数以亿计的高素质劳动者、数以千万计的专门人才和一大批拔尖创新人才"的使命，高等学校学生的成长，关系着民族的进步和国家的繁荣富强，代表着我国先进生产力的发展方向。为此，完善高校内部管理体制，建立有利于人才成长的管理制度是学生健康成长的必由之路。新《规定》固化了近年来教育教学改革的成功经验，鼓励和引导高校建立并实施学分制、主辅修制、跨校修读制等新的有利于人才成长的管理制度。如针对近些年一些学校学科交叉渗透培养复合型人才的教学改革经验，针对一些学校校内校际教学资源共享的管理改革经验，增写了"学生可根据学校有关规定，申请辅修其他专业或选修其他专科并达到该专业辅修要求者，发给辅修证书"，增写了"学生可以根据校际间协议跨校修读课程。在他校修读的课程成绩（学分）由本校审核后予以承认"等规定。

最后，随着社会主义法制建设的发展以及公民维权意识的觉醒和增强，要求高校依法治校，维护学生合法权益。教育行政部门或者高校在制定行政规章或内部管理制度时，必须遵循"法律保留原则"，"所谓'法律保留原则'，是指对宪法关于公民基本权利的限制等专属立法事项，必须由立法机关通过立法规定，行政机关不得代为规定。行政机关实施任何行政行为皆必须有法律授权，否则，其合法性将受到质疑。"（劳凯声，2002)[96]法律保留原则的实质是要求教育行政机关、高校在制定部门规章、章程和其他自治规则时，在法律、行政法规、地方性法规和规章没有现行规定的情况下，不能自行设定规则的内容，以限制相对人的权利；学校的章程、其他自治规则不能与国家的法律、法规、地方性法规和规章相冲突、相抵触。教育行政过程中法律保留原则的适用，有助于限制教育行政主体的非法行政和高校非法裁量，维护相对人的权利。新《规定》取消了与目前国家基本法律不一致的特殊规定，如原《规定》中"在校期间擅自结婚而未办理退学手续的学生，做退学处理"的规定，学生能否结婚，根据国家《婚姻法》和《婚姻登记条例》执行。

2. 彰显以人为本的管理理念

教育，从本质上来讲，是"主体间的指导学习"。传统意义上，学生是管理与教育的对象，学生必须无条件地服从教师、学校的领导，如在我国，有"师为上，生为下；师为主，生为仆；师为尊，生为卑"的写照，师道尊严是神圣不可侵犯的，所谓"言不称师谓之畔（叛）；教而不称师谓之倍（背）。倍畔之人明君不内（纳），朝士大夫遇诸涂不与言"（傅维利，刘民，1988）[214]；古埃及人认为，"男孩子的耳朵是长在背上的"（陈孝彬，1996）[16]；希伯来人则信奉棍棒的威力，指出"愚蠢迷住孩童的心，用棍棒可以远远赶除"、"杖打和责备能增加智慧"（瞿葆奎，1988）[422]。这种传统的儿童观、学生观，无论是从教育学的角度还是从法学的角度，学生都不具有主体地位或者法律地位。然而，人们的法制观念在不断觉醒和增强，尤其是"田永诉北京科技大学案""刘燕文诉北京大学案"的受理、审理，被誉为"中国教育法治化进程中的里程碑事件"。原《规定》的出发点是从"管理""效率"的角度来看待法律、法规、规章制度的价值，理所当然的倾向于从学生被"管"的思路出发来制定各方面规章。毋庸置疑，这种看法在特定的历史时期，具有其进步意义，也是历史发展的必然。但是，时过境迁，高校的内外部环境都发生了很大的改观，我国正在朝着"十六大"所提出的"建设社会主义法治国家"的方向努力前进。我们认为，新《规定》在对学生主体地位的弘扬上，彰显了"以人为本"的管理理念。

首先，新《规定》突出育人为本、管教并重的原则，明确了学生的权利主体地位。长期以来，人们习惯把学生看成是需要呵护和管教的人，是义务主体而非权利主体，在一定意义上"管学生"是旧《规定》的显著特征。新《规定》通过列举学生的权利义务，确立了学生在学校内部关系的权利主体，学生不再被简单地当做学校管理的相对人，而是学校内部关系的权利主体，不仅承担义务，而且享有权利。这不仅有利于贯彻育人为本的原则，尊重和保障学生的合法权益；也有利于依法调整学校与学生的法律关系，维护学校的教育教学秩序和生活秩序。如增写了学校调整专业须"经学生同意"；取消"学生在保留入学资格、保留学籍、休学期间，不得报考其他高校"的规定；改写"精神病、癫痫病须退学"为"患有疾病无法继续在校学习的应予退学"，开除学籍"不发学历证明"改为"发给学习证明"；规定"学生申请休学或者学校认为应当休学者，由学校批准，可以休学"，等等。这些规定都是对学生的权利的主张，突出了教育与管理的目的和手段的关系，体现了"以人为本"的精神。

其次，新《规定》对学生权利与义务的规定采取了"列举式"方式，在彰显学生所享有的权利和应尽义务的同时，也规定了高校的权利边界，超越这个界限高校管理就有可能越权。因为行政权对行政相对人权利的侵害，极易"在两者界限模糊的状态下发生"（谢晖，1994）。过去，学校管理学生的权限一直没有明确，越界校规的现象时有发生，管了许多不应该管的事情，这是造成学校诉讼增多的一个重要原因。新《规定》明确了学生的权利和义务，为学校管理学生的内容和范围提供了依据，从而使高校切实尊重在校学生的受教育权，真正落实以人为本的原则。

最后，高校作为一个法律实体，在教学管理和学生管理方面应当具有充分的自主权，不同高校有不同的校园文化、教学模式和管理方法，高校在重视教育教学、把学生成长成才放在第一位的基础上，应当遵循教育、教学规律，进一步强化学校的规范管理，完善各项规章制度，保障学校正常的教学秩序和管理制度得以实施，保证教学的正常进行和丰富的教学成果的产生。

3. 凸显细化规则的管理策略

新《规定》对高校的放权，使得高校拥有了更多的办学自主权，这在一定程度上也增加了高校对学生权利侵犯的可能性。如果权利没有相应的救济，权利就不具有实质上的意义和实现的可能。为此，新《规定》在处理学生受损权益如何得到救济方面，改变了以往原则性、概括性和抽象的规定，凸显了对高校学生"细化规则"的管理策略。主要表现为以下几点。

首先，对学生处理和违纪处分标准更加明确清晰。新《规定》取消了法律依据不明确或者行为特征不确定的处分规定，代之以有明确法律依据或者行为特征比较清楚的、易于判断的法律标准、纪律标准、学业标准、疾病标准，例如取消了作为开除学籍理由的"品行极为恶劣，道德败坏"的规定，增加了"触犯国家法律，构成刑事犯罪的"、"违反治安管理规定受到处罚，性质恶劣的"开除学籍等规定。这些规定将有助于减少学校处分行为的随意性、不确定性和不可预见性，依法切实保护高校学生的基本权利。同时，针对考试作弊屡禁不止的问题，增写考试作弊或剽窃，抄袭他人研究成果，可予以开除学籍等规定，并细化了作弊开除学籍的种类。

其次，对学生违纪处理程序更加规范。新《规定》贯彻正当程序的原则，"所谓'正当程序原则'，是指行政主体在做出影响相对人权益的行政行为时必须遵循正当法律程序，包括事先告知相对人、向相对人说明行为的根据和理由，听取相对人的陈述、申辩，事后为相对人提供相应的救济途径，以保证所做出的行为公开、公正、公平。"（劳凯声，2002）[98] 新《规定》充分注意到了正当程序原则在学校管理中的重要性，要求学校作出涉及学生权益的管理行为时，必须遵守权限、条件、时限以及告知、送达等程序义务，如规定"学校对学生的处分，要做到程序正当、证据充足、依据明确、定性准确、处分恰当"、"学校对学生作出开除学籍处分决定，须由校长会议研究决定"、"学校对学生作出处分，应当出具处分决定书，送交本人。对学生开除学籍的处分决定书报学校所在地省级教育行政部门备案"。

最后，确立了学生权益救济制度。我国《教育法》第42条第3款规定：学校有"对受教育者进行学籍管理，实施奖励和处分"的权利，但高等学校在实施处分失实或失当的情况下，受教育者的合法权益就会受到侵害。对此，新《规定》增设了学生对处分享有陈述权、申辩权和申诉权，体现了高校学生管理无救济就无处分的法治思想。如规定"学校在对学生作出处分决定之前，应听取学生或其代理人的陈述和申辩"、"学校成立学生申诉处理委员会，受理学生对退学处理或违规、违纪处分的申诉"、"学生申诉处理委员会对学生提出的申诉进行复查，并在接到书面申诉之日起15个工作日内，作出复查结论并告知申诉人"、"学生如对复查决定有异议，在接到学校复查决定书之日起15个工作日内，可向学校所在地省级教育行政部门提出书面申诉"、"省级教育行政部门在接到学生书面申诉之日起30个工作日内，对申诉人的问题给予处理并答复"。这些规定有利于防止高校在行使学生管理权的过程中滥用职权，把高校的自由裁量权限定在一定的范围之内，对于保护学生合法权益具有重大意义。

总而言之，从 2005 年 9 月 1 日起实施的《普通高等学校学生管理规定》，有利于高等学校进一步规范和完善内部管理体制，将学生的管理纳入法制化的轨道，体现了社会主义国家的法制要求和精神，贯彻了高校依法自主办学的法律地位，是规章层面中现代大学制度法人内部治理结构安排的来源。

二、以大学章程为参照

比照现代企业制度的成功经验，我们可以看出，其最大的特点就是企业内部管理体制非常健全，不仅理顺了政府与企业的关系，也保障了企业自身及其利益相关者的权利，可谓相得益彰。之所以如此，主要得益于企业法人治理结构的完善和健全，尤其是企业章程在法人治理结构中发挥了不可低估的支架作用。虽然大学与企业的性质存在着本质的不同，但在法人治理结构上却有借鉴之处。高校自成立之日起就取得法人资格，如何实施其法人权利并履行法人义务，其法律依据是什么？高校内部的法人事务法律如何介入，介入的界限在哪里？这些问题的回答与大学章程有着密切的关联。

（一）制定大学章程的法律规定性及章程与法律的关系

章程是非营利性法人建立时必须具备的法律文件，它是在法律规定范围内对其成员有约束力的内部规范。除了确定的宗旨和名称外，章程尤其还要规定在法人内部形成决议和对外以法人名义进行活动的规范。关于法人章程的性质，理论上还存在着争论。大陆法系国家一般把章程视为法人内部的自治法规，而英美法系则倾向于将章程认定为设立人之间的契约。关于大学章程的法律性质，也存在着同样的争论，目前主要有两种观点，即契约说和自治法说。契约说认为，大学章程是大学举办者在协商的基础上就如何举办学校达成一致意见而订立的文件，是全体举办者共同的意思表示，对每一个举办者都有约束力。自治法说的主要观点是，大学章程是根据国家法律赋予大学自治立法权而制定的、规范大学组织及其内部活动的自治法，是大学的"宪法"，大学的教育教学和管理活动都必须以大学章程为依据，大学的其他规章制度都不得与大学章程相抵触，学校中的所有成员都必须遵守学校章程的规定。（劳凯声，2003）[181]事实上，无论是自治规则还是私法契约，章程本质上都是法人设立者就法人的主要事务所作的长期性的和规范性的安排，这种安排体现了很强的自治色彩。因为法人章程适用于不特定的多数人，对成员具有拘束力，也是法人实现自治的必备条件，从这个意义上讲，章程更多的是一种自治法规，关系到法人治理结构以及外部利益相关者。

非营利性法人的章程规定着法人内部组织机构的设置以及权、利、责，是确定组织内部运行机制和外部负责机制的依据。在大陆法系国家，法人章程由一份单一的文件构成；在英美法系国家，章程则由两个文件组成：其一是章程大纲——是规范法人对外关系的法律文件，其二是法人内部规章——是调整法人内部关系的文件。虽然大陆法系与英美法系在立法体制、法律效力上有所不同，但一般都规定在非营利性法人设立登记时需要提交法人的章程。在具体的立法例中，章程的制定有三种方式：第一种是通过制定的方式，即只要全体发起人签字即可使章程通过生效；第二种是委托制定的方式，章程制定的每个发起人和董事必须签署章程；第三种是共同制定的方式，即由全体发起人共同制定。

依据我国相关法律法规的规定，社团法人章程的起草无疑是发起人的任务，因为在申请筹备成立社会团体时，发起人应当向登记管理机关提交的文件包括"章程草案"，同时要求社团法人自登记管理机关批准筹备之日起6个月内召开会员大会或者会员代表大会，通过章程。而非营利性的财团法人的章程一般由举办者拟定。比如《民办非企业单位登记管理暂行条例》规定，举办者应当向登记管理机关提交包括"章程草案"在内的文件。显然，无论是社团法人还是财团法人的设立，有关的登记主管机关都要求设立人提交法人的章程，并根据法律的有关规定对章程进行审查。依据我国《社会团体登记管理条例》第16条、《基金会管理条例》第11条和《民办非企业单位登记管理暂行条例》第12条等的规定，作为非营利性法人的章程，其登记事项一般包括：名称、住所和业务范围、法定代表人或者负责人、活动资金、原始基金数额或者开办资金、业务主管单位等。

非营利性法人的章程是一种自治规则，且任何非营利性法人都是以公共利益为目的，服务于公益目的，为了实现公益目标，需要在自治与社会责任之间达成平衡。平衡机制的安排与实现需要法律的规制。但是法律的规制仅仅能够对非营利性法人的内部治理结构作出原则性、概括性的规定，这些规定大多是以强制性规范的内容出现，例如明确非营利性法人的最高决策机构、非营利法人管理者的角色和功能以及法人的权利与义务等事项。其他事务则由章程来规定，在达到法律强制性要求的前提下，非营利性法人的章程可以根据各非营利法人的目的和形式来制定出适合本法人的相对灵活的规则。也就是说，法律与章程的关系主要表现为：法律会对某些事项作出保留性的规定，这些事项只能由法律来规定，而不属于章程规定的范畴；即使法律允许非营利性法人的章程规定其内部治理问题，一般而言法律仍然会对非营利性法人的章程提出最低要求，这种最低要求是章程必须包含的某些特定条文，称为绝对应当记载事项（如法人的目的、名称、内部组织机构等）；法律将某些事项作为非营利性法人章程规定的范围，但是在章程没有规定的情况下，并不影响非营利性法人的设立，只是应该适用法律的相关规定，称为相对必要记载事项；法律在具体规定有关事项或者要求章程规定绝对应该记载事项之后，往往会将较大的自由空间留给营利性法人的章程去规定，也就是说，只要不违反法律的条款，章程可以规定任意记载事项。（金锦萍，2005）[77-78]也就是说，大学章程与法律的关系是下位法规与上位法律的关系，大学章程作为自治规则，在制定的过程中，不得随意扩大，也不得与上位法律相冲突，否则无效。

西方国家将大学章程作为建校的一个重要条件，任何大学都有自己的章程，这些章程具有高度的权威性和严肃性，是高校制定各种规章制度的基础，而且对章程的内容有较为具体的规范。《日本学校教育法施行规则》规定学校章程至少必须记载下列事项："一、有关修业年限、学年、学期和停止授课（以下称'停课日'）的事项。二、有关部、科和课程的组织事项。三、有关教育课程和授课时数的事项。四、有关学习的评价和课程修订的认定的事项。五、有关学生定额和职员组织的事项。六、有关入学、退学、转学、休学和毕业的事项。七、有关学费、入学费及其他费用征收的事项。八、有关赏罚的事项。九、有关宿舍的事项。"《俄罗斯联邦教育法》规定教育机构的章程必须注明："一、名称、地点；二、教育机构创办人；三、教育机构的组织——法律形式；四、教育过程的目标，所实施的教学大纲类型；五、组织教育过程的主要特点；六、财务、经营活动的内容；七、教育机构的管理程序；八、教育过程参加者的权利和义务；九、旨在规定教育机构活动细则的局部性决定（命令、指示等）目录。"（陈立鹏，1999）

在中国，《高等教育法》第 29 条对学校章程作了比较具体的规范，而且要求学校章程必须经过审批机关的核准。具体而言，高等学校的章程应当规定以下事项："（一）学校名称、校址；（二）办学宗旨；（三）办学规模；（四）学科门类的设置；（五）教育形式；（六）内部管理体制；（七）经费来源、财产和财务制度；（八）举办者与学校之间的权利、义务；（九）章程修改程序；（十）其他必须由章程规定的事项。"

（二）大学章程在现代大学制度建设中的地位

大学章程是大学的重要纲领，是大学治理的"宪章"，是大学获得合法地位的基础。其在大学中的地位就如同法律对于国家，家规对于家族。大学章程是大学内部的最高规范，是大学正常运作时应当遵循的规则。具体而言，大学章程在现代大学制度建设中的地位主要表现在以下几个方面。

1. 大学章程是大学设立和运作的前提与基础

大学本身作为一个制度（institution），应该是一个独立的法人，能够对自己的行为负担独立的法律责任。如果没有"大学法"或相关的法律，就不可能有现代大学制度。而大学制度要想良性运转与发展，必须得有自己的"宪章"。宪章是大学的基本法，是不能随便改动的；小改动都要通过严谨的程序。宪章的制定不仅要参照本国相关的法律架构，也应该参考以往好的著名大学的宪章，同时也应该参考国际上有成功经验的大学的宪章。比如，在英国习惯法条件下，公立大学的创办需有两个基本文件。一个叫 The University Ordinance，可译作"大学条例"，它是经由立法机构审定通过的该大学的"宪章"，规定本大学的目标，大学作为一个法人的各项权利，管理机构的设置，最高行政职位的构成，等等。第二个文件叫 Statutes of The University，可译作"大学章程"，它是在第一个文件下的具体化细则，规定在各级机构内各个委员会的设置、权利与功能、学位的设置等等。

因此，大学章程是大学得以设立并取得合法地位的前提与基础。"一所高等院校的章程是该校的法律基础，它确立了该校的使命，还明确了与国家或者私人举办者之间的关系，或许还确立了一些内部运行规则。它以制度为中心，为高等院校的其他活动确立了基本准则"。（世界银行，联合国教科文组织高等教育与社会特别工作组，2001）[57]像美国的耶鲁大学、密歇根大学及卡耐基麦隆大学，澳大利亚的梅铎大学，加拿大的阿塞拜斯卡大学以及香港中文大学等，其大学章程都明确了学校的社团法人地位和非赢利性，并且确立了董事会主导性的大学管理体制。大学章程不仅明确规定了董事会的组成及其成员产生的办法，而且关于董事会人员构成的规定一般都体现出公平、民主及社会参与的制度理性，这些都是大学运作的"法律"依据。

2. 大学章程是大学对外进行法人活动合法化的保障

任何机构都是开放的系统，高校也不例外。随着全球化、国际化、一体化思潮的兴起，高校的涉外事务日趋复杂与激烈，如高校对外能够进行什么活动，又可能会产生什么问题？然而，问题的关键在于如何保障大学对外进行法人活动的合法化。我们认为，大学章程是大学对外进行法人活动合法化的保障，其本质就是大学章程的涉他性，即效力的涉他性。尽管大学章程的内容主要围绕着大学的内部事务展开，例如大学的内部管理机构和运行机制、决策过程、相关利益者的权利义务等，但不争的事实是，这些法人内部事务的规定仍然会有一定的涉他性，因为它决定着代表法人为法律行为的机关应该是谁？其义务和责任如何确定？

同理，大学章程也具有涉他性。大学章程不仅仅是制定者之间的一种契约安排和司法秩序，而且也是一种涉他性的文件（效力涉他和记载事项涉他），应该受到大学法等法律的规制。特别是大学章程的制定和修改基本上是一个内部控制过程，受其效力影响的利益相关者等外部人无法参与发表意见，如果对此种关涉第三人利益的契约的形成过程不进行监控，则该契约的拟订可能根本不会考虑利益相关者的利益，从而极有可能使其利益受到损害。由于大学的活动带有不确定性和动态性，一旦此种利益相关者达到一定的规模并形成团体，则不当的章程自治行为会影响到整个利益相关者利益团体的安全，乃至于损及大学秩序的维护。因此，大学章程的涉他性要求大学章程的制定和变更必须遵循必要的原则和程序。我们认为，大学章程的临时调整适用应当遵循以下几个原则：大学章程的调整适用只能是针对某一具体事件，而不应当是泛指某类事件，一旦该事件结束或不再发生，则大学应当继续恢复原章程条款的适用，对大学章程条款的长期调整，其法律意义等同于变更大学章程，是应当根据法律的规定履行章程变更的必要程序的，否则，应认定为无效；大学章程临时调整适用不宜过多，一方面，大学章程调整适用的条款不宜过多。如果某一事件必须对大学章程作大规模的调整适用，则意味着原章程已限制了大学的发展，必须彻底变更。另一方面，大学章程调整适用的次数不宜过多；大学章程调整适用的程序要求应当不低于法律规定的章程变更的程序要求，大学章程的变更类似于大学内部"变更立法"，其程序是相当严格的；大学章程调整适用的内容不能与国家的法律法规相抵触。与大学章程的设立与修改一样，大学章程内容不能违反国家法律法规的强制性规定，一旦违反则是无效的。同时，大学章程调整适用的条款的内容与章程其他条款的内容也不应当相互抵触。

3. 大学章程是大学进行内部法人治理的合理限度

大学内部法人治理指的是大学法人的权利配置与规定，应符合法人治理的要求，按照治理之道进行发展与运行。大学章程作为大学自己的大法，把办学宗旨、办学目的、大学机构设置和规章制度以章程的形式固定下来，作为大学法人内部治理的共同行动纲领。如前所述，大学章程确立了大学的管理体制，其具体的制度安排都是与此相适应的，整个大学章程是一个完整的制度体系。从逻辑结构上讲，大学章程包括了具体的制度规则、操作的原则以及相关概念的界定等，是一个逻辑严密的整体，就具体内容来讲，大学章程囊括了大学事务的方方面面，为大学进行内部法人治理提供了合理的限度。比如，大学的教学事务、学生事务、学业证书的颁发与学位证书的授予；教师职称的评定与职务的聘任和管理以及有关教师学术权力的规定；大学职员的聘任与管理等都是大学章程的主要内容。大学章程的这些制度规则不仅规定了大学的责任、权利与义务，而且也涉及教师、学生、职员的权益，是大学内在法人治理机制正常运转的理性反映，也是大学内部法人运行的合法依据与合理限度。

4. 大学章程是保障大学及其利益相关者权利的合法性规则

改革开放以来的中国经济改革，使人们达成共识：企业必须要有自主权；当中国的企业还是"衙门"或"衙门"附属品的时候，中国的经济没有希望。我们同样可以说，如果中国的大学仍然是"衙门"或"衙门"附属品的话，中国的大学没有希望。（丁学良，2005）因此，要摆脱"衙门"或"衙门"的附属品，就应当赋予大学的自主性。就像在现代市场经济中，企业没有自主性就不成其为现代企业、就不能持续发展一样，大学没有自主性就不可能成为现代性大学，就会缺乏生命力，这一点大学与企业是共通的。而大学自主权的获得，应当在大学的法人地位的保障下，通过大学的宪章即大学章程来确保，大学的学术自由和学术自主是由法定的大学章程来保障的。

大学章程不仅可以确保大学的学术自由与学术自主，而且也是保障大学及其利益相关者权利的合法性规则。在大学章程中，不仅应当载明利益相关者的权利，而且当利益相关者的权益受到侵犯后，也应该有明确的权利救济渠道，使利益相关者的权益能够得到最大程度的保护。

（三）大学章程在现代大学制度建设中的功能

大学章程是大学治理的基本制度，其基本作用就是保障大学正常地运转并不断地、适时地适应内外部环境的变化，使得作为"社会中心"的大学，能够为国家培养合格的人才。具体而言，要建立现代大学制度，就必须要求高校有大学章程，真正体现大学自治、学术自由的本真理念。因此，大学章程在现代大学制度建设中有着重要的作用，发挥着得天独厚的功能。

首先，健全的大学章程，有助于推进高校自主办学，建立健全大学自我约束、自我管理、自我创新的适应政治、经济、文化体制的内部管理体制。从社会学的视角出发，高校作为一个组织、机构，应当依据政治、经济、文化体制的变革作出相应的调整。依据我国现有的国情，政府职能正在发生着变革，引入治理理论，实现政府的"治道变革"，倡导"有限政府"与"有为政府"，政府已经从诸多的微观事务中抽离出去，更多地进行宏观管理与监督，以期实现权力的多中心化。我国现阶段正在进行的经济体制改革，也取得了重大的突破，主要表现为企业改革中所有权与经营权的分离，建立了现代企业制度，为企业实现"自主经营、自负盈亏、产权清晰、责权明确、自我管理"营造了良好的经济氛围。相应地，我国的文化体制随着改革开放的深入，开始探索文化的自主创新，提倡自然科学与哲学社会科学同等重要的理念，对促进文化的繁荣必将产生深刻的影响。作为法律实体的大学，如何探索自主创新的路子？已是一件刻不容缓的大事。我们认为，虽然大学与企业的性质不同，但在治理结构上却有相互借鉴之处。而且近年来，学界人士也在积极地比照现代企业制度的治理结构来为建构现代大学制度出谋划策、献计献策。其中最为本质的一点就是要实现高校的自主办学，即大学自治。要确保大学自治，必须依靠相应的制度、规范来实现大学的自我约束、自我管理，使其权力的行使正当化以及权利的保障合法化、合理化，最根本的就是要健全大学章程。

其次，健全的大学章程，有助于促进高校法人地位的落实与完善，实现真正意义上的大学法人制度。法人是与自然人相对的概念，即"团体人格"也。按照《高等教育法》的规定，高校自成立起，就具有法人资格，能够行使民事权利并履行相应的民事义务。显然，高校要取得法人资格，源于法律法规的授予，而这种资格从法律规定性变为现实的可操作性，即由法律法规高度的概括性、抽象性转化为现实的可能性，需要中间的转化机制。这个转化机制就是大学章程。拥有了章程，就有了行使法人权利的资格。高校法人地位的确立，有利于落实和促进高校的办学自主权，提高高校的办学效率与效益，最终提升高校的效能。

最后，健全的大学章程，有助于加速高校依法治校、依法治教，实现大学法人治理机构的合理配置。从高校的外部治理结构来看，存在着投资者、管理者与办学者。而在高校内部管理体制中，则存在着领导（政治）权力、行政权力与学术权力。而高校内外部法人治理结构的完善，应当由章程明确地记载，从而实现高校依法治校、依法治教。

（四）我国大学章程的现状及其完善

从我国大学章程的历史传统来看，现代意义上的第一所大学——京师大学堂在成立之初，由梁启超起草了《京师大学堂章程》，同时后继的几所大学都有章程，但这种传统并没有延续下来。

既然大学章程在现代大学制度的建设中占有举足轻重的地位，发挥着非常明显的作用，大学理应重视大学章程的建设，使大学章程的地位能够凸显，使大学章程的作用能够更大。

然而，从我国大学章程的现状来看，存在着诸多的问题，有学者认为，我国大学章程存在着如下问题："第一，大学章程在我国教育法律体系中的地位不明确，法律效力得不到保证。第二，大学章程有雷同趋势，没有凸显各所大学的个性特色。第三，大学章程没有明确举办者与学校之间、大学与教师、学生的权利及义务关系。第四，表述过于抽象、空洞，模棱两可，可操作性不强。第五，在程序上存在疏漏，缺乏程序性规定，导致高校法律纠纷频频出现。"（丁丽娟，张卫良，2005）我们认为，大学章程是规定大学的组织及行为的基本规则的重要文件。制定大学章程是大学设立的必要条件和必经程序之一。大学章程几乎涵盖了大学运作的所有内容，是大学内部管理的最高准则，是大学这一自治团体的"小宪法"。在我国，由于现代大学制度的发展历史比较短，对大学章程的重要性缺乏足够的认识，导致大学章程的制定存在种种问题，大学章程的作用未能得到充分发挥。我国大学章程的制定主要存在着以下不足。

第一，大学章程内容简单，缺乏大学自治性。现实中许多大学由于对大学章程作用的忽视，导致制定的大学章程内容简单，不完整。有的大学章程对大学管理层权限边界界定不够清晰，有的大学章程对学术委员会、教职工代表大学工作细则的规定不完善等。尤其是有的大学章程对可能产生利益冲突的问题缺乏救济措施的预设性规定，这给大学的正常运作和持续发展带来不便，而且与我国高等教育法治顺应大学法人自治发展的趋势背道而驰。

第二，大学章程条款违法以及混同大学法律规定的现象较为普遍。大学章程必须依法设立，大学章程所记载的事项不得违背法律和行政法规的强制性规定，不能故意为谋求大学利益而规避有关法律法规，不得严重违反社会公序良俗，这是大学章程制定的一个基本原则。大学章程的自我规定绝不能以设立协议来排斥高等教育法和大学章程的适用。但现实中许多大学为了自身利益，往往违背法律法规来制定大学章程。同时，大学章程的制定还应当遵循不重复原则，所谓不重复原则是指对高等教育法已经作了明确规定的，该内容不得在章程中再作记载。大学章程如果重复高等教育法律法规对大学组织与运作已作出明确规定的内容，则不利于凸显大学章程的作用。但是现实中大学章程雷同现象十分突出，基本重复《高等教育法》的有关规定，同一地区的大学章程，几乎所有的内容都如出一辙。

第三，大学章程条款缺乏逻辑性和可操作性。现行的大学章程都仅有行为模式条款的规定，而没有相应的后果模式条款。法谚云，"无救济则无权利"。"无法兑现这些规范的授权性，鼓励性规定也无法处罚这些规范的命令性、禁止性规定的行为。"缺乏后果模式不仅使得大学章程的义务性条款和禁止性条款形同虚设，而且使大学章程在面对诸多争议时形同废纸。同样，大学章程中的权利性条款也会因为失去了保障而被架空。大学章程条款的逻辑结构不完整导致了大学章程缺乏可操作性，使得大学章程容易被误认为是"花瓶"而被束之高阁。

第四，大学章程中权利义务条款设计不合理，大学章程纠纷增加。大学章程是相关当事人利益博弈的结果，一份完善的大学章程应该在多方利益博弈中寻找到平衡。大学章程应该由大学的相关人之间平等协商制定。但现实中，大学章程在制定过程中基本上是独断专行或不屑于大学章程的制定，甚至弃权。这样的大学章程必然不能完整地反映全体大学人的意志，从而为大学章程纠纷埋下伏笔。还有的大学章程对相关利益人的权利义务分配不均，不合理的权利义务性条款极易引起相关当事人的不满，导致纠纷的发生，不利于大学的持续发展。

第五，大学章程中对责权利的规定较为模糊。大学章程中的诸多规定权责不明，行为不规范，不能保证大学的自主权，利益冲突相对突出，造成师生对自身权益诉求案件频频发生。比如，大学章程里没有明确区分行政处罚权及内部管理处罚权，而且在一些处罚性规定中存在着语义含糊，不能准确描述事件、责任、处罚标准，由于产生歧义而引起纷争，被处罚者的权利得不到应有的保护。

大学章程是大学成立的必备法律要件，是大学自治管理的重要规范性文件，对大学的治理和发展都起着重要的作用，但是我国大学章程的制定还存在着许多不足之处，这与现代大学制度的发展极不协调。要完善我国大学章程制定，须从如下方面作起。

其一，增强大学章程意识和法治观念。我国的教育行政机关应当加强对大学章程的实质性审查，严格规范大学章程的制定过程。同时教育行政部门和大学自身应通过学习培训等多种方式加强对大学章程制度的宣传，改变已往人们对大学章程的错误认识，增强人们的大学章程意识，树立大学章程的权威。大学章程不仅仅是一种约束机制，更重要的也是一种权益保障机制；大学章程既是大学正常运作的保障，也是大学持续发展的保障，从而破除"大学章程可有可无"、"大学章程只是约束手脚的几张纸质的东西"等大学章程无用论观点。另一方面，大学自身还应根据经济形势的变化、经营状况的发展以及大学法律法规的修改，适当地调整大学章程的内容以适应环境的要求，使大学章程真正成为大学的宪章和大学自治的保障。

其二，在遵循法律法规规定的基础上结合大学的具体情况制定大学章程。首先，制定大学章程必须遵循法律规定，按照法定的程序进行，不得违反法律的强制性规定。大学章程既不同于设立大学协议，也不同于大学法律法规，因此，我们应当遵循不重复原则，避免大学章程条款混同大学法律法规。大学章程的内容一般包括三个部分：绝对必要记载事项、相对必要记载事项、任意记载事项。其中，绝对必要记载事项如不记载则大学章程无效，相对必要记载事项如不记载则大学章程并不无效，任意记载事项虽然由大学根据自身的情况确定，但也必须要符合现行法律法规的规定。其次，制定大学章程也要从实际出发，要根据大学的具体情况实事求是地制定，尤其是涉及大学章程的任意记载事项。

其三，充分利用高等教育法的授权，增强大学章程的自治性。大学章程的重要事项，可通过章程自由约定。

其四，增加"违反大学章程的责任"的内容，增强大学章程的可操作性。大学制定者之间签订的大学章程具有法律效力。因为一旦各方利益相关者在大学章程上签字，大学契约即得以有效成立，各方利益者之间的权利、义务和责任关系即根据该种契约和关于契约的一般原则来调整，因此违反大学章程应当承担相应的责任。但目前我国大学章程条款的逻辑结构不完整，责任承担问题模糊不清，使得大学章程在实践中缺乏可操作性。因此应在大学章程中增加违反大学章程责任的内容，以增强大学章程的实际操作性。

其五，平衡利益相关者之间的利益，调动全体人员的积极性。大学章程在制定的过程中，除了要协调利益相关者之间的利益关系，充分发挥投资者、经营者的积极性之外，还应吸纳一些法律、管理、财经等专业人才的参与。大学章程在对法人等利益相关人的权利义务作出明确、可操作性的规定的同时，还要注意平衡他们之间权利条款和义务条款的比例，不同的利益相关者依照大学章程所享有的权利和承担的义务应当公平、合理。没有无义务的权利，也没有无权利的义务，权利过多或者义务过多都不利于大学的持续发展，只有权利和义务的平衡才能更好地调动所有人的积极性。同时，大学的发展与教职工的利益密切相关，因此在大学章程中应对教职工的招收、招聘、辞退、辞职、福利、劳动保护、劳动纪律等事宜以及建立工会组织和参加工会活动做出原则性的规定。

三、以高校内部规则为底线

随着我国民主、法制化进程的加快，人们的法律意识在不断的增强，运用法律的武器捍卫权利的诉讼案也时有发生。高校作为一个法律实体，也不例外。近年来，越来越多的"学生告母校"的诉案却凸显出高校管理中存在的法治缺失和法律精神的匮乏。集中表现为：高校在对学生进行管理的过程中，并没有体现出"合法性原则"。所谓合法性原则，指的是人们的一切活动都应该符合宪法和法律规定，一切权利或权力的行使从实体内容到一般程序，都应该遵守法律；不仅要遵守法律的现有规定，在现有法律缺乏规定时，还应该遵守法律的基本原则和精神。在法治日渐昌明和"走向权利的时代"，必然要求高校对学生的管理符合法治主义的精神。

从 2005 年 9 月 1 日起执行的新的《普通高等学校学生管理规定》，不仅规定了处分的种类和情形，而且规定各高校可"根据本规定制定实施细则"。现在的问题是，各高校往往出于良好愿望，出台了诸多加强学生管理的规定，但这些内部规定的设定多不规范。我们认为，高校当然可以根据法律、法规、行政法规、规章的规定，制定相应的、更具针对性和操作性的校内规范性文件，但校内规范性文件的相应规定必须与法律、法规、行政法规、规章的规定相一致，而不能抵触。然而，高校的规定与新的《普通高等学校学生管理规定》相比，明显从重、从严，如果由此而发生纠纷乃至诉讼，高校难免陷入被动、败诉的境地。位阶低的法律、法规或规范性文件不得与位阶高的法律、法规相抵触，这是法学理论中的一项基本原则。可以说，高校无权对学生做出比相关法律、法规、规章规定更重的处分。然而在某些高校领导看来，高校从本校的实际情况出发，制定一系列的规章制度，并通过这些规章制度管理学校就是"依法治校"。事实上，这种认识是肤浅的，如果高校制定的规章制度违反了法律、行政法规，则依此对学生进行的管理和处分也必然是违法的，是应当被撤销的，违法的规章制度执行的越彻底，造成的危害就越大。高校之所以长期漠视法律的存在，与高校对其内部规则价值取向的认识以及人们对高校法律地位的看法有很大的关系。

（一）高校制定内部规则的法律依据

高校内部规则的制定权是高校办学自主权的一种自然延伸权。我国《教育法》第28条规定学校享有"按照章程自主管理"的权利，高校按照章程自主管理机构内部活动的权利即为法律所确认，高校内部规则的制定是高校办学自主权的一种实现，高校是法律授权的内部管理制度的制定主体。

　　然而，高校制定内部规则的自主权不是没有限度的而是有限的。高校内部规则的制定必须要有一定的依据，以此作为其制定内部规则的约束和规范。高校内部规则的制定依据主要包括法律依据和现实依据，最根本的还是法律依据，因为现实依据仅仅是为了迎合时代的发展，高校内部规则应作出相应的修改或重新制定，但修改或重新制定应当符合法律。

　　从法律依据来讲，法律是由国家制定或认可并由国家强制力保证实施的，调整社会活动中各种社会关系的法律规范的总和，法律是制定高校内部规则的直接依据。当然，此处的法律是泛指的法律，不仅包括全国人大及其常委会制定的《教育法》、《高等教育法》等教育法律，还包括由国务院制定的教育行政法规和地方人大制定的地方性教育法规，也包括国务院各部门和地方政府制定的各类教育行政规章和其他规范性文件，同时还包括高校的章程。

　　从现实依据来讲，主要是指高校所处的客观实际。在不同的时期，高校所面对的社会环境迥异，这就要求高校的发展要适合时代发展的步伐、与时俱进，体现在内部规则的制定层面也不例外。高校内部规则应具有时代性、先进性，富有特色。而且各高校自身所承担的使命以及类型不同，在内部规则制定时也应有区别。如目前我们习惯于将高校分为研究型大学、研究教学型大学、教学研究型大学、教学型大学，各高校所面临的竞争与压力不同，其对学生的规范程度也有所差别。

　　高校依据法律法规以及现实依据有权制定管理学生行为的内部规则并依据内部规则管理学生。但是，高校内部规则必须要保证其合法性，受到法律制约，要界定内部规则与法律冲突的边界，同时高校内部规则也要保证其合理性，符合学生的发展以及教育规律，体现人文关怀，合乎情理。具体来讲，高校内部规则的合法性，表现为高校有权制定和执行校内管理的规章和政策，有权实施管理措施和行使裁量权。也就是说，制定时应遵守国家有关法律法规的规定，不违背相应的法律要求，不超越其法定的权限范围，并依法行使权力。高校内部规则的合理性则要求其不仅要在形式上合法，而且要在内容上具有公正性，符合理性要求，不违背正常情理，表现为高校制定内部规则行为过程的理性即正当性和法治精神，这是高校制定内部规则行为内在的合法性来源和基础。所谓高校内部规则就是指高校依据国家相关教育法律法规的规定以及本校的自主章程而自行制定的用来进行学校规范管理的制度、校规和各种管理细则。

（二）高校内部规则的法律效力

从依法治校的层面来讲，高校内部规则的建立健全与完善是高校管理法制化的重要组成部分。然而，近年来，随着高校诉讼案的不断发生，高校基于自身制定的内部规则而对学生进行的内部管理问题成为学界、司法界议论的焦点，之所以如此，在于对高校内部规则效力的认识上存在着争议。

高校内部规则的效力是实现内部规则制定目的的保障，直接关系到内部规则的贯彻落实。"法理学所称法的效力，通常指正式意义上的法的形式或渊源尤其是规范性法律文件的一般法的效力，即在适用对象、时间、空间三方面的效力范围。"（张文显，1999）[65]即法律对什么人、什么事、在什么地方和什么时候有约束力。在教育法制中，教育法的效力指的是有效性和可适用范围，包括教育法在时间、地域、对象、事项等方面具有的国家强制力（黄葳，2002）[283]。相应地，高校内部规则的效力指的是高校内部规则在时间、适用对象、范围的约束力程度。高校内部规则的对象效力，主要是指高校内部规则对什么样的人和组织有效。高校内部规则的时间效力，主要是指高校内部规则生效的起止时限。高校内部规则的范围效力，主要是指高校内部规则在哪些事项上有效。

在高校内部规则效力中，对象效力、时间效力相对来说较容易理解。比如，在对象效力层面，高校内部规则的适用对象包括一切在本校工作与上学的人员以及与学校发生某种联系的人员，有教师、学生、职员、后勤人员、需要进入学校校园的外部人员等。作为学生，应该是取得该校学生身份期间（即从拥有学籍至终止）。作为教职员工，应该是和高校有人事聘任合同的期间。在时间效力层面，内部规则的生效时间一般根据内部规则的具体性质和实际情况决定，有自发布之日起生效的、有生效日期由内部规则文件规定的等情况。内部规则的终止生效有：新的内部规则颁布后，原有的内部规则即失效；新的内部规则取代原有内部规则，同时在内部规则文件中明文宣布废止旧的内部规则；有的内部规则有特定的时间要求，期限一到就自行失效等情况。

目前，相对来说比较复杂也容易引起争论的就是高校内部规则的范围效力，即高校内部规则在哪些事项上有效，这也是引起高校内部规则效力失范的一个最根本原因。之所以如此，是因为长期以来，深受"特别权力关系"的影响，我国将高校内部规则中的内容看成是高校自主管理权在法律体系下的延伸，默认其合法性，高校与学生是单纯的内部行政法律关系，高校内部规则是高校为完成其特定的教育目的而制定的规章制度，只要是高校依据内部规则而作出的决定，学生都须无条件地接受与认可，不得寻求法律救济。然而，近年来高校诉讼案的频繁发生并以学生的胜诉为最终审理结果的教育行政诉讼呈不断上升势头，使高校内部规则的范围效力引起了广泛争论。从目前的研究现状来看，普遍的结论认为：高校内部规则的范围效力适用于"法律保留"原则并以德国的基础性理论和重要性理论为理论依据，内部规则对影响公民基本权利的重要事项是无效力的。在高校管理中，凡涉及学生的公民基本权利，如受教育权、人身权、财产权等的重要事项，应不属学校内部规则的规制范围，应适用法律保留。同时，以行政权力的分类来看高校内部规则的范围效力，高校行使的行政权力有内部行政权力和外部行政权力之分。凡是涉及公民基本权利的事项，就是学校与公民间的关系，属外部行政权力的行使，应受到法律保留的限制；而内部行政权力的行使则是组织与内部成员的关系，可适用内部规则。

（三）高校内部规则的价值取向

从最为原始的角度来讲，高校制定内部规则是为了保证高校的整体运转和发展，维护高校教育教学工作持续、快速、健康、稳定地发展，即追求规则的秩序价值。"秩序"一词最早用于社会学领域中，是指社会中存在的一定社会组织形式的组织制度、结构体系和社会关系的稳定性、规则性和连续性。在哈耶克那里，社会秩序是指人们在社群或社会的活动中经由相互调适而呈现出来的作为行为结果的一种有条不紊的状态、情形，一种人们行事的常规性，一种维特根斯坦的人们在社会博弈中形成的"原子事态"中的普遍性、统一性和驻存性。（劳凯声，2003）[53]同时，博登海默也认为：秩序概念"意指在自然进程和社会进程中都存在着某种程度的一致性、连续性和确定性。另一方面，无序概念则表明存在着断裂（或非连续性）和无规则性的现象，亦即缺乏智识所涉及的模式——这表现为从一个事态到另一个事态的不可预测的突变情形。"（博登海默，1999）[223] 而"秩序"一词在高校中的实现，即是高校为了组织机构的正常运转而通过制定规则实现的。依据《教育法》、《高等教育法》等相关法律法规的规定，作为事业单位法人，高校有权在法律法规许可、授权的范围之内制定自主章程。自主章程是高校在法律法规授权的范围内制定的组织机构运行过程中必须遵守的一定的规则。高校自主章程的实现，就必须有不同程度、方面、层次的规则。高校规则是共同体中的"校、师、生"三者在基于民主、平等、程序的基础上制定的，服务于共同体中的人。对于一所高校来讲，没有凌驾于规则之上的人，同时每一位个体在对规则认同的基础上，必须自觉地遵守规则。否则，高校的发展就无秩序可言，深陷泥潭之中不能自拔，结果必然走向集权或放任自流。显然，高校内部规则的秩序价值，目的在于追求高校工作的正常展开和发展，保障教育活动的有序进行、消除个别违规行为对教育活动的不良影响，否则将会受到必要的惩罚与制裁。高校规则的秩序价值对机构中的任何人都有一种威慑力，是高校对学生进行规范管理的一个基本依据。

在秩序的基础上，如何提高效率，也是高校内部规则必然涉及的，如学生处分的设定、教师职务的评定等，都是建立在高校基于法律法规授权的基础上，为了促进高校的高速运转与发展、提高管理的效率，可以自行设定规则来实现对相对人的管理。在现代社会中，效率具有社会普遍性和合目的性。效率价值的社会普遍性是指效率内涵的综合意义和效率之于人的普遍价值意义。效率价值的合目的性，是指效率对于人类生活的合目的性意义，相对于人类整体的生活目的，是一种手段或条件，与人的发展或人类生活目的无关的效率是不存在的。效率的社会普遍性和合目的性，反映在高校规则追求的效率上意指规则本身的设置与运作以最小的成本费用获得最大化的收益，通过降低或减少规则在实施过程的成本如所花费的时间、人力、物力和财力等，而获得最大的实际效果——如人们的普遍认同和遵守。高校规则的效率价值本身具有一定的激励、规范、改进的功能，是组织中任何人、机构都认同和遵守的，是人们归属感与安全感的体现，最终达到"帕累托效率"原则，包括"帕累托佳态"和"帕累托优态"，体现了实然与应然相统一的效率价值，是一种手段与工具的"善"。

任何规则的设定应当追究最高的价值标准即公平。无论是规则的秩序价值还是规则的效率价值，在很大程度上都是工具合理性抑或形式价值的体现，更多的是依靠外在的手段与工具对被管理者的规范与管理，而作为被管理者在多大意义上接受、认可了规则并没有受到重视，是一种"治标不治本"的价值取向。为了使被管理者对规则达到"心服口服"的理想状态，规则的制定应当追求价值合理性抑或实质价值，体现规则设定的最高价值标准即公平。从人类的发展历史来看，由于人们对公平的不同诠释，从而形成了诸多公平理论，概括起来主要有：按比例分配公平说、平等优先公平说、效率优先公平说、平等与效率协调平衡公平说、差别对待公平说等。显然，由于现实中人们对公平理解的不同，导致了人们对规则公平价值的不同认识。我们认为，无论何种解释，高校规则制定过程中的公平价值，应当是本着反映和平衡各方利益的良好互动愿望与理想，而不是既得利益的"霸权"，从而消解了相对人的"话语权"，出台诸多本身对相对人不利的规则。规则制定与实现中的公平，是实现权力相互制衡的最好武器与消灭腐败蔓延的良好手段，以及保证高校跨越式发展的制度平台。

（四）基于高校内部规则而引发的争议：高校内部规则合法性的质疑

曾几何时，高校被誉为"象牙塔"、"一方净土"。然而，近年来，由于学生法律意识的增强和不忍高校的任人宰割，高校作为被告不断地被学生起诉，高校成为社会关注的焦点。人们似乎在紧呼：现在的学生越来越不像话了，老师白培养了学生。但反过来，人们不禁在反思：高校为何能够被学生起诉？我们认为，高校诉讼案的增多，或许是反映了人们的法治观念、法治意识在不断的增强，但更多的则是体现了高校法治的不成熟，大多数诉讼案都是基于高校内部规则的不合法而引起的。

按照《教育法》、《高等教育法》的相关规定，从行政法学的角度来讲，高校是法律法规的授权组织，即高校具有行政主体的资格。这在目前的教育界、法学界以及法律实务中都可以找到相关的依据。最为典型的莫过于在"田永案"中，法院明确指出，高等学校具有行政主体地位——"在我国目前情况下，某些事业单位、社会团体虽然不具有行政机关的资格，但是法律赋予它行使一定的行政管理职权。这些单位、团体与管理相对人之间不存在平等民事关系，而是特殊的行政法律关系。他们之间因管理行为而发生争议，不是民事诉讼，而是行政诉讼。尽管《中华人民共和国行政诉讼法》第 25 条所指的被告是行政机关，但是为了维护管理相对人的合法权益，监督事业单位、社会团体依法行使国家赋予的行政管理职权，将其列为行政诉讼的被告，是用行政诉讼法来解决它们与管理相对人之间的行政争议，有利于化解社会矛盾，维护社会稳定。"（最高人民法院，1999）而且高校所拥有的权利中，诸如招生权、处分权、颁发学业证书权等都具有明显的单方面意志性和强制性，符合行政权力的主要特征，因而性质上应属于行政权力或公共管理权力。由此可以推断，高等学校是经由国家法律的授权，行使国家行政权力或公共权力的事业单位，具有行政主体资格。

高校在对学生进行规范管理的过程中，基于行政主体资格的优先性而在制定规则时具有明显的单边性，出现了"法律真空"的现象，存在着"空白授权"之嫌。所谓"空白授权"就是指"立法对本来应当由法律规定的法律构成要件甚至法律效果，授权由行政机关来规定，容易使公民的权利义务陷入不确定的状态，也使行政权的滥用可能性增加到最大程度。"（陈新民，2002）[119-120]

虽然我国《教育法》第 28 条规定："对受教育者进行学籍管理，实施奖励或处分"是学校行使的权利。但这种权利实际上只是促成大学价值实现的一项"制度性保障"，在性质上，它区别于单纯的个人权利。因此，我国法律亦明确规定，高校自主权的行使，在不受侵犯的同时，要依法接受监督。这是因为高校该项权利的行使，在管理关系中，是一种对学生权利产生影响和限制的权力；同时，对高校自主管理权作为一种权利享有的合法性判断，并不能代替对该项权利行使事实的合理性判断。在强调形式合法性的同时追求合理性价值，是法治对公权力行使的理性诉求。（劳凯声，2006）[22]现实中高校的内部规则是否体现了形式合法性与价值合理性？在此，我们将以《某大学学籍管理规定实施细则》为文本进行分析，以期对我国实践视域中的高校内部规则作一法律层面的清理，这一清理主要是从合法性角度来进行分析的。为了更好地说明问题，我们将《某大学学籍管理规定实施细则》中的诸多条款与 2005 年教育部颁布的《普通高等学校学生管理规定》中的相关条款（主要是指《普通高等学校学生管理规定》中第三章的"学籍管理"）作一对照与比较（见表 4.1）。

表 4.1 《某大学学籍管理规定实施细则》与教育部
颁布的《普通高等学校学生管理规定》对照表

内容 条款	《普通高等学校学生管理规定》	《某大学学籍管理规定实施细则》
入学与注册	第七条 ……应当向学校请假。……除因不可抗力等正当事由以外，视为放弃入学资格。第八条 ……学校在三个月内按照国家招生规定对其进行复查。	第一条 ……应向教务处请假，请假一般不得超过两周。不请假而未按时报到（除因不可抗拒的正当事由外）超过两周者，……第二条 ……对其进行身体复查。
考核与成绩记载	第十二条 ……考核和成绩评定方式，以及考核不合格的课程是否重修或者补考，由学校规定。第十五条 学生可以……申请辅修其他专业或者选修其他专业课程。学生可以根据校际间协议跨校修读课程。第十六条 学生严重违反考核纪律或者作弊的，该课程考核成绩记为无效……给予留校察看及以下处分的，经教育表现较好，在毕业前对该课程可以给予补考或者重修机会。第十七条 ……未经批准而缺席者，根据学校有关规定给予批评教育，情节严重的给予纪律处分。	第十三条 专业必修课考核不及格者必须重修；公共必修课考核不及格者实行补考。第十四条 学生重修课程与所修课程上课时间有局部冲突时，经院（系）批准，重修课程可以申请免听一些课时（不得超过总课时的二分之一）。第十五条 学生在修读某门专业必修课时，出现下列情况之一者，取消参加该门课程考核的资格，成绩以零分计，必须进行重修：……第十九条 ……平时成绩不得超过总成绩的30%。第二十一条 凡考核作弊、违纪者，其考核成绩记为无效，并给予相应的纪律处分。一年后学校将根据本人申请及实际表现，决定是否给予其重修（或补考）的机会。第二十二条 ……学校决定实行主副修制。……学校向其颁发相应的副修专业证书。
转专业与转学	第二十条 学生有下列情形之一，不得转学：1. 入学未满一学期的；2. 由招生时所在地的下一批次录取学校转入上一批次学校、由低学历层次转为高学历层次的；3. 招生时确定为定向、委托培养的；4. 应予退学的；5. 其他无正当理由的。	第二十七条 有下列情况之一者，不能转学、转专业：1. 新生入学不满一学期者；2. 由招生时所在地的下一批次录取学校转入我校的；由低学历层次专业要求转为高学历层次专业者；3. 招生时确定为定向、委托培养者；4. 本科三年级（含三年级）以上者；5. 在校期间已有一次转学、转专业者；6. 应当退学者；7. 其他无正当理由者。

续表

内容 条款	《普通高等学校学生管理规定》	《某大学学籍管理规定实施细则》
休学与复学	第二十二条　……学生在校最长年限（含休学）由学校规定。第二十三条　……休学次数和期限由学校规定。第二十五条　休学学生……学校保留其学籍。……不享受在校学习学生待遇。休学学生患病，其医疗费按学校规定处理。	第三十条　学生休学以一年为期，累计不得超过两年。第三十一条　……学生休学期间发生的事故，学校不负责任。第三十二条　……休学期间，如有严重违法乱纪行为者，取消复学资格。
退学	第二十七条　学生有下列情形之一，应予退学：……第二十八条　对学生的退学处理，由校长会议研究决定。对退学的学生，由学校出具退学决定书并送交本人，同时报学校所在地省级教育行政部门备案。第三十条　学生对退学处理有异议的，参照本规定第六十一条、第六十二条、第六十三条、第六十四条办理[①]。	第三十三条　学生有下列情况之一者，应退学：……5. 意外伤残不能坚持学习者；……9. 自费出国留学者；10. 受到开除学籍纪律处分者。第三十四条　对学生的退学处理，由学生所在院（系）提出处理意见，教务处审核，报主管校长批准。对退学的学生，由学校出具退学决定书并送交学生本人。第三十六条　取消学籍或退学的学生，均不得申请复学。

[①]　《普通高等学校学生管理规定》第六十一条："学生对处分决定有异议的，在接到学校处分决定书之日起5个工作日内，可以向学校学生申诉处理委员会提出书面申诉。"第六十二条："学生申诉处理委员会对学生提出的申诉进行复查，并在接到书面申诉之日起15个工作日内，作出复查结论并告知申诉人。需要改变原处分决定的，由学生申诉处理委员会提交学校重新研究决定。"第六十三条："学生对复查决定有异议的，在接到学校复查决定书之日起15个工作日内，可以向学校所在地省级教育行政部门提出书面申诉。省级教育行政部门在接到学生书面申诉之日起30个工作日内，对申诉人的问题给予处理并答复。"第六十四条："从处分决定或者复查决定送交之日起，学生在申诉期内未提出申诉的，学校或者省级教育行政部门不再受理其提出的申诉。"

续表

内容 条款	《普通高等学校学生管理规定》	《某大学学籍管理规定实施细则》
毕业、结业等	第三十三条 ……学位授予单位应当颁发学位证书。第三十四条 学满一学年以上退学的学生，学校应当颁发肄业证书。	第三十八条 学生在规定的修业年限内，……即可毕业。达到毕业要求……可取得学士学位。第三十九条 学生修业年限不得超过 6 年。……
附　则		第四十六条 本实施细则由教务处负责解释。

在表 4.1 中，我们暂且承认《普通高等学校学生管理规定》的合法性与合理性。从这一事实出发，我们发现，《某大学学籍管理规定实施细则》存在着设定主体权限划分不明确、规则的制定缺乏监督、设定的内容存在着不合法性、设定的形式不规范、设定的程序严重缺失、高校自由裁量权的界限模糊、概括条款和类推原则滥设等方面的合法性缺损的现象。

第一，高校内部规则设定主体的权限划分不明确，主体错位，规范之间有冲突。即下层位主体超越了上层位主体的权限，下层位规范与上层位规范不一致甚至相抵触，而且同层位主体制定的规范相互也存在打架的现象，这为规则在实践中的具体执行带来了很大的困难。如教务处作为高校的内设机构，在无法律、法规或者规章授权的情况下，以自己的名义对学生作出纪律处分的决定，超越职权，属无效行政行为。比如《某大学学籍管理规定实施细则》的第 1 条规定："……因故不能按时报到的学生，应向教务处请假"，第 46 条规定："本实施细则由教务处负责解释"，我们也可以进一步推定出该规则是由教务处负责制定并颁布的，这也体现了高校内部规则制定中的主体层级太低，在一定程度模糊了规则的效力，导致主体错位。因为，从教育法律法规的授权来看，高校内部规则的制定主体只能是高校本身，并以高校的资格作出，不能是高校的某一个职能部门。同时，高校内部规则在制定过程中，缺少相关主管部门的合法性审查，从而使高校内部规则留下了许多硬伤和学生可质疑的漏洞。在《某大学学籍管理规定实施细则》中，我们没有发现任何层级的监督方式，没有明确地记载该规定是否向教育行政机关备案、备查、核准、核定等事项。许多高校内部规则的出台仅仅通过了校内某个范围的表决程序。学生只有熟习校规与学习的义务而没有质疑的权利。学校与相对人的关系是不对等的管教服从的关系，相对人对学校的管教应表示遵守和服从。这种情况反映了高校内部规则的制定、实施深受"特别权力关系"的影响，彰显了高校与学生之间的权力服从特性。

第二，高校内部规则设定的内容不规范、不健全，甚至模糊不清，导致高校权力的扩张，突出表现为对受教育者义务的增加或对受教育者合法权益的限制，且人为地、任意地扩大高校自身的权限。即高校内部规则的内容存在着权利与义务不对等的现象，可以形象地称为高校中的"霸王条款"。"霸王条款"的现象，最早主要存在于合同、通知或者消费业等行业中。一般来讲，"霸王条款"主要是指一些经营者单方面制定的逃避法定义务、减免自身责任的不平等的格式合同、通知、声明和店堂公告或者行业惯例等，它大量存在于消费领域内，一些公有企业和依法具有独立地位的经营者，沿袭旧体制下的规定，或仅从行业自身利益出发制定惯例，对消费者权利多方限制，严重侵害广大消费者权益。在法学理论中与"霸王条款"相对应的概念是"格式合同"，即为重复使用不经双方协商而预先拟定条款的合同。将"霸王条款"一词借用到高校内部规则制定与实施过程中，主要表现为高校与学生权利与义务的不对等性。高校基于管理与教育需要而对在校生具有优越地位，可以对相对人的权利加以限制，对学生任意课以各种义务而不承担责任。大多数高校为其学生制定的内部规则中，最常见的词汇就是"不准"、"不许"、"不得"、"严禁"等带有命令和禁止意味的"不"系列词汇。每一个"不……"的背后，都有一个相应的惩处条款。如《某大学学籍管理规定实施细则》第1条规定："不请假而未按时报到（除因不可抗拒的正当事由外）超过两周者，视为放弃入学资格"；第23条关于学生退学情况的规定；第30条规定："学生休学以一年为期，累计不得超过两年"；第31条规定："学生休学期间发生的事故，学校不负责任"；第32条规定："休学期间，如有严重违法乱纪行为者，取消复学资格"；第39条规定："学生修业年限不得超过6年"等诸多条款，明显多于《普通高等学校学生管理规定》的内容，而且内容本身就十分不规范，不符合教育法律法规的相关规定，其范围效力是不适用的。其实高校内部规则中这种现象比较常见的还有：如限制学生的结婚自由、异性交往自由、结社自由；规定统一着装、学生发型、学校纪律；对不遵守校纪校规、不按时完成作业的学生，有权予以惩戒，等等。这些条款的出现，都是学校单方面做出的，并没有考虑到学生的利益。我们认为，市场经济是法治经济，市场经济的本质决定了不允许"霸王条款"之类的违背公平自由原则的现象出现，只有通过法治的手段，才能根除"霸王条款"，维护高校内部规则的公平价值的实现。高校内部规则中有不少条款与国家所颁布施行的法律规章有不一致、相抵触的地方。这样直接导致了有的高校依据自己制定的《X规定》，其"硬伤"就在于它与国家相关的法律、法规尤其是《普通高等学校学生管理规定》相抵触，明显有违《普通高等学校学生管理规定》的规定，应属无效。既然处罚依据被认定为不合法，其处罚结论自然也属于违法了。

第三，高校内部规则设定的程序严重缺失，突出表现为受教育者的被告知权、申辩权、申诉权等得不到充分的保障。高校的内部规则基本上都是由学校，甚至由个别领导说了算，在处理学生违纪违规事件时，往往不能做到透明公开，没能给当事学生充分的申辩机会。依法治校在一些高校仅仅停留在口头上，有许多内部规则形同虚设，实际上并没有付诸行动。如《某大学学籍管理规定实施细则》第 22 条规定："……学校决定实行主副修制。……学校向其颁发相应的副修专业证书。"但真实的情况则是该校并没有实行主副修制。高校内部规则的设定基于"效率取向、控制中心"的思想而制定了大量的实体规则，缺乏程序规则的设定，表现为"重实体、轻程序"，导致了高校内部规则的程序失范。从高校现有的内部规则来看，"重实体，轻程序"的倾向非常严重。这种倾向的直接指导思想即为：学生是管理与教育的对象，必须有一定的规范制约，否则就无秩序可言，学校也就无法承担培养人才的重任。如《某大学学籍管理规定实施细则》中关于给予学生的纪律处分以至退学的诸多条款，只是规定了在某种情况下，学生将受到某种纪律处分以至退学。但如果学生表示不服，该采取什么样的救济措施只字未提，这样的规定不仅漠视了学生合法权益，而且为学生诉高校留下了空白。我们认为，高校内部规则的设定缺乏"程序"意识，一方面是我国整体法律制度的体现，另一方面凸显了高校在对学生管理中缺乏必要的法治精神。高校中"程序失范"现象的存在，必然使得学生的权利在受到侵犯后无法获得正当的救济，为高校管理在运行中的偶然性、随意性创造了客观条件，致使学生合法的请求权、正当的选择权、合理的知情权等都难以得到保障和维护，存在着程序瑕疵。

第四，高校内部规则中存在着大量的概括条款和类推原则滥设，违反明确性原则。各个高校的学生手册中对于学生行为的规范中有很多概括性的条款。如《某大学学籍管理规定实施细则》的第 2 条规定："凡高考有舞弊行为者，一经查实，立即取消学籍，退回原户口所在地；情节严重者，报请有关部门处理，直至追究法律责任。"此外，类推原则也在高校内部规则中普遍运用和存在。如《某大学学籍管理规定实施细则》的第 10 条规定："学生在一学期内，无故迟到、早退三次或旷课在一天以内者，给予批评教育；迟到早退屡教不改或旷课在 10 节（不含 10 节）以内者，令其写出书面检查；旷课超过 10 节（含 10 节）者，按学校有关规定处理。"明确性原则导源于法治国的思想，包括法律明确性、行政行为明确性、刑罚明确性三个基本原则。高校内部规则为学生设定行为规范和界限，应当符合明确性的原则，即规范对象、规范行为和法律效果等构成要件应当清楚明白，使接受规范者能够预见其作为或不作为是否构成义务的违反或者是否应当受到惩戒。

同时，高校内部规则的规定中存在着认识到不到位、歧视性的条款，不符合教育的大方向与发展趋势。如《某大学学籍管理规定实施细则》的第 13 条规定："专业必修课考核不及格者必须重修；公共必修课考核不及格者实行补考"，存在着专业必修课与公共必修课认识上的差异，在当下大力提倡构建和培养学生人文素养与精神的时代下，本来开设大量的公共必修课是为学生拓宽知识视野，提高人文素质的，应该与专业必修课一视同仁，不能有所歧视。第 14 条规定："学生重修课程与所修课程上课时间有局部冲突时，经院（系）批准，重修课程可以申请免听一些课时（不得超过总课时的二分之一）"，这同样存在着对诸多课程的不重视，为学生逃课等情况的出现提供了合法性保护。第 19 条规定："……平时成绩不得超过总成绩的 30%。"这条规定在一定层面抹杀了教师公正评价学生的权利，从目前的评价机制来看，我们应该提倡终结性评价与形成性、发展性评价的相互结合，且更应侧重于形成性、发展性评价，但是该校的这一条款，明显受应试教育价值导向的影响，仍然是一种典型的终结性评价，大大地抹杀了教师的自主权。

（五）高校内部规则的法律调控

高校要体现和实现"以人为本"的管理理念，必须从完善高校内部规则做起，解蔽不合法和不合时宜之陋习，依据合法性原则和依法治校的理路来完善高校内部规则。高校的依法治校主要是指高校管理学生的行为必须符合法的规则与法的精神。从微观层面来讲，就是高校依据法律法规的授权自行制定的内部规则必须合法，不能在设定主体、内容、程序等方面存在瑕疵，以保证高校各项行政管理工作长期按照依法治校的理念实施，这是法治管理的必然要求。那么如何完善高校内部规则呢？如何建立高校内部规则的权利监督机制呢？我们认为，高校内部规则从制定到出台再到运行，应该受到立法、行政、司法的规制。具体来讲：

1. 从高校内部规则的制定过程来看，要体现主体、职权、程序的法定

在制定主体层面，应当体现各方参与的意识，做到各权力（利）主体广泛的参与，遵循"权力制衡原则"。无论是现代管理的最新理念——"管理就是服务"、"领导就是服务"，还是法人的治理结构中所强调的——权力必须得到必要的制约以至达到相互的制衡——才能实现平衡。因为一旦决策权与制定权集中在一个人或同一个机关之手，自由便不复存在。同时，一个健全的大学法人制度，需要各权力主体之间形成一个相互制衡的治理结构，不允许不受制约的权力主体存在。高校内部规则的制定更应该体现权力的多中心化理念，应当平衡各权力主体的利益，尤其应当有学生利益代表者的参与，因为高校的内部规则基本上是指向学生的，与学生的生活、学习是直接相关的。不同主体需要对高校内部规则进行集体合法性审查，从而达到"权力的相互制衡"，尤其是学生代表的参与。高校内部规则不仅涉及学校的利益，比如秩序和权威，也涉及学生的利益，比如获得毕业证、学位证的权利，等等。尤其是学生作为依法治校主体，更多地表现为权力主体。高校制定内部规则甚至学校的重大决策，必须尊重学生的建议权、知情权、参与权和监督权，应当尊重学生表达意见的权利，其中包括批评学校的权利，学生代表应当有权参加校务会议。其实学生参与内部规则的制定是世界范围内的惯例。但是，高校学生的参与权是有限的，而不是毫无限制的。对于适合学生参与的事项，则不应将学生的地位仅限于意见的表达和反映，而应使学生享有直接参与权和决策权，尤其是事关学生事务的事项，包括学生惩戒的制度、学生学业证书的授予制度、学生的选课制度等，应当建立学生直接参与决定的程序。

在制定主体的职权层面，要确保高校自主设定规则的权限范围，应遵循法律保留原则、法律优先原则。高校在设定规则过程中遵循法律保留原则，是指高校在制定部门规章、章程和其他自治规则时，在法律、行政法规、地方性法规、规章没有现行规定的情况下，不能自行设定规则的内容，以限制相对人的权利，学校的章程、其他自治规则不能与国家的法律法规、地方性法规规章相冲突、相抵触。高校基于行政主体资格在制定内部规则时，法律保留原则的适用，有助于限制高校的行政非法作为，从而对维护相对人的权利是非常有裨益的。因此在法律保留原则的适用下，肃清不合法规章和其他不规范性文件就是我们的当务之急，以确保法制的严肃和统一。但是，法律保留的范围，是否及于全部或部分行政领域，存在着全部保留说、侵害保留说、重要事项说、机关功能说、层级性的法律保留说等多种观点。那么高校如何确立自己的权限范围呢？一般认为，法律保留和法律授权都是确定高校内部规则制定权界限的标准，法律保留原则是从消极的"否定"角度排除高校内部规则制定权限，而法律授权则是从积极的"肯定"角度认可高校有权制定内部规则。理论上存在着两个趋向：第一是排除法，从追求高校权力最大化的目标出发，凡是不在法律保留范围的事务，都是高校职权范围之内的，高校行为不需要法律的明确授权即可行为。第二是从高校权力最小化取向，只有国家法律明确、具体授权的事项，高校方可行为。我们认为这两种倾向都有失之偏颇的地方。基于不同的权力运行规则，即公权力遵循"法律授权即拥有"、私权利遵循"法不禁止即自由"的原则，高校在不同的法律关系之中，其权限的划分是不同的。应当根据不同的情况确定密度不等的法律保留。如高校的招生权、颁发学业证书权、高校的退学权、教师资格认定与职务评定权等属于法律法规授权的范围，完全属于法律保留；有些属于高校自主范围的事项，如教师的聘任、高校的纪律处分（不包括退学权）等只是部分保留。当高校调整的是其与平等主体间民事法律关系而制定的内部规则时，则不需要法律的授权，只要法律没有禁止的事项，高校都可以规定。同时，对于学生个人行为的约束，法律应当区分学生的校内行为和校外行为，并确定不同的法律保留的密度。对此美国印第安纳大学所订立的《学生权利、义务与行为规章》可资借鉴。在该规定中，将构成惩戒事由的"学生不当行为"分为"学术上不当行为"（Academic Misconduct）与"个人不当行为"（Personal Misconduct）。而后者又区分为"校内不当行为"（Personal Misconduct on University Property，如破坏学校公物、携带危险爆炸物进入校园）与"校外不当行为"（Personal Misconduct not on University Property）。"学术上的不当行为"以及"校内的不当个人行为"则可由大学自治推导出惩戒权，但对"校外不当个人行为"之惩戒，则仅以"该校外行为乃导因于学校活动，或该不当行为有害学校安全，或有害教学过程"为限。（廖元豪，2004）

所谓法律优先原则，或称法律优位原则，来自于凯尔森的"法阶层理论"，指的是行政应受既存法律的约束，不能与法律相抵触，与法律相抵触的行政行为原则上是可以撤销和起诉的。（劳凯声，2002）[68]即：上位法高于下位法；同一位阶间，特别法优于一般法；新法优于旧法。（沈宗灵，2003）[326]有些高校在国家设立的条件之外自行设定的条件是无效的。实践中发生的具体案例，如目前大多数高校都将大学英语四、六级成绩作为授予学士学位的一个标准就违反了法律优先原则。

在高校内部规则起草完成后，高校应将内部规则报送教育行政部门进行批准、备案并加大教育行政部门对其的审查与论证的力度。如果高校内部规则在制定过程中，教育主管部门依据《普通高等学校学生管理规定》和国家其他相关法律法规对其进行合法性审查，那么高校内部规则就将不仅仅单纯代表高校的意志，也代表着法律的意志，有着存在上的法理支撑。而且，经过这个审查程序，高校内部规则中那些可能有悖国家法律理念的规定就会被要求撤销或由教育行政部门直接删除和修改，不仅过重的处罚规定不会存在，过轻的处罚规定在此程序中也会受到质疑，教育行政部门的审查程序将成为合法性的过滤程序。在此，教育主管机关对高校内部规则的审查存在着合法性与合理性审查的争论。比如在我国台湾地区主张的是合法性审查，其"司法院大法官释字380号解释文"中指出："《宪法》第162条规定，全国公私立教育文化机构，依法律受国家监督，则国家对于大学自治之监督，应于法律规定范围内为之，并须符合宪法第23条规定之法律保留。"同时在《解释理由书》中大法官更进一步说明："《大学法》第23条关于大学修业年限之延长及缩短，规定为大学自治事项，有关办法授权由各大学自行拟定，报请教育部核实后实施，故教育部对各大学之运作仅属于适法性监督之地位。教育部监督权之行使，应符合学术自由之保障及大学自治之尊重，不得增加法律所未规定之限制，当属当然。"（三民书局，1996）[381]但在德国，教育行政机关对高校内部规则的审查既有合法性审查也有合理性审查。德国政府在承认大学自治的领域内，允许国家机关的高度介入。因此，国家对大学在制定学习规则、考试规则等方面享有一定程度的参与权，可以基于合目的性或实质理由拒绝给予许可。例如《德国北莱茵大学法》第108条规定："大学自治规章或具体措施违背国家法律或其他法令时，应不予许可。具有下列四种情形之一者，得不予许可：（1）危害大学发展计划；（2）本邦对联邦或其他邦应付义务之履行受到伤害；或者无法顾及各邦共同之建议；（3）课程与教学条件一体性与同值性受到影响，以致对于申请入学者与大学生自由地校际流通性将遭到不利，或者对于大学修毕课程就业在其他地区无法受到承认；（4）对于从事学术人员之自由流通性受到影响。"（董保城，1997）[36]我们认为，在我国现有体制下，为了避免过度的行政干预，妨碍高等学校独立的法人地位，除非法律有特别规定，否则教育行政机关的审查应当严格限制在合法性审查的范围内，这种审查既保障了教育行政机关行使审查权，又确保了高校的办学自主权，在审查和自治之间维持平衡。

在高校内部规则出台前，要体现程序正义，可以适当地进行"听证"。当然，让所有学生听证高校内部规则的出台是不现实的事情，毕竟学生的流动性很大，而高校内部规则必须有稳定性。所以，这种利益的协调应该有第三方审查的参与，比如相关的专家、教授、学者，尤其是法律人士，从而保证规则的公平和有效，保证高校内部规则有足够的权威性。否则，最后以"学生告母校"的形式审查内部规则的合法性，既伤害了高校内部规则的权威，也伤害了学生与学校的感情。

2. 从高校内部规则的实施与执行过程来看，要遵循比例原则、正当程序原则与有限的司法审查原则

在高校基于内部规则对学生进行管理时，应当体现"比例原则"的精神实质，所谓"比例原则，又称'最小侵害原则'，其基本含义是行政主体实施行政行为应兼顾行政目标的实现和保护相对人的权益，在做出行政处分、处罚决定时可能对相对人的权益造成某种不利影响时，应将这种不利影响限制在尽可能小的范围内，使目的和手段之间处于适当的比例。"（劳凯声，2002)[97-98] "高校对学生实施管理和处分权力的合法与合理，并不意味着高校对学生实际实施了合理与合法的处分。"(劳凯声，2006)[19]

在高校基于内部规则对学生进行纪律处分时，须留有余地，使得学生有充分获得救济权利的渠道，即应当遵循"正当程序原则"。"所谓'正当程序原则'，是指行政主体在做出影响相对人权益的行政行为时，必须遵循正当法律程序，包括事先告知相对人，向相对人说明行为的根据和理由，听取相对人的陈述，申辩，事后为相对人提供相应的救济途径。以保证所做出的行为公开，公正，公平。该原则源于英国古老的自然正义原则，其基本规则有二：任何人不应成为自己案件的法官；任何人在受到惩罚和其他不利处分时，应为之提供公正的听证或其他听取其意见的机会。"(劳凯声，2002)[98]目前，发生在高校中的有些事件之所以引起了强烈的社会反响。其中最主要的原因就在于各高校处理学生违纪违规事件的过程没能做到透明、公开，没能给当事学生充分的申辩机会。处理结果是否公正、合理姑且不论，仅就校方单方面的裁决方式来说，就不符合"程序正义"的要求，也就难免令被处理的学生感到不服气。我们应该认识到，在大学生交费上大学的今天，大学生应该是学校的"主人"，是大学教育的"主体"，而不再是单纯的服从者、被管理者。大学生在学校建设、规章制度的制定、学生违纪事件的处理等方面，应该具有充分的发言权和参与决策的权利。"程序瑕疵"是高校诉讼案反映出来的一个较普遍存在的问题。比如，"当高校依法行使自主管理权对违规学生作出处罚时，是否具有符合法治精神的严格程序——原告的申诉和举报程序、学生管理部门的调查程序、专门委员会听证并作出处罚建议的程序、被告的辩解和申诉程序、校长裁决及作出行政决定的程序、具体实施处罚的程序等。"(劳凯声，2002)[64]而且，正当程序包括实体性和程序性两个方面，实体性正当程序要求高校内部规则的内容及制定程序本身要合理合法，程序性正当程序要求该规则在执行和做出处理决定的程序要合理合法。显然，正当程序原则的运用，不仅有利于高校的依法管理，提高管理的效率，而且有利于保障学生的权利，也是减少高校诉讼案的一个有效途径；同时，贯彻"正当程序原则"，也是避免"程序失范"的合法性保障。所以，当高校依法做出涉及学生个人权益的具体决定，特别是对学生权益产生不利影响的决定，应当尊重学生陈述和申辩的权利，一些重大决定必须给予学生听证和申诉的权利。"权利是受规制的，但不是受禁止的"，当权利受到限制时，管理者必须"公开地交代他们所追求的合法性与重要性以及采取手段的适当性。权利规则禁止某些作为与不作为的理由"（霍尔姆斯，等，著，2004）[76]。

当高校基于内部规则作出的对学生的纪律处分后，学生表示不服时，遵循"有限司法审查"原则。随着时代的发展，形势的变化，德日等国对特别权力关系理论进行了修正。尤以德国为典型代表。在德国，理论界提出了区分特别权力关系的设想。一种是把特别权力关系分为基础关系与管理关系。基础关系是指产生、变更或消灭特别权力身份的行为，以及其特别权力关系之身份将受影响的行为，对涉及基础关系的决定即公务员、军人、学生的身份资格的取得、丧失及降级等决定，可以视为可诉行政行为；管理关系是指行政机关为达成设立特别权力关系之目的而为的各种管理行为，对于管理关系，如特别权力人对军人、公务员、学生的服装、仪表、作息时间、宿舍规则等的规定，属于行政规则，不视为是行政处分，不能提起诉讼。一种是把特别权力关系区分为重要性关系与非重要性关系。即只要涉及人民基本权利的重要事项，不论是干涉行政还是服务行政，必须由立法者以立法的方式而不能让行政权自行决定。因此，即使在管理关系中，如果涉及人权的重要事项，必须有法律规定。重要性理论是对特别权力关系理论的重大发展。无论是基础关系与管理关系还是重要性理论，一个最突出的特点就是引入了"有限司法审查原则"，这是对高校"息诉"、"无诉"状态的一个抨击。显然，高校依照内部规则而对学生所作的纪律处分，如果涉及人权的重要事项，必须接受司法审查。因为，从理论上来说，高校内部规则是衍生性法源，对高校成员发生法律效力，法院有权进行审查。在北京市海淀区法院审理"田永诉北京科技大学"案件中，学校对田永做出退学处理的依据，是学校制定的《关于严格考试纪律的紧急通知》，对于学校制定的该文件，法院以"学校依据自己制定的文件对学生作退学处理，直接与《普通高等学校学生管理规定》第 29 条规定的法定退学条件相抵触"而宣布其无效。（湛中乐，2003）[545]

在法治日益昌明和走向权利的时代，任何组织、机构都必须体现法治的精神实质。高校制定的内部规则，不仅仅是为了追求秩序、效率的价值取向，更应该诉诸公平、正义、自由的价值取向。高校作为事业单位，从法人的角度分析即为事业单位法人，更应该站在维护相对人权益的角度，从完善高校内部规则入手，真正做到依法治校，尽快肃清高校内部规则中存在的合法性缺失问题。

第二节　高等学校法人内部治理结构的目的

在现代大学制度视野下高等学校法人内部治理结构中，大学与教师、学生等构成不同的法律关系，其中在行政法律关系中，高校居于行政主体角色，教师等是管理的对象。因此，在高校法人内部治理结构中，如何防止高校基于自身的强势地位而构成对教师、学生等权利的侵犯，是高校法人内部治理结构安排的目的。高校作为法律、法规授权组织，在特定的情况下特定的领域内针对特定的群体，就必然具有行政主体资格，享有行使行政权的能力，拥有行使自由裁量权的资格。现代大学制度视野下高等学校法人内部治理结构的目的在于建立以维权为核心的自由裁量权的平衡机制。

一、高校自由裁量权的滥用与规制

既然高等学校在对教师、学生进行教育教学与教育管理过程中具有行政主体资格，作为法律、法规授权的行政主体，在授权范围内行使国家行政权，即由国家宪法、法律赋予的执行法律，实施行政管理的权力，高等学校为了追求公平与效率的目的就可以在法律许可的范围内，行使自由裁量权。

（一）高校自由裁量权的范围

所谓高校自由裁量权是指高等学校作为法律、法规的授权组织依据法律、法规赋予的职责权限，基于法律、法规及行政的目的和精神，针对具体的教育行政法律关系，自由选择而做出的公正而合理的行政决定的权力。高校自由裁量权是法律、法规赋予高校在法律、法规规定的幅度和范围内行使的自由裁量权，是高校行政权力的重要组成部分，是高校作为法律、法规的授权组织提高行政效率所必需的权限，也是现代行政的必然要求。按照我国教育法律、法规的规定以及高校作为法律、法规授权组织的法律地位，我们认为，高校自由裁量权的范围是非常有限的，主要包括如下几个方面。

1. 对教师的资格认定、职务评定以及对教师的处分

教师资格认定是高等学校受教育行政部门的委托，代表政府对在校教师或拟聘高等学校教师资格受理、审查和认定。教师职务评定是高等学校依据法律、法规的授权，高校根据教育教学、科研工作需要对不同岗位教师任职条件的审查与认定，是行使国家对教师进行人事管理的重要内容。教师职称授予行为的主体应是经国家教育行政部门合法授权的，且能够以自己的名义实施教师职称授予行为，并承担由此所产生的法律责任的高等学校。也就是说，高等学校是授权行政主体，当高校与教师之间因职务评定而发生争诉，适用于行政诉讼，其适格的被告是高等学校。而对教师的处分是高校作为行政主体对其内部成员的惩戒，属于内部行政行为。

2. 对受教育者招生与学籍管理的权力

招生权是高等学校的重要权利之一，高校可以根据自己的办学宗旨、培养目标、规格、任务及办学条件、能力，依据国家有关招生法规、规章和政策性规定，有权制定本机构具体的招生办法，发布招生广告，决定招生的具体数量、决定录取或不录取等。因此，招生录取工作涉及未来高等学校的生源质量与高等学校的发展，同时也涉及录取考生的受教育权利，在这一过程中，高等学校作为授权主体与考生之间是行政法律关系，考生如果认为高等学校实施了侵犯其平等接受高等教育的权利，可以依法提起行政诉讼。高等学校对学生学籍管理不能界定为法人对其内部事务的管理，而是高校作为授权组织对学生进行的行政管理，是国家行政权力的延伸。根据现有的法律、法规以及行政规章等，高校对学生进行处分，又称学校纪律处分，是指学校依据教育法律或其内部管理制度对违反学校纪律的学生的一种校内惩戒或制裁，纪律处分方式共有五种，包括警告、严重警告、记过、留校察看、开除学籍。在这一管理过程中，既有内部行政管理，又有外部行政管理。其中前四种处分属于内部关系，因为并没有改变学校与学生的"在学法律关系"；而后一种处分即开除学籍则属于外部行政行为，因为它已经改变了学生作为受教育者的身份。

3. 颁发国家认可的学业证书与学位证书

学业证书与学位证书的颁发是国家授权高等学校实施的行政行为，是国家对高等教育实施管理的重要内容，也涉及每一位学生的受教育权。不仅我国政府规定，学业证书与学位证书必须经过国家认可，才获准颁布，许多国家也都规定，大学提供的证书要经过法律、法规或政府的认可。因此，学业证书与学位证书颁发是法律授权行为。显然，学位不仅是授予公民的一种终身称号，同时还是国家学术信誉的一种公共资源，国家为了保证学位的学术公信力，必然要主导学位的授予行为。《中华人民共和国学位条例》第8条规定："学士学位，由国务院授权的高等学校授予，硕士学位、博士学位，由国务院授权的高等学校和科学研究机构授予。授予学位的高等学校和科学研究机构及其可以授予学位的学科名单，由国务院学位委员会提出，经国务院批准公布。"这一规定说明，学位授予权是由国家通过法律、法规的形式授予高等学校和科研机构的一种权力，《学位条例》不仅规定了学位授予单位的范围（第8条第1款），而且规定了学位授予单位授予学位的内容（第8条第2款）。仅此，只有具备一定条件的高等学校，经国家学位委员会审查认可后，才会授予其学位授予的权力。如就硕士学位授予权而言，并不是所有高校都具有这项权力，要想拥有这项权力，必须申请成硕士授权单位。

以上是高校基于法律、法规的授权而取得的行使自由裁量权的范围，高校在行使自由裁量权的过程中，根据法律、法规抽象、概括、原则的规定，自行设定条件（如评定职务的时间间隔、颁发学位的条件或出现哪些情况不颁发学位等），这些条件的设置只要与上位法律、法规不存在冲突，都是合法的，虽然有可能会存在着不合理的现象。

（二）高校自由裁量权的价值取向

高校拥有和行使自由裁量权一方面是为发挥高校行政行为的能动性、主动性，另一方面高校在行使自由裁量权的过程中存在错位与滥用的现实，如高校裁量行为背离法定目的和利益、高校裁量行为的结果失去准确性、高校裁量行为违背客观性并造成秩序的破坏、高校裁量行为不正当的迟延或不作为等。要使高等学校合理地行使自由裁量权，除了应从立法、司法、行政等制度方面完善外，比如，从立法角度来讲，应当完善高校的行政职权，使高校所拥有的自由裁量权有法律依据；从司法角度来讲，应当赋予人民法院依法对高校所行使的自由裁量权有司法审查的权力，不得使高校处于"无诉"、"息诉"状态；从行政角度来讲，要求高校在运用行政自由裁量权过程中，应当坚持行政合理性原则和正当程序原则，同时还应当加大上级行政部门的监督、监察力度，完善行政申诉、行政复议制度。在此基础上，还应当彰显高校自由裁量权的价值取向，使行使者在理念层面真正理解和认识到高校自由裁量权价值所在。

公平与效率是高校自由裁量权的两个基本价值取向。在高校自由裁量权行使的过程中，公平的价值目标要求行政裁量体现公平的结果。在综合考虑个人、集体、社会利益的基础上，恰当地分配行政法上的权利和义务。公平的价值目标主要通过在程序上平等地对待双方当事人，排除一切可能造成不平等或偏私的因素等方法实现。为了达到公平的目的，现代行政程序法设定了告知和听证制度、表明身份制度、职能分离制度等。与此不同，效率的价值目标要求行政主体实施自由裁量权时，以最少的成本投入，获得最大的功效，从而实现立法所规定的行政管理的目的，尽量通过简洁、便利的方法来实现同样的结果，避免和减少不应有的浪费，从而我们可以将自由裁量的效率要求归纳为迅速、正确、有效、合理。（傅国云，1998）为了实现效率的目的，现代程序法设定了简易程序制度、紧急处置制度等。

高校自由裁量制度是为了提高行政效率而设置。因此，学术界存在着这样一种偏见：任何一个行政权行使主体在行使自由裁量权时都必须首先考虑效率，并通过效率体现自由裁量权行使的公正性。（关保英，1997）[158]这显然是将效率作为自由裁量行使过程中的最高价值取向，而将公正作为次级目标考虑。受到这种传统观念的影响，在规范行政时多偏重保障效率，而对自由裁量权的约束显得较为乏力。实践中，由于这种重效率、轻公平理念的存在，使行政主体在行使自由裁量权的过程中，常常有失偏颇。我们说，缺乏公正的效率是无序的，掺杂着过多的主观因素，不可能得到必然的、正当的法律保护。同时，这种短期的效率可能会导致行政管理中长期的无效率。即使高校自由裁量权的行使者是名睿智的执法者，然而他是有感情的，因而会产生不公平、不平等。因此这种效率往往会以牺牲学生的权利保障为代价，同时缺乏效率的公平也是不可能存在的。为此，行政机关不能及时有效地管理社会事务，社会秩序将陷入无序状态，从而践踏公平理念。在现实的教育管理行为中，高校对学生的管理就存在着这种偏向，比如高校在对学生颁发学位证书、学业证书中，无形提高标准，规定国家大学英语四级不过者、未获得国家计算机一级证书者等不得授予学位；一学期期末考试中，有两门或两门以上课程不及格者给予勒令退学的纪律处分；考试作弊者，无论轻重，一律给予开除学籍的纪律处分，等等。我们认为，高校内部规则的设定以及按照法律、法规所行使的自由裁量权，不得以牺牲公平而换取效率、秩序。否则，学生的受教育权以及教师的施教权，将会受到学校以行使自由裁量权为幌子的侵犯。

（三）高校自由裁量权的错位与滥用

高校在行使自由裁量权的过程中，公平的价值目标要求行政裁量体现公平的结果，排除一切可能造成不平等或偏私的因素。与此不同，效率的价值目标要求行政主体在实施自由裁量权时，以最少的成本投入，获得最大的功效。然而，高校在行使法律所赋予的自由裁量权的过程中，往往重视提高行政效率而忽视了公平的价值取向，从而造成了高校在行使自由裁量权的过程中对相对人权益的损害，表现为自由裁量权的错位和滥用。

行政自由裁量权的错位是指行政主体行使自由裁量权背离公共利益，侵害行政相对人权益的情形。而行政自由裁量权的滥用是指行政机关不遵守为行政自由裁量权所规定的有关法律限制而实施的行政违法行为。显然，无论是行政自由裁量权的错位抑或是行政自由裁量权的滥用，可以统称为滥用行政自由裁量权，都是对自由裁量权价值取向的背离。

滥用行政自由裁量权的表现形式目前还没有定论。国外对滥用行政自由裁量权表现的归纳不尽相同，如美国学者认为滥用行政自由裁量权有六种情形：（1）不正当的目的；（2）错误的或不相干的原因；（3）错误的法律或事实依据；（4）遗忘了其他有关事项；（5）不作为或迟延；（6）背离了既定的判例和习惯。（施瓦茨，1986）[571]而我国学者对滥用行政自由裁量权表现情形的概括也不尽相同，具体到高校滥用自由裁量权表现，主要有以下几个方面。

第一，高校裁量行为背离法定目的和利益。表现为主观有不正当的动机和目的，如出于小集团私利、个人私利或个人好恶，客观上造成了背离法定目的和利益的结果，这就要求高校自由裁量权的行使要符合法律授权的目的。任何法律均是基于一定的需要、为了更好地管理公共事务、达到某种社会目的而制定的，高校自由裁量权的行使，应该遵循法律赋予该裁量权的目的之规则，不得为达到某种目的而故意偏离法律授权的目的，否则将践踏立法的初衷。即使高校是在法律许可的幅度内行使自由裁量权，但如果违反法定的目的，仍然构成违法。高校必须按照法定的授权范围和程度实施行政行为，并对其行为的后果承担相应的法律责任，以确保高校的自由裁量行为符合法律授权的目的。最典型的现象莫过于最近几年报道比较多的"招生案"。

第二，高校裁量行为的结果失去准确性。表现为考虑错误或把不相关的因素考虑其中。我们说，自由裁量权的行使，要有确实、可靠的依据，此依据必须是与待处理事件有内在联系的并与裁量所认定的结论相一致的相关因素，与待处理事件本身无关的因素不能作为做出裁量决定的依据。高校在行使自由裁量权的过程中，应充分考虑客观事由对行政决定的公正性之影响，倘若做出决定时，把不相关因素纳入考虑或未把相关因素纳入考虑，都是法律所不允许的。比较典型的是高校有时迫于上级、外界的压力，而报喜不报忧，揣摩上级的意思行事。因此，高校只有一视同仁地对待相对人，才能使自己的自由裁量行为体现出公平、公正、正义的价值。

第三，高校裁量行为违背客观性，造成秩序的破坏。高校自由裁量权是运用国家行政权并伴随国家强制力实施的，高校的用权手段可采取强制性措施。这是教育法律、法规中因立法技术所带来的后果，即法律语言的极度概括和抽象，为自由裁量权的行使留下了很大的空间。1990年颁布的《普通高等学校学生管理规定》第63条规定了对学生予以勒令退学或开除学籍处分的6种情况，其中的第四项"品行极为恶劣，道德败坏者"和第五项"违反学校纪律，情节严重者"，都属于学校的自由裁量权范围。如何判断学生的品行恶劣、道德败坏，都给学校留下了极大的自由裁断空间。如果学校认为，某个学生的行为属于道德败坏而将其勒令退学，而外界或学生却不这样认为，并且双方争议很大，甚至大部分人都不同意学校的做法，并不能表明学校的校规或勒令退学行为违法，因为这属于学校的自由裁量权。

第四，高校裁量行为不正当的迟延或不作为。由于法律没有明文规定行政行为期限，或规定了一定的行为幅度，致使高校在运用自由裁量权的过程中出现不正当的迟延或不作为的行为。这就要求高校在行使自由裁量权的过程中要遵循比例原则，从而提高行政执法效益。比例原则的实质是禁止行政主体越量裁处，且在行使自由裁量权的过程中，应当遵循正当程序原则。其实，在现时的教育教学管理过程中，高校诉讼案之所以增多的一个最大特点就是"程序瑕疵"，最典型的案例莫过于"田永案"。因此，高校要以是否为公共利益所需要，是否有利于公共利益的实现作为自由裁量权的根本标准，以达到行政效益最大化为最终目的。

（四）高校自由裁量权的法律规制

高校拥有和行使自由裁量权一方面是为发挥高校行政行为的能动性、主动性，另一方面高校在行使自由裁量权的过程中存在错位与滥用的现实。"既然行政自由裁量权的存在和扩大是历史的必然，人们的努力就不是徒劳消灭它，而是以更严格的法律和规则规范其合理正当的行使。"（郭润生，宋功德，1997）因此，要做到对高校自由裁量权的放而不纵，管而不死，应当从立法、司法、行政三个方面控制高校自由裁量权的行使。

第一，从立法角度来讲，应当完善高校的行政职权，使高校所拥有的自由裁量权有法律依据。从《教育法》、《高等教育法》等法律法规中我们可以看出，高校的权力主要有两个方面：一是法人权利；二是行政职权。与高校行政自由裁量权直接相关的行政职权，依据《教育法》等相关法律、法规的规定，高校所拥有的行政职权为：对教师的资格认定、职务评定以及对教师的处分；招生与学籍管理；颁发国家认可的学业证书与学位证书等。因此，从立法的角度来看，必须加强对高校行政自由裁量行为的立法控制。立法控制应包括以下几个方面的内容：首先，通过规范行政实体法来控制。"目前我国行政自由裁量权存在的一个重要问题是授权过滥与授权不足同时存在"（张庆福，1999）[494]，这就要通过提高立法质量，加强法律的可操作性，防止法律授权过宽，应尽可能减少自由裁量权的广度和幅度，并及时把不适合实际发展的自由裁量行为改变为羁束行为；对授权不足的需要授予的自由裁量权要通过立法及时授予，尽可能减少应被法律调整而未被法律调整的社会关系的"空白"。其次，要从行政程序上规范自由裁量权。加强行政程序立法，需要在立法上对高校自由裁量权行使的条件、范围、幅度等做出准确、科学的规定，并从过程、步骤、方式、时限等方面对自由裁量权加以限制。要建立和完善行政情报公开制度、听证制度、告知制度、职能分离制度、禁止单方接触制度等。我国目前的教育法律、法规对高校自由裁量权行使的条件规定比较粗，如规定高校对学生有纪律处分的权力，但对于适用的条件、处分的方式等均无规定，这为高校自由裁量权的滥用提供了可能。再次，加强行政责任制方面的立法，对故意滥用自由裁量权的高校直接责任人，视其行为后果，规定相应的经济责任、行政责任直至法律责任，这对规范高校自由裁量权合理运用也有十分重要的意义。

第二，从司法角度来讲，应当赋予人民法院依法对高校所行使的自由裁量权有司法审查的权力，不得使高校处于"无诉"、"息诉"状态。长期以来，高校是"象牙塔"的代名词，是一方净土。无论是高校对相对人的权益损害还是相对人拿起法律来捍卫权益，人民法院往往都是不受理。只是近年来，高校的"无诉"、"息诉"状态被打破，如刘燕文诉北京大学案、田永诉北京科技大学案，都被作为行政诉讼案得以审理。因此，高校所拥有的行政自由裁量权接受司法审查就无可厚非。我国《行政诉讼法》的颁布为行政自由裁量权的司法控制提供了法律依据，但目前对自由裁量权的司法审查还存在一定的困难。首先，行政自由裁量权受司法审查的范围有限。《行政诉讼法》第2条规定，"公民、法人或者其他组织认为行政机关和行政机关工作人员的具体行政行为侵犯其合法权益，有权依照本法向人民法院提起诉讼。"第5条规定，"人民法院审理行政案件，对具体行政行为是否合法进行审查。"可见，我国《行政诉讼法》只审查具体行政行为，不审查抽象行政行为。因此，可以适当扩大我国行政诉讼的受案范围，将抽象自由裁量行为纳入我国行政诉讼范围，遏止行政自由裁量权的滥用。这在新的司法解释里面也得到了支持，在2000年3月最高人民法院颁布的《关于执行〈中华人民共和国行政诉讼法〉若干问题的解释》中，第1条第1款规定："公民、法人或者其他组织对具有国家行政职权的机关和组织及其工作人员的行政行为不服，依法提起诉讼的，属于人民法院行政诉讼的受案范围。"这一规定的进步在于使用了"行政行为"而没有沿袭"具体行政行为"的提法，表明了行政诉讼的受案范围正在逐步扩大，加强了对行政管理相对人诉权的保护力度，对公民权利的保障更加有利。其次，行政自由裁量权受司法审查的深度有限。依据《行政诉讼法》第5条规定，行政诉讼中人民法院只审查"合法性"，不审查"合理性"。《行政诉讼法》第54条第4款规定，"行政处罚显失公正的，可以判决变更。"目前存在的问题是，如果说司法审查仅审查"合法性"，那么只要行政主体或者法律、法规授权组织的自由裁量行为有法律规定的依据，不管在行使时是否背离公共利益，侵害相对人的权益，只要不是"显失公正"，即使造成一定的不利后果，也不构成违法，仅是自由裁量权行使的不当形态。这样由行政自由裁量权引起的不当行政行为便游离于司法控制之外。鉴于此，我们认为，要适当加大司法审查的范围和深度，比如，高校在行使自由裁量行为时，有无充分的事实和法律依据、有无考虑到行为与行政目的之间的关系、有无顾及社会的期待与回应、有无为相对人提供陈述与辩解的机会、有无履行告知和送达的义务、有无应相对人的要求举行听证等，这些内容作为司法审查来说都是可以涉及的。司法审查与自由裁量既可以是实体内容的审查，也可以是对程序的审查，而且从实践上看更多的是关于程序问题，美国最高法院 1972 年在罗斯诉威斯康星州立大学一案的二审判决很能说明问题（董世忠，1997）[114]。可见，对自由裁量的司法审查并不意味着司法权干预行政权，而是为其在合法合理范围内的行使构筑了一道社会正义的防线。

第三，从行政角度来讲，要求高校在运用行政自由裁量权过程中，应当坚持行政合理性原则和正当程序原则，同时还应当加大上级行政部门的监督、监察力度，完善行政申诉、行政复议制度。高校的根本目的是教书育人，任何管理措施的实施都是基于和围绕"人"开展的，不能为了自身管理的需要而设置不当的规则。也就是说，从高校作为法律、法规的授权组织、行使自由裁量权的角度来看，首先应当坚持合理性原则和正当法律程序原则。行政合理性原则不像行政合法性原则所要求的那样彻底和严格，否则自由裁量权将失去存在意义。这就要求高校在制定校规校纪时，不仅动因要符合目的，比如制定校规的目的是为了更好地教育和管理学生、维持学校的教育教学秩序，而不是为了歧视某类学生或剥夺某些学生的权益。而且应当考虑该制度相关的合理因素，不得考虑不相关因素。究竟哪些是相关因素、哪些是不相关因素，应当根据每一个具体制度或事项决定，并没有绝对不变的说法。如在制定学生升降级、分流等制度时，学生的学习成绩、在校表现以及学生本人的志向等因素就是相关因素，而学生的容貌、衣着等则可能是不相关因素。同时，学校在制定校规时还要做到合乎情理，兼顾学校教育目标的实现和保护学生的权益。在制定的校规可能对学生的权益造成某种不利影响时，应将这种不利影响限制在尽可能小的范围内。合理是基于合目的性和合规律性的统一，更多的是基于实体法内容的考虑。所以，高校在行使自由裁量权的过程中，还应当坚持正当程序原则，即要求完善和建立以"自然公正"为核心的教育听证制度（包括教育行政公开制度、调查取证制度、教育中的告知制度、教育中的回避制度）和以效率为中心的教育时效制度。

其次，应当完善法律救济途径，特别是行政申诉、行政复议制度。"有权利必有救济"，高校在行使自由裁量权的过程中，造成对相对人权利损害的，必须依法承担相应的法律责任，这就要求真正完善行政申诉、行政复议制度，使相对人权利救济的途径得到保障。再次，还应当加大上级行政部门对高校的监督、监察力度。教育行政部门及其上级行政部门负有对高校监督、检察的权力，如果行政部门不作为或消极作为而造成高校的违规乱纪，使相对人没有享有权利的，行政部门应当负责连带责任。

二、建立以维权为核心平衡机制的高校法人内部治理结构的目的

基于对高校行政自由裁量权的价值取向以及高校行政自由裁量权的法律规制的认识和考量，并没有消除我们心中的疑团，因为，如何实现公平与效率的平衡？法律规制如何落实到实处？此种法律规制的平衡机制何为？依然没有得到彻底解决。也就是说，如何在具体的高校行使自由裁量权的行政过程中找出公平与效率的最佳平衡点，从而使这对既统一又有潜在冲突的价值取向接近平衡呢？我们认为：

一方面，行政程序成为了沟通公平与效率之间的纽带。在一个健全的法律制度下，公平与效率这两个基本价值取向应是相辅相成、紧密相关的。行政过程中不仅要求实际上没有偏见，而且要求在外观上也不应使人有理由怀疑可能有偏见。行政过程只有达到某些平等对待要求才是适当的，没有符合这些要求的行政过程，即使是以较少成本取得同样的管理结果，也是不合理的。（沈岿，1999）[207]因而正当的程序就成为公平与效率之间的"和事佬"，缓和两者之间的矛盾，促进两者之间的统一、平衡。从表面上看，严格的行政程序仿佛阻碍了行政机关自由裁量，降低了行政效率。但实质不然，如果行政主体只是片面地追求行政效率，而不是遵守法定的程序，势必有可能会损害到相对人一方的合法权益，从而引发行政救济程序。这样反而会大大降低行政效率，产生一系列的负面效果。实际上，行政法治、行政程序和行政效率三者是相统一的，有程序的效率，才是有保障的效率，才能实现有效率的法治。（黄宏贤，1999）因此，公正并非必然排斥效率，同样效率也并非必然排斥公正。例如，一个毫无效率的行政活动过程绝不能说是公正的，因

为它意味着有限社会资源的浪费，也不利于社会公正利益的推进。

　　另外，建立以维权为核心的自由裁量权的平衡机制。高校在自由裁量权行使的过程中，一方面要为相对人提供一个充分表达自己意见和利益的空间，使相对人为实现其利益最大化进行选择；另一方面使教育行政活动在遵循一定行政法原则的情况下，保持相对的迅捷和灵活度。以维权为核心的自由裁量权平衡机制的建立，应遵循"法律保留原则"、"比例原则"，并辅之以"自然公正"为核心的教育听证制度和以效率为中心的教育时效制度。这就要求必须放弃对公平与效率进行简单化的次序排列的价值定位。现代的教育行政管理纷繁复杂，无论是认为原则上效率是第一层次的价值目标，两者冲突时，公正应服从效率；还是认为原则上公正是第一层次的价值目标，两者冲突时，效率应服从于公正的笼统概括法都会有失偏颇。高校行使自由裁量权时，不可能千篇一律，进行简单的价值定位，而应根据具体情况具体对待。在现实的高校行政管理中，应始终以维权为核心，当对权利人权利影响较小的自由裁量，应强调行政效率优先，对相对人影响较大的行政裁量，除紧急状态外，高校自由裁量的首要价值是公平，而效率则居于第二位。

　　显然，高校作为法律、法规的授权组织，所享有的行政自由裁量权是有法律规定的。但是，高校行政自由裁量权的行使是有限度的，必须以公平与效率为价值取向。当出现错位与滥用时，我们有必要从立法、执法、司法的角度考虑，以行政程序为基点，通过建立以维权为核心的自由裁量权的平衡机制，使行政自由裁量权得到合法合理的行使。

三、完善高校内部管理体制为主的高校法人内部治理结构的目标

　　在现代大学制度视野下高校法人内部治理结构的安排中，需要对不同利益相关者的权利进行合理配置，最大限度地发挥权利主体对高校事务的参与，权利主体的参与可以最大限度地争取到在高校发展过程中的"话语权"，这不仅有利于激发权利主体的能动性，而且有利于高校决策的科学化、民主化。

　　然而，在一个决策过程的连续体（continuum）上，实际存在着三种分权化的形式：分权（deconcentration）、授权（delegation）和放权（devolution）。

（Rondinelli，1981）[133-145]斯科特认为目前大学的决策和管理体制以五种形式体现出来。它们分别是学术自治的决策形式，理事会决策的管理形式，理事会和大学学术成员组成的平衡决策形式，政治赞助式的决策形式，政府行政决策形式。（马万华，2004）[83]

　　同时，世界银行和联合国教科文组织在发布的《发展中国家的高等教育：危机与出路》的文件中，提出了较为综合的"共享决策"模式。所谓"共享决策"（shared governance）实际上是一种大学的民主管理模式：即专业人员、行政人员、校外人士和学生共同参与的管理形式。（世界银行，联合国教科文组织特别工作组，2001）[51]显然，实施这种模式，使"在这里的人们可以充分享受学术自由和表达自己的想法，对大学管理中出现的任何问题都可以提出质疑和批评。当然这种'各抒己见式'的决策模式会拉长了决策的周期。聪明的大学管理者在决策时总是把论证时间考虑在内，而且要有耐心，并对大学的决策和管理采取灵活操作的机制（fluid approach）。"（马万华，2004）[121]

　　其实，在高校的权利主体中，并不是任何一位权利主体都有参与的热情。罗伯特·凯利曾访谈过领导和下属，他论证道，可以把下属置于一个双维度坐标的连续体上：（1）从独立的批判思维到依赖性的非批判性思维；（2）从主动到被动的活动。（Kelly，1999）从而构成了规范下属、孤傲下属、被动下属、遵奉者四种。所谓规范下属，是独立的批判性思维者，同时也是主动的工作者，能够保持积极的眼光，具有主人翁精神，总是忙忙碌碌，因其把心思全部用在工作上而被邀请担任各种委员会的工作。所谓孤傲下属是独立的批判性思维者，但工作消极，孤傲下属较为聪敏，时常不付出其最大的努力，而且喜欢说："不在其位，不谋其政。"所谓被动下属，是依赖性的非批判性思维者，工作消极，是那种既不打渔也不织网的人。所谓遵奉者，是依赖性的非批判性思维者，工作积极，这是一种如果别人都做了也就跟随大流的人。在教育界，这四种类型的下属都可以找到。

　　总之，无论是决策过程的连续体、斯科特的"五形式"决策和管理体制，还是"共享决策"，其核心是解决在高校内部管理体制中，不同权利主体对高校内部事务的参与，涉及的是高校内部权利机制配置与构造问题，即高校内部管理体制的建立与健全问题，是高校法人治理的核心和内容之一。

　　所谓高校内部管理体制是指高校的管理制度、机构设置、管理权限以及相互关系的根本性组织制度。这种制度的最优状态是：符合教育规律，能够主动适应和促进经济、社会发展与变化；能够充分调动基层的主动性、创造性和师生员工的积极性；能够进一步解放和发展大学生产力，最合理、有效地配置人、财、物、信息等各种要素资源，输出最大效能。在现代大学制度的建构中，高校内部管理体制的改革势在必行，这不仅是高等教育创新的必然要求，也是摆在高等学校和广大高等教育工作者面前的重大课题。

从法学的视角来分析，高校内部管理体制是围绕权力主体的权力运行、配置机制与构造而言的，主要是实现高校内部多主体的参与，从而完善高校法人治理结构的治理机制，实现决策权、行政管理权、学术权、监督权等权力的合理行使与权利的合法享用。

从西方高校内部管理体制中的权利主体的权利运行、配置与构造而言，不同的国家都形成了各自的特色。

在德国，1998 年德国《大学基准法》第四次修订时，删除了关于大学内部组织的相关规定，由各邦大学法自定。考察德国各邦大学法，大学的内部组织结构大致可以分为中枢单位和基本单位。

中枢单位由大学领导和两个合议机关构成，大学领导通常是指校长或校长委员会。合议机关指大评议会与评议会。大评议会的组成通常包括四类人员：大学教师代表、学术人员代表、学生代表及非学术人员代表。成员的比例由各邦大学法自行规定，一般而言，大学教师应占过半席次。例如 Sachsen-Anhalt 邦大学法规定的比例为 6：2：2：1。各邦大学法规定的大评议会的职责不尽相同，但至少都包括以下三项任务：（1）决议大学基本规程；（2）选择大学校长；（3）听取校长的年度报告书并提出立场说明。评议会的主席由校长担任，其他成员为依比例产生的大学教师代表、学术人员代表、学生代表及非学术人员代表。评议会的组成人员通常不会太多。以Brandenburg 邦为例，除校长为主席外，包括 6 名教师代表、2 名学生代表、2 名学术人员代表及 1 名非学术人员代表。Hessen 邦则包括 9 名教师代表、3 名学生代表、3 名学术人员代表及 2 名非学术人员代表，其中教师代表人数超过成员总数的一半。在评议会中，副校长、总务长、各学域长及其他相关事务的学校组织成员可以顾问身份列席，但是不具有投票权。评议会为大学真正的决策机关，其所辖范围涵括所有与学校发展相关的研究、教学与学习等事项。评议会的主要权限，都在各邦的大学法中详细列明：《Sachsen-

Anhalt 邦大学法》第 77 条规定评议会的主要权限包括：（1）议决校长、副校长的建议名单；（2）议决根本的学术事务，尤指研究的优先顺序、研究重点的形成及特殊研究领域的设立；（3）议决学域的大学教师任用建议名单；（4）议决大学发展计划；（5）议决学系、大学附属机关与一般委员会的设立、变更与撤销；（6）颁布管理与使用大学附属机构的规则；（7）议决大学财务预算；（8）分配大学所属的空间场地与资源；（9）议决社团法人的预算；（10）议决有关学术后进的培育与奖掖的根本事务；（11）表明对修业规则、考试规则、博士资格取得与教授资格取得规则的意见，并将决议作为一般准则；（12）议决有关入学许可人数的规定；（13）议决荣誉评议会委员的授予；（14）议决女性奖掖的措施。

大学基本单位是学域（学系），由学域长及学域会议负责学域行政事务。学域长由学域会议自学域内的教授中选出，为学域会议的主席，负责推动与执行学域的任务。学域会议处理学域内所有与教学、研究、考试相关的事项。学域会议由学域的教授代表、学术人员代表、学生代表及非学术职员代表组成，其中教授居过半席次。（林惠云，2000）[79-82]

在法国，根据法国《教育法典》的规定，法国高等学校实行校长和三个委员会（管理委员会、科研委员会、大学生活和学习委员会）共同管理的模式，为了保证校长的权威和行政效率，校长是三个委员会的主席，为了保障管理的民主，法律特别规定校长和各个委员会的权限划分以及在特定的事项决策时，要求校长必须听取相关委员会的意见。

校长的主要职责是：校长领导学校；他代表大学和第三方签订合同、协议；他是学校收入和支出的审核者；他领导三个委员会，准备和执行他们的决议，接受他们的建议和意见；他对于学校全体人员拥有指挥权；他委派管理人员、技术人员、工人、服务人员到不同的部门；校长可以改变工作人员的工作职责；他任命不同的评审委员会；他有责任维持学校内部的秩序，并可以在国家参事院确定的条件下求助于公共权力部门。

管理委员会的职责是：管理委员会决定学校的政策；审议学校合同的内容；对于学校的预算进行表决，批准账目；他在尊重国家优先权的前提下分配职位，授权校长公正地执行所有的职权；他批准校长签署的合同和协议，在政令确定的条件下，批准借款，分支机构的成立，接受赠与，取得不动产；他可以授予一部分职权给校长。一般由 30～60 人组成，教学科研人员一般占 40%～50%，校外人士占 20%～30%，学生代表占 20%～25%，其他人员占 10%～15%。

科研委员会的职责是：向管理委员会提议学校科研的政策科学研究的文献政策，科研资金的分配；学校的规划，教师岗位的资格，保证教学和科研之间的联系；学术假期的分配。一般由 20～40 人组成，校内人员包括学生代表占 70%～90%，校外人士占 20%～30%。

大学生活和学习委员会的职责是：向管理委员会建议学校的发展方向；调查学生有关居住的要求；简便学生入学手续；活跃学生文艺体育社会活动；改进学校生活和学习条件；保证学生的政治自由和结社自由。一般由 20～40 人组成，教学科研人员和学生一般占 75%～80%，校内其他人员和校外人士各占 10%～15%。

在美国，高等学校实行董事会制。董事会是大学的最高权力机构，决定大学的宏观政策与发展方向。董事会成员由州政府任命或公众选举，州长、州教育局长、大学校长、大学事务局长都是董事会成员。董事会选举和任命校长，校长作为法定代表人和执行官，具有管理学校日常事务的管理权，而校内的学术事务则由校长主持下的教师评议会负责。正如有学者所言，19世纪末期以来逐渐形成的美国大学内部治理机制，其特点主要有：一是决策与执行活动的分离。校外人士组成的董事会作为一个独立的管理层次出现在大学管理中，作为大学的法人代表，负责大学重大行为的决策和大学与社会间的协调。而由大学校长以及校内其他各级管理机构则处于董事会的领导下共同执行决议。二是行政管理与学术管理的规范化。行政管理和学术管理相互独立，两者和谐相处，分别作用于大学整体。三是民主管理制度。各类具有决定权的管理委员会，不仅有知名教授参加，也有部分一般教师参加，同时行政人员甚至学生也参与其中。四是介于政府和高等教育机构的中介组织开始出现。美国大学的中介制度不仅广泛，而且以民间性居多，如美国大学协会、全国鉴定理事会、美国大学校长协会、美国教授联合会、专业鉴定委员会、卡内基教学基金促进会等。这些中介组织不仅促进了大学之间的沟通了解，而且也作为一种监督机制，确保了大学的利益相关者的捐助人、受益人和作为公共利益代表的政府在其中的角色和功能的发挥。（张俊宗，2004）

在日本，大学治理结构由校长、评议会和校教授会组成。大学校长由评议会或教授会提名，文部省任命，主持学校行政事务。校评议会由校长、学部长、学部教授、研究所所长等组成，协助校长制定规章制度，提出预算方案，审议校内重大事务；教授会由教授、副教授和其他教学人员组成，负责处理校内主要涉及学术事务和人事方面的重大事务。（郎益夫，刘希宋，2002）

新中国成立以来，我国高校内部管理体制经历了多次反复的改革与变迁。尤其是改革开放以来，我国高校内部管理体制的改革趋于合理化，主要围绕"高校办学自主权"来展开，但主要是针对高校与政府的关系而言的，是为了建立健全高校的外部治理机制，对高校自身的内部管理体制并没有过多地涉及，即高校法人的内部治理机制还有待于进一步研究。

具体而言，20世纪70年代末期以来，在经济体制改革背景下，高等教育体制也进行了改革，而且两者在某种程度上保持了步调的一致：（1）1985年，《中共中央关于教育体制改革的决定》第一次明确提出了扩大高校办学自主权，加强高等学校同生产、科研和社会其他各方面的联系，使高等学校具有主动适应经济和社会发展需要的经济性与能动性。在《决定》指引下，各高校在改革招生与毕业生分配制度的同时，对高校人事制度和分配制度改革进行了全面探索。（2）1993年，《中国教育改革和发展纲要》更明确地提出了改革高等教育办学体制、管理体制、投资体制等任务。（3）1995年，我国《教育法》颁布实施，规定学校及其他教育机构具备法人条件的，自批准设立或登记注册之日起取得法人资格，至此，我国高校的法人地位得到了确认。（4）1998年，《高等教育法》颁布，进一步确定了高校享有的办学自主权。在1995年我国《教育法》颁布实施前，我国关于高校内部管理的改革主要集中在协调政府与高校关系上，之后的教育体制改革则涉及了高校内部组织治理机制。依据《高等教育法》的规定，我国高等学校实行党委领导下的校长负责制。党委常委和校长、副校长由主管部门的党组织决定任命，其中党委常委必须在党内选举的基础上，由上级党组织任命；学校党委对学校干部有任免权，对重大事项有决定权，校长对行政、学术、教学、外事等工作有决定权。学校学术委员会作为学校的"咨询机构"、"审议机构"为学校的教学、科研发展提供保障。教职工代表大会居于参政、监督地位。

而我国高等学校现实的治理结构与世界其他国家有较大差异，这种差异不仅在于执政党对学校事务的直接管理，而且体现在学校管理权力的高度集中和监督机制的薄弱。在党委领导下如何建立和完善高校的法人制度，形成合理的法人内部治理结构，是摆在我们面前的一道难题。《2003—2007 年教育振兴行动计划》提出："高等学校要坚持和完善党委领导下的校长负责制，推进依法办学、民主治校、科学决策，健全学校的领导管理体制和民主监督机制。"对于高等学校的领导决策权、行政管理权、学术发展权和民主监督权，既要实现四种权力的分离，更要实现四种权力的整合。

要完善我国现行的高校内部管理体制，应从以下方面做起：（1）实行政府与公立高校的委托、监督办学的制度安排。政府是公立高校的投入主体，又负有规制高等教育、促进高等教育公平的义务，理所应当对公立高校的运行起到监督、调控的作用。为了充分保证公立高校的社会主义办学方向和办学自主权，政府应当同高校直接管理层建立比较明晰的委托—代理关系，为探索建立有中国特色的现代大学制度提供基础。党委应站在更高的位置对高校实行领导，确保高校的社会主义办学方向和党的教育方针的落实；党政协调应以职权划分的明晰为条件，当前迫切需要坚持和完善党委领导下的校长负责制，进一步明确党委和行政在高校各自的权利范围与责任，形成各有侧重、各有分工的良性制衡关系。（陈玉琨，戚业国，1999）（2）公立高校内部行政权力和学术权力分开。高等学校科层制的体制与学术联合体的属性决定了大学的事务大致区分为学术事务和行政事务，分别由学术权力和行政权力进行管理，其中学术权力对学术活动起着支配性作用，遵循学术自身的规律运行，强调大学的教学、科研使命，体现教授治学、学术自由、兼容并包的精神；行政权力在高校管理中起着行政负责的作用，对学术活动的正确方向进行保证监督。（3）完善高校用人机制。教师及学者团体是高校资源的根本，高校应当加强人力资源的整合，改革教师薪酬机制和科研成果、教学业绩的考核机制，建立短期激励与长期保障相结合以及学校财力可持续支撑的新型薪酬激励制度，实行人才外部引进和内部培养相结合的人力资源管理方式，为他们创造宽松的环境；强调学术使命，促进学者团体道德自律。（唐宁，2006）（4）大学行政管理的科学化。随着办学规模和校区范围的扩大，高校与社会联系的日益紧密，公办高校各项行政管理事务的大量增加，加上原有治理结构的调整，迫切需要高校内部进行新的管理体制改革和行政管理流程再造。在组织结构上，实行以学院为主体的管理模式，行政部门按照突出宏观管理、战略规划、目标督察和绩效评估等职能进行设置；在管理手段上，应当建立起完善的数字信息处理系统，建立权威的数据中心，逐步实现行政部门的协同办公，以有效配合学校校务公开、民主办学和内外监督。（5）完善公立高校的外部监督机制。为增强高校行为的自律，可借鉴国外做法，通过建立中介机构，依靠开放的社会中介力量，实施对高校的评估和监督，间接规范高校的行为。具体设置既可采取政府组织形式，也可采取高校或民间组织形式；既可设置咨询、监督性的机构，也可设立审议、评估性的机构，结合具体情况，逐步建立多样化多功能的中介机构，完善高校法人制度的运行机制。（陈建新，2006）

第三节 高等学校法人内部治理结构的法理价值取向

在现代大学制度视野下高校法人内部治理结构安排中，高校法人与教师、学生等关系中，要确保权利主体的权利行使与表达，使教师、学生等权利主体不仅有权参与高校事务，而且更重要的是使其权利能得到法律的保护，这就必然要求高校要彰显与遵循学术自由的至高原则与精神，现代大学制度视域下高校法人内部治理结构的法理价值取向应以学术自由为生命线。那么，究竟什么是学术自由？如何确保大学学术自由的实现呢？

一、学术自由的内涵与特征

对学术自由内涵与特征的认识，我们需要从多个层面来认识，不仅可以从法律的规定来认识学术自由的宪法属性，也可以从学术的角度来分析学术自由中为何自由、谁的自由、怎么自由？等法理属性，进而对学术自由形成较为全面的认识。

（一）宪法法律层面学术自由的规定性

学术自由的原则是从中世纪欧洲大学教师的独立性原则发展而来。为了保证知识的准确和正确，学者的活动必须只服从真理的标准，而不受任何外界压力，如教会、国家或经济利益的影响。（布鲁贝克，2002）[46]中世纪欧洲大学教师的独立性原则，到近现代社会，已经成为各国宪法、法律共同的原则。

在英国，大学的自治权和学术自由被认为是一种理所当然的事情，是英国特有的经验主义哲学观的反映。在美国，学术自由思想在19世纪传播时引起了激烈的争论，但通过最高法院的判决最终得以确立。

法国宪法上学术自由被包含在教育自由之内。教育自由是由宪法委员会根据法律承认的基本原则确认的，具有宪法原则的性质，包括提供教育自由和接受教育自由两方面。提供教育自由的根据是在尊重宪法和法律的前提下，任何人都可以自由地根据自己选择的方法提供教育。接受教育自由则表示，学生完全可以自由自在地选择学校学习。教育自由意味着教育的多元化。多元化具有三方面含义：教育不能被垄断，如公立学校垄断，要允许创立私校；家长或学生完全有权决定在公立或私立学校就读；教育者也享有一定的教学自由。（韩大元，2000）[94-95]

德国基本法规定了教科文自由，属于表达自由。公民有从事艺术、科学、教育和研究的自由。但教育自由应忠诚于宪法，以限制其滥用，防止破坏自由民主基本秩序，即不得宣传用实际行动和武力反对宪法。同时规定了教育与宗教相分离的原则。（韩大元，2000）[143-144]

日本宪法规定了学问自由，属于精神自由，通常是指形成、发表、讲授思想及学说体系的自由以及达到此目的的手段自由。广义指一切学术研究及其发表、讲授自由；狭义指高深学术研究、高层次教育机关的自由，特别是大学自由，包括实现大学自治。（韩大元，2000）[253]

学术自由属于韩国宪法上的精神自由。学术与艺术自由是国民的一项基本人权，受国家法律保障。宪法规定的学术自由主要包括研究自由、发表研究成果的自由、讲授的自由与大学自治等。（韩大元，2000）[302]

南非宪法规定，学术自由和科学研究的自由属于表达自由权的组成部分。但不得进行战争宣传、怂恿暴力的煽动和基于种族、民族、性别或宗教的憎恨，并构成引起伤害的鼓动。每个人有权自行出资建立和维持独立的教育机构，但该机构不得建立在种族歧视基础之上，为教育权。（韩大元，2000）[179-380]

意大利1947年宪法规定：（1）艺术与科学自由，讲授自由。（2）共和国颁布关于教育方面的一般规范并设立各种类型和各级国立学校。（3）团体与私人均有权创办无须国家负担的学校与教育机构。（4）在规定非国立学校的权利与义务时，应本着平等的精神。法律应当保证此等学校享有充分的自由，并保证对其学生实行与国立学校学生相同的学校制度。（6）高等文化机关、大学和科学院在国家法律所规定的范围内，有权颁布自治规章。

古巴 1976 年宪法规定，创造性的科学研究活动是自由的。国家鼓励和奖励科学研究，首先旨在解决保证全社会利益和人民福利的科学研究。（萧榕，1997）[86]

希腊宪法规定，艺术、科学、研究和讲授自由，促进它们的发展是国家的职责。学术自由和讲授自由并不免除任何人忠诚于宪法的义务。

（二）学术自由的内涵

在很多国家的宪法、法律中，都对教育自由、表达自由、研究自由、学术自由作了相应的规定。除此之外，学术界关于学术自由的内涵也有着不同的观点。

德国洪堡大学 Paul Kirchhof 教授认为学术自由有六大内涵，即：不受驾驭；严谨地对知识进行探索及传播；共通联络的自由；学者的行为可以自我决定，并且对其行为自我负责；防止国家侵害；国家提供财力和机构支援。（劳凯声，2002）[325]

日本学者宫泽俊义认为，学术自由指学问研究活动的自由，研究者在学问研究上，有抱有任何见解学说的自由，具有思想良心自由的性质；研究者有表现其学问见解的自由，具有表达自由的性质。学术自由对于学校教育尤其具有意义。作为研究者的教授自由多指大学教授的自由，而其所称大学也不专指具有大学名称的教育机关，或学校教育法上的大学，而是指以最大程度的纯粹学术研究及教授为其任务的教育机关而言。（林纪东，1980）[130]

美国大学教授联合会在《1915》中宣言公布了学术自由的主要原则：教授作为教师和学者有权自由发表言论；除非不称职或有道德缺陷，教师的职位必须得到保证；教授受处分前有申诉的权利。

有人认为，学术自由并非是指每个科学家都应当进行其认为最想进行的研究，也不是指整个科学应当自治，"毋宁是指应当有尽可能多的独立的研究工作中心，在这些工作中心里，至少那些已被证明有能力增进知识发展并被证明能专心于自己研究工作的人士，能够自行确定其将为之付出精力的研究问题；在这些工作中心里，他们能够阐述和讨论他们已经获得的结论，而不论这些结论是否符合其雇主或大众的愿望"。（哈耶克，1997）[178]

我国台湾学者林纪东认为，学术自由的基本意义是指大学（或其他高等学府）教师有发表、讨论学术意见而免于被除职之恐惧的自由。在学术自由下，大学的教师有从事思考、研究、发表和传授其对真理之一见一得的自由。这种自由除了受基于理性方式产生的纯学术行规与权威的制约外，不受其他管制或权威的干涉与控制，（金耀基，2001）[172-173] "不能以某种学问的研究，对于国家社会有害，违反公共福祉，及错误为理由，制定法律，加以弹压、禁止或妨害"。（林纪东，1980）[204] 学问是否对国家社会有害、违反公共福祉或有无错误，最终应该由学术自身予以判断，而不能以国家等所谓的公共权威擅为判断。这才是学问自由的真义，因为只有自由地进行学术，才能真正符合公共福祉。

《国际高等教育百科全书》认为，学术自由是教师在其学科领域内的自由。它保证高等学校的教师和研究者不受政治的、基督教会的或其他行政当局的组织、戒律或指令从事其工作，不考虑他们的个人哲学观点、行为习惯或生活方式。它是授给这些个人的一种自由，以保证他们有机会为了发展知识从而有益于整个社会的目的来检验和质疑各种公认的见解。

《简明不列颠百科全书》（第8卷）把学术自由解释为：教师和学生不受法律、学校各种规定的限制和公众的不合理干扰而进行讲课、学习、探讨知识以及研究的自由。

蒙罗（G. R. Morrow）在《国际社会科学百科全书》中认为学术自由是指大学（或其他高等学府）教师有发表、讨论学术意见而免于被除职的自由。（金耀基，2001）[172]

基于以上对学术自由观点的分析，学术自由的内涵非常广泛，其主体是多样的，内容是丰富的。从高等学校特定的范围来看，学术自由不仅是指大学教师、学者享有教授、研究和发表见解成果的自由，而且也包括学生享有的学习自由，国家不得以政治权威等手段加以干涉，而且应通过制度的手段予以保障。

（三）学术自由的特征

学术自由的独特性在于其自治性、开放性、信念性与环境性的统一。

其一，学术自由的自治性。学术自由首先意味着学术自治。传统学术自治指的是学术机构（大学）的自治，即大学是一个学者团体，学者们自己管理自己，不受外来的控制。"自治是学术自由的组织保证"。（卢晓中，2000）由于学术是一种专业性判断，不仅包含着对现有知识的判断，还包括了对现有知识所无法解决的事务的判断，只能由学术自身的从事者来进行。大学教师正是从事学术的核心主体，因此只能由大学而不能由国家或者社会对学术做出判断。

其二，学术自由的开放性。学术自由意味着学术的开放性，仅仅强调学术自主性而忽视学术的开放性，可能造成学术封闭，并不能够真正实现保护学术自由的目的。学术自由在某种意义上正是为了抵抗学术自治对学术自由的侵害而出现并受到强调的一个概念和思想，尽管学术自治"对学术自由起一定的保护作用"，但这种"保护"仅仅限于大学系统外部对学术自由的侵犯，伴随学术自治可能并在历史上已经多次出现过的偏执、保守和排斥，大学教师的学术自由受到了侵犯。（卢晓中，2000）

其三，学术自由的信念性与环境性的统一。对于大学来说，学术自由既是一种信念又是一种环境。在学术自由的信念下，大学教师享有按照自己的学术爱好和学术界公认的标准从事教学与研究的自由；在学术活动中通过言语交谈、书信写作和出版物发表其研究成果的自由；结成学者社团并参与社团活动的自由，以及通过出版物、口头或书信的方式与大学内外国内外同事及同行进行学术交流的自由；在学术交流的环境中，大学教师不因其教学、研究、出版等学术活动而导致地位、职务或公民权利受到威胁或侵犯；在学术活动中，大学教师既不受同事、系主任、院长、校长或董事会意见的限制，也不受大学之外的任何权威，不论是政府官员、政治家、牧师或主教、出版商还是军事人员的干扰，教师的学术活动只服从真理的标准，不受任何外界压力的影响。（别敦荣，2000）[65-66]

二、学术自由与大学自治的关系

在大学发展史中，大学自治与学术自由的关系甚为密切、形影紧随。谈大学自治，必言及学术自由，有时人们也对二者进行二重唱，即"学术自治"。

　　学术自由是大学的灵魂和品格之所在，这一点已经得到了普遍的认同。但是，对于学术自由与大学自治的关系，却存在不同的认识，有两种代表性的看法：一种观点认为大学自治是学术自由的合理延伸和当然结果；另一种观点认为大学自治是学术自由的制度保障。

　　第一种观点把大学当成学术自由的组织体，把大学自治看作团体性的学术自由。这种观点立足于自由主义的精神，为大学自治提供一种自然法上的正当性，从而使学校在国家—社会的二元结构中能够形成一种对峙而又互动的良性格局。但是，这一观点把大学自治看成一种团体性的权力，存在三点不足之处：一是遮掩了自治主体的多样化的可能性。在德国，自治的主体主要是教授，形成了"以教授组织为中心的大学自治模式"；而在美国，理事会的领导和终身教授制是其鲜明特色，自治的主体不限于教授，形成了"理事会领导下的大学自治模式"。（胡建华，2002）可见，在学校这一集体之内，仍然存在着自治主体的差别，而这一差别可能使之对学术自由的保障功能也会有所不同。二是将自治的内容和学术自由内容完全等同。1957年，美国弗兰克福特（Frankfurter）大法官在 Sweezy 案中首次提出了"大学的四项基本自由"。即：基于大学自身的学术理由以决定教师聘任、基于大学自身的学术理由以决定课程内容、基于大学自身的学术理由以决定教学方法和基于大学自身的学术理由以决定学生标准。这四项被西方国家普遍认为是学术自由的基本内容。但是，事实上，西方各国大学自治的内容都不限于这四项。而我国台湾地区的大学自治和大陆大学的办学自主权也是如此。（彭虹斌，2002）三是遮掩了两者之间存在不一致性的可能性。这种观点认为，大学自治和学术自由有一种一致性，因而自治越大，学术自由越有保障，这使我们的认识走入了一个认知的死胡同。实际上，大学自治和学术自由也存在一种不一致性。"一个自治的大学能否保护教师的学术自由，最为关键的问题是这所大学自治的主体是谁？"（马凤歧，2004）如果学校的行政系统是自治主体，它也有压制学术自由的可能，从而使大学自治和学术自由之间形成一种张力。

　　第二种观点从制度保障的层面认为，大学自治是学术自由的制度保障。这种观点已在大多数国家与地区达成了共识。其合理性主要在于：一是有利于更加客观地认识大学自治的社会功能。正因为主体的不一致，大学自治的功能可能与学术自由的目的产生偏差。"大学自治与学术自由的一致性，仅仅是两者关系的一个方面。这个问题的背后，则是一个更根本的问题，即集体自由与个人自由之间的关系。一般认为，一个自主的集体更有利于保护集体中的个人自由，而一个被外部势力统治的集体中，个人自由也没有保障。……事实上，自治的集体完全可能成为压制个人自由的力量。"（马凤歧，2004）也就是说，大学自治作为一种保障性的制度也可能会出现功能性的缺失，因而有进一步完善的必要。二是有利于促进学校内部治理的法治化。学术自由事项一般都不受法律调整，如果将大学自治等同于学术自由，就完全排除了法治原则的适用。而"大学自治是以制度加以保障，因此虽其具体内容得以法律加以规范，但却不得对其本质内容加以制约。"（李仁淼，2003）也就是说，如果把大学自治看成是学术自由的保障性制度，就意味着不是简单绝对地排除法治原则的适用，而是要具体分析与对待。三是有利于人们对大学自治的进一步研究。只有把大学自治看成是学术自由的保障性制度，才能够更加深入地考察其中的利弊，才能够以学术自由这一价值为标准来对它进行评析、反思和重塑。（湛中乐，韩春晖，2005）

三、学术自由的价值分析

学术自由是一种自治性、开放性、理念性、环境性的表达，这种表达需要对其在内容、主体、性质层面进行价值分析。

1. 学术自由内容层面的价值分析。学术自由的内容表征的是学术自由具体包含什么。学术自由的内容不是无度的，是有限度的。这就需要从内容层面对学术自由进行界定，哪些属于学者、学生进行教学、研究与学习的内容，哪些属于完全开放、哪些属于半开放、哪些属于不开放。对学术自由的内容的规定，不仅要考虑国家、民族的现实需要，更应该考虑学者自身的内涵与素养，不能一概而论，否则就会造成对学术自由的过度干预或不当干预或过失干预，从而使学术自由要么走向极端的不负责任、要么走向没有话语权的政策注解、要么走向没有立场的风向标。

2. 学术自由主体层面的价值分析。从权利的主体来看，学术自由既是个体权利又是团体权利。学术自由的主体首先是公民。学术仍然是由大学或者其他机构中进行学术研究的个人所进行的。学术自由构成公民的主观性公法权利。"学术自由是学者个人在其为追求真理进行的教学和研究过程中所享有的自由，如此学者不需要担心因为触犯政治、宗教或者社会的正统信仰而受到惩罚。学术自由是一项基本权利，削弱这一自由的政府行为合法是不可想象的。"（Terrence J，1998）[60]同时，学术自由也是团体权利。大学是宪法学术自由的主体。当学术自由从个人领域转移到组织领域，团体学术自由（Institutional academic freedom）与个体的学术自由（Individual academic freedom）之间的冲突也开始发生。大学所享有的团体权利对国家而言，虽然具有了防御权的性质，对其成员所享有的个体权利来说，却具有侵害权的性质，团体权力滥用是"影响当今社会最重要的问题"。（丹宁勋爵，1999）[164]团体学术自由者坚信学院和大学的决定应该免于司法审查，而个体学术自由者则坚信法院必须介入以保障教师和学生的学术自由不受大学的侵犯。个体权利与团体权利共同构成了大学法治的内容。

从学校教师与学生层面来讲，现代大学制度"学术自由"的思想精神，反映的是学生学习与教师教学、研究的主体性，即体现大学的精神自由，从而实现教学、研究自由与学习自由。

首先，教学自由是教师主体性的体现，《世界高等教育宣言》明确指出：大学自治和学术自由是 21 世纪大学发展的永恒原则。因为教师是实施教育计划的主将，把最新的知识传授给学生，是学校成为学校的第一要素。教师的教育教学权也是我国《教师法》、《教育法》明确规定的教师的一项权利。这项权利在教育教学过程的实现即为教师的教学自由，也就是说教师可以根据教育计划、教学大纲、教学工作量等的要求，合理地确定教学内容与进度、针对不同教学对象而开展教学改革与试验。任何机构、组织都不得干涉教师的教学自由，否则就是对教师权利的干涉。"在一个大学中，知识就是它本身的目的，而不只是达到目的的手段。一个大学如果变成教会、国家或任何局部利益之工具，那它将不再对它自己的本质忠实。大学是为自由研究的精神所塑造。""大学的任务即在于提供一个最有益于思维、实验和创造的环境。那是一个可以达成大学的四项基本自由的环境——在学术的基础上自己决定'谁来教'（Who may teach?）、'教什么'（What may be taught?）、'如何教'（How to teach?）以及'谁来学'（Who may be admitted to study?）。"（申素平，2003）显然，教学自由的实现，是教师主体性的实现。

其次，教师除了教学自由以外，还应当有研究自由，体现治学自治的精神，实现教师的思想自由。我国《高等教育法》第 10 条规定："国家依法保障高等学校中的教学研究、文学创作和其他活动的自由。"研究自由有了法律的规定性及其得到了法律的保护，任何组织、机构都不得违反法律规定而对教师的研究自由横加干涉。因为"大学教师享有按照自己的学术爱好和学术界公认的标准从事教学与研究的自由；在叙述活动中通过语言交谈、书信写作或出版物发表其研究成果的自由；结成学者社团并参与社团活动的自由，通过出版物、口头和书信的方式与大学国内外同事和同行进行学术交流的自由。"（杨东平，2005）在这里，大学的研究自由，需要反对学术霸权，提倡不同声音的展现，才能使学术得到发展；同时研究自由，不是固守"象牙塔"，不是"学术中立"，需要针砭时弊。唯有如此，人类的知识才能丰富，思想才能深刻。在现代大学制度建构中，教师的研究自由是至关重要的，因为教师的研究自由不仅是谋生的手段，更是实现其生命意义与价值的途径；不仅是一种外在权利层面的自由，更是一种内在精神的自由，是教师在学术活动中对任何学术结论的理性批判和对真理的追求，不是依附于谁，而是基于学者的良心、责任与使命感，实现研究的自由。

再次，学生在学习的过程中，也应当体现自由的精神，即为学习自由。因为从现代教学论的理念出发，教学本质上就是"教"与"学"的双边活动。学生的学习自由来源于受教育权中的选择自由权。具体来讲，学生的学习自由包括：择校的自由、选专业的自由、选课的自由、上课自由、参与讨论及表达意见的自由。而且美国 AAUP 联合九个全国性的教育团体也于 1967 年发表了"关于学生权利和自由的联合声明"，提出了学习自由的六项重要内容：接受平等教育的自由、在教室内言论表达的自由、学生记录免于不当公开的保障、在校结社的自由、在校外行使公民权的自由、对学生的惩戒履行正当程序。（周光礼，2005）然而现实中学生的学习自由受到学校规则、教师教学自由的限制乃至冲突，使得学生的学习自由在现实中很难体现进而并没有引起人们的重视。我们认为，学生的学习自由，应当有明确的法律保护，学校、教师对学生的惩戒应履行正当程序原则。"举凡教育内容、学习目的、修课目录、学生之地位等有关大学生学习自由之'重要事项'，皆应以法律明文限制之，或有法律明确之授权。尤其是足以剥夺大学生学习自由之退学或开除学籍处分，更应以法律明定其事由、范围与效力，而不得仅以行政命令或各校之学则即予剥夺，此乃法律保留原则之基本要求也。"（董保城，1993）

3. 学术自由性质层面的价值分析。学术自由兼具自由权与受益权属性，属于复合人权。学术自由不仅禁止国家对学术领域的干预行为，同时要求国家应积极保障与促进学术自由，避免学术自由受到侵害。在学术自由具有客观价值秩序的作用下，国家负有两个义务，一是国家应提供人力、财力以及组织力，以实现或促进学术及其研究，亦即应提供一个能够发挥学术功能的机构；二是应提供适当组织性措施，使学术活动自由不受侵犯。（董保城，1997）[120]

四、学术自由的限度与实现

基于学术自由特性分析以及不同国家对学术自由法律、法规的规定性来看，学术自由不是无限度的，而是有限度的。那么，学术自由的限度如何规制？在规制的基础上如何确保学术自由的实现？

首先，学术自由作为基本权利，对其限制要遵循宪法保留原则。第一，公益限制。学术自由作为基本权利，基于并且仅能基于公共利益目的予以限制。第二，法律保留限制。基于公益目的对学术自由的限制，原则上应当以法律为之；学术自由的根本性内容，应当由立法机关制定的法律明确保障，禁止立法机关任何形式的再次授权；法律规范学术自由的密度，应当以重大性事项为标准。对于牵涉学术自由的重大性事项应当由立法机关进行，不得随意授权行政机关制定法规规章。第三，比例原则限制。比例原则包括妥当性原则，强调目的的符合性；必要性原则，强调尽可能最小侵害原则；均衡性原则，以利益衡量方式强调目的与人民权利损失两者之间是否成比例。前两者偏向客观的立场来决定手段的取舍问题，后者从主观的角度以偏向人民的立场来决定该目的是否应当追求，手段要不要采取。由于学术自由往往与公民的其他基本权利交织在一起，对其限制是否妥当、限制的手段是否合理，有待于在具体个案中的利益衡量。学术自由的比例原则限制尤其具有意义，可以节制立法，解释法律规定，作为司法审查标准。（陈新民，2001）[369-381]

其次，对学术自由的限度要受到大学外部与大学组织本身对学术活动的双重限制；而且，探讨学术自由的限度，目的是为了更好地实现和保障学术自由。如何来实现和保障学术自由，主要依赖于现代大学制度的建构。

有学者认为，学术自由的实现即学者或大学在追求学术的过程中对各种限制的突破与超越，是学术创新的重要前提。超越是相对于限制而言的，是对限制的突破。马克思在论述自由的实现时认为，自由的实现就是对各种障碍的克服，如其所言："克服这种障碍本身，就是自由的实现"。（马克思，恩格斯，1980）[112]

在学术自由的实现层面，需要克服的障碍主要是社会干预。社会干预一方面是学术自由实现的障碍，另一方面又为克服其他障碍提供了条件。因此，学术自由的实现既需要社会干预，又要遏制社会干预。学术自由所要突破的限制大体包括两个方面：其一，外部的社会限制（主要是社会干预）；其二，主体自身的限制。对前者的突破即实现了"外在的自由"，对后者的超越则实现了"内心的自由"。"外在的自由"就是权利层面的自由，"内心的自由"即是精神层面的自由。学术自由的实现包括这两个方面。然而，长期以来，人们往往关注前者而忽视后者，以为只要没有各种外在的限制，学术自由就实现了。事实上，这里所实现的仅仅只是英国思想家柏林提出的"消极自由"，即一种由约束和压制的缺乏所构成的消极条件，它是"免于什么"的自由，而不是"做什么"的自由。（黄小勇，1998）换言之，消极的自由是外在的干预被减少到社会所能达到的最低限制的一种状态。而在当代社会，当社会对大学的限制减少到最小时，也意味着社会对大学的支持减少到最小。社会的支持包括法制、政治、物质、文化等各方面，支持的减少对学术自由的实现同样是极为不利的。当学者们不得不忙于衣食住行而无暇进行学术创造时，何谈学术自由的实现？即便社会在减少干预的情况下仍一如既往地对大学提供支持，其所实现的学术自由也只是一种"外在的自由"。"外在自由"的实现，仅仅只是为学术自由的真正实现提供了一种条件或可能性，只是走向真正实现学术自由的第一步。学术自由的最终获得还必须实现"内心的自由"，或者说精神层面的学术自由，而"内心自由"的获得则意味着对主体自身限制的克服，故获得精神层面的学术自由的主要障碍不在主体之外，而恰恰在主体自身。正如易远升在论述文艺创作自由时所说的："自由作为文艺创作和审美的范畴，包括两个方面：一是它应该成为艺术家的内在素质，二是它应该成为艺术创作和审美观赏的外在条件。外在条件固然重要，而内在素质则是更为主要的，一味地埋怨外在的客观条件而不注意对自由的内在素质的培养，乃是尚未脱离奴性心理的表现"（易运升，1998）[22]。当前，学术自由实现的最大限制来自于学者自身，来自于学者对社会功利的过于追求，即学者追求学术以外的东西，把学术视为可以换取金钱、名誉及地位、权力的商品，甚至"曲学阿世"，丧失了学术的自觉与学者的自尊。只有学者超越了对各种物的依赖与对各种实用目的的直接追求，使学术活动为一种原初的好奇心所驱使，才算实现了"内心的自由"。严复强调的"为己之学"，即体现学者的人生价值与生存意义的学术，强调的就是这种内心的自由。"内心自由"说到底，就是一种超然，一种"为学术而学术"的精神。

学术自由的实现既包括"外在自由"的实现，也包括"内心自由"的实现。前者意味着学术自由的实现是一种外向的诉求，即大学（或学者）外在地诉求自我以外的主体（主要是政府）为学术活动提供保障与不作为，后者意味着学术自由的实现是一种内在的要求，即要求大学（学者）适当地超越功利，与社会保持一段距离，以维护学术的独立与尊严。而"外向的诉求"能否得到满足有赖于大学外在制度的建构，"内在的诉求"能否得到守护取决于大学内在制度的培育。因此，从这个意义上说，学术自由的实现问题实际上就是现代大学制度的建构问题。如果说只有"外向的诉求"与"内在的要求"同时被满足，才意味着学术自由的真正实现，那么，学术自由的实现就应有两个尺度或标准：一是外在的标准，二是内在的标准。外在的标准主要体现为保障学术自由的政策法规在多大程度上得到完善，内在的标准则表现为学术自由作为一种理念在多大程度上得到认同，就现代大学制度而言，前者对应于大学的外在制度，后者对应于大学的内在制度。由此可见，学术自由的实现有赖于现代大学制度的建构。（周光礼，2003）

再次，既然学术自由的实现依赖于现代大学制度的建构，现代大学制度的建构既包括外在的制度，也包括内在的制度。那么，学术自由的保障也应从内外在制度层面来考量，内在的制度侧重于通过学者的认同来保障学术自由，外在的制度侧重于通过法律、制度、职业安全等手段来保障学术自由。

其一，通过法律制度手段来保障学术自由。现代大学学术自由的制度根基，就在于保障学术自由。一方面，国家、学术机构以及学者，要积极推动法律、法规、规章、行政决定和命令以及学术机构的内部制度对宪法之学术自由权条款的贯彻落实，使学术自由权不至于仅仅停留于宪法条文的宣告；另一方面，要尽快拓展对学术自由权的司法救济渠道，在违宪审查制度得以确立完善之前，至少要使行政诉讼救济机制畅通无阻，民事诉讼救济也需要进一步完善，在有关学术自由案件的受理、程序设置、判决说理等方面致力于权利保障和结果公正的目标。

西方主要国家都有一套完备的法律制度来保障学术自由。学术自由受宪法保障最早源于 1849 年德国的"法兰克福宪法"，到现在已成为一种人类普遍认同的价值观并受到各国宪法的确认与保障。在西方，虽然学术自由早在洪堡时代就被视为不证自明的理念而广受推崇，但在被列入宪法，受宪法保护之前，却经历了一段备受侵犯的历程。以德国为例，在洪堡以学术自由的原则改造柏林大学不久后的 1819 年，"德意志同盟"制定了"卡斯巴敕令"，对大学采取了"严厉的检查制度，并设置了负有监视各大学教授之公、私讲演任务的政府代表人。同时并规定，各邦有义务要罢免有害公安而危及国家机关之基础的大学教师"。自此，德国进入了历史上所谓"迫害煽动者"时期。大学教授受到迫害，学术自由被贬损，其中以汉诺威国王制造的"哥廷根七教授事件"影响最为恶劣。有了这一时期社会干预的教训，所以当 1848 年普鲁士发生革命后，应杜宾根大学要求保障学术自由的召唤，几乎全德各大学的代表云集耶拿，要求在宪法中保障"完全的教学与学习自由"。这直接导致了"卡斯巴敕令"的废除及随后的"法兰克福宪法"将学术自由列入基本权利中。该《宪法》第 152 条规定"学术及其教学是自由的"，这是西方宪法保护学术自由的滥觞。

西方诸国除在宪法上肯定学术自由为基本权利之外，还辅之以配套的法律规范以确保学术自由的贯彻与落实。如德国不但在宪法中规定了学术自由作为基本权利受保障，其《高等教育总法》（1976）更是明确地将研究自由、教学自由、学习自由作为三大学术自由进行保护。在日本，除宪法明确提出保护学术自由之外，其《教育基本法》也重申"要尊重学术自由"，而且以公务员特别条例的形式规定大学教师是国家的特殊公务员，其学术自由不因公务员的身份而受影响。美国为了切实保障学术自由，于 1915 年成立了"美国大学教授协会"（AAUP），发表了旨在保护学术自由的"原则宣言"。其核心主张是长期聘任制度与教授会裁判制度，这实质上提出了学术自由实现的物质保障问题。这一点对学术自由至关重要，它能使大学教师在从事学术研究时无生活之虞。而学术活动实源于一种闲逸的好奇心，唯有可靠的物质保障才能呵护这种好奇心。其后 AAUP 又先后于 1925 年、1940 年、1970 年、1990 年发表了一系列的"原则声明"，建立了一整套保障学

术自由的制度。这些"原则声明"曾被美国法院引用，具有一定的法律效力。（周光礼，2003）

其二，通过学者的认同来保障学术自由。当外在的制度达到一定程度以后，各种学术主体要具有权利意识和责任意识。要如珍视自己的人格尊严一样尊重他人的自由权利；要如珍视自己的生命一样珍视自己的权利；要有为权利斗争的精神。学者要首先承担起推进学术自由在各个方面进步的使命；要有学术伦理观念，遵守普遍性的学术规范；要有社会良心和作为学者的独立人格。权利也意味着责任，不仅尊重他人的权利明显属于责任，而且，尤其是在学术自由权尚未得到社会普遍尊重的今日中国，争取自己的权利也是责任。理性告诉我们，自己遭受侵害时的屈服只能导致更多的侵害，他人遭受侵害时的淡漠可能导致自己遭受侵害，而每一次屈服和容忍，都为最终导致侵害的正当化与合法化提供了"赞助"。学术自由的保障，在根本上要依靠各个学术主体亲身实践，只有如此，学术自由权的法律保障制度才有意义。这就需要我们培育学术独立意识，一方面，学者要致力于养成超然性的品性，虚静守一，专心致志，唯真理是求；另一方面，要求社会培育学术宽容的精神，尊重学术的独立与尊严。尽管培育学术独立意识需双管齐下，但学术的独立归根结底有赖于学者自觉地维护，学者人格的独立是学术独立的前提，做人的尊严是治学尊严的基础。

第五章

高等学校法人内部治理
结构中的权利冲突与治理

  我国高校法人治理的内部权力结构问题一直是高等教育界关注的热点问题，也是建构现代大学制度亟待解决的一个重大的现实与理论课题。在当代高等学校发展过程中，权力的分配与协调和制衡不仅是合理建构高校内部权力的基石，也是现代大学健康、快速、高效运行与发展的保证。从法理学的角度来讲，我国公立高等学校具有双重法律地位，既是行政法律关系的主体又是民事法律关系的主体。基于双重法律地位，决定了其内部权力结构的复杂化与多样性。而要做到合理的配置权力以及达到权力结构的均衡化，首要的任务就是对内部权力的运作进行合理化的制度安排与设计，需要我们从立法、行政、司法等角度构建各权力主体的公平博弈机制，这就要求我们不仅要理清学术权力与行政权力的界限，建立由行政权力和学术权力共同决策和参与管理模式，明确学术委员会、学位委员会、教师职称评定委员会等学术性机构的职权，实现管理重心下移，重视教职工代表大会等民主监督机构的建设，扶持和充分发挥学生会、研究生会等组织在办学中的作用，而且更重要的是要实现学术权力与行政权力关系的法律化，通过法律方式配置高校法人内部治理结构中的权利，最终建构学术权力本位的高校法人内部治理结构。

第一节　高等学校法人内部治理结构中的权利冲突

近年来，我国政府治理模式取得了较为明显的成就，但总体而言，在中国这样一个高度集权制的国家，要实现权力或权利的彻底转型是不可能的。当前，行政管理权限过大、专家学者和骨干教师们丧失了话语权的现象依然长期存在着。要实现现代大学制度视野下高校法人内部治理结构中权利配置的合理化，我们的首要任务是对高校法人内部治理结构中的权利样态、问题有一个全面而科学的认识，在此基础上，才能对解决问题的策略有深入而针对性的研究。

一、权力结构：我国高校法人内部治理结构中的权利样态

在现实的教育法律关系中，我国公立高等学校可以具有两种主体资格：当其参与行政法律关系，取得行政上的权利和承担行政上的义务时，它就是行政法律关系的主体；当其参与民事法律关系，取得民事权利和承担民事义务时，它就是民事法律关系的主体。

作为行政法律关系的主体，当公立高校与政府发生关系时，高校是行政相对人，而政府则是行政主体；当公立高校与教师、学生等发生关系时，高校则是行政主体，而教师、学生则是行政相对人，如高校对学生学籍的管理、开除学籍的处分、颁发学位证书，对教师的职务评定等，都属于行政行为，公立高校行使的是行政（管理）权（力），是法律、法规授予高校的，由高校代为行使的。作为民事法律关系的主体，公立高校与政府、学校、学生以及周边地区都是平等的主体，不存在单方面意志性、强制性，公立高校行使的是法人权（利），如委托培养、科技成果转让、名誉权、身份权等，

都属于高校的法人权利。然而，从公立高等学校的管理来看，既要接受政府的管理，又要进行内部的管理，其中，政府对公立高校管理的事项、事由是由法律明确规定的，而公立高校自身的管理，却带有很大的自主性、自治性即办学自主权抑或称为高校的自由裁量权。同时，高校作为第三部门，不同于企业、政府机关的一个最大区别就在于其不是以利润、效率为价值取向的组织，而是以追求公益性、公共性为宗旨的组织，具有其自身的独特性，以学术为生命与根基，即高校拥有学术自由权（利）。

由此观之，公立高校的内部权力结构至少包括行政权（力）、法人权（利）、学术自由权（利）。同时，依据我国现行法律法规的有关规定，高校的领导体制是党委领导下的校长负责制，党委行使的是政治权（力），而且要发挥教职工代表大会在学校管理中的民主参与的权力，教职工代表大会行使的是监督权（力）。也就是说，公立高校的内部权力结构包括：行政权（力）、法人权（利）、学术自由权（利）、政治权（力）、监督权（力）。

从法人治理的角度来分析，我国现行法律法规对公立高校内部权力结构之所以做出如此规定，其根本目的在于实现权力的多中心化，使权力间达到相互制衡，通过权力、权利来制约权力，使公立高校内部权力的运行在冲突中寻求妥协、在互动中谋求合作、在均衡中达到和谐。

二、二元对立：现实中高校法人治理内部权力运作的表征及问题

近些年来，随着高校民主化、法治化进程的加快，高校"息诉"、"无诉"已成为了一种奢求，高校内部权力运作中的行政权力与学术权力的关系问题逐渐凸显，成为我们建设现代大学制度必须面对的重要问题。

所谓行政权力是指"以行政管理体制为基础，以行政管理职能为依归，由行政机构或行政人员所行使的一种法定权力。这种权力由制度所赋予，是一种授予权。"（别敦荣，2000）高校行政人员的权力主要表现为校长、处长、科长等的权力，其作用方式是通过指示、命令、决议等自上而下的原则要求服从与遵守，具有一定的强制性。

与行政权力相对的是学术权力，所谓学术权力是指"学术人员和学术组织对学术事务拥有的权力。"（孔明，2004）显然，从主客体的角度来看，

学术权利的主体为学术人员和学术组织，而学术权利的客体则是一系列的学术事务，包括学术活动、学术关系。

一般来说，行政权力与学术权力应该是相互协调与平衡的，两种权力中的任何一种都无法占据绝对的主导优势与地位，双方权力的行使都有一定的限度，相互存在着制衡与牵制，权力分工明确、具体、合理，共同治理大学的发展。

然而，在现代社会，我国高校内部权力运作并没有达到预期的结果，存在着行政权力与学术权力"二元对立"的现象，集中表现为：其一，行政权力对学术权力的控制与僭越，这主要是由我国社会权力结构高度集中化和国家化所致，其对高等教育的管理采取的是"国家控制模式"。所谓"国家控制模式"是指"政府试图控制高等教育系统的动力的一切方面：入学机会、课程学位要求、考试制度、教学人员的聘任和报酬，等等"。（范福格特，2001）[414]长期以来，我国高等教育是在政府集中控制和行政约束的制度环境中运行的，通过一个个等级结构（各级政府或部门）由上对下进行垂直领导。在这种制度安排下，高等学校办学的主体是国家及教育行政部门，高等教育隶属于政府，高等学校的建立、经费来源、专业设置、招生计划、教学过程、科学研究、毕业分配、人才引进、基本建设、后勤服务等，都遵循国家或主管部门的指令办事，形成了以单一的行政配置机制为主要内涵的运行机制。"国家控制模式"的外部权力结构反映到高校内部权力结构中，就形成了典型的"科层制"运行模式，以行政命令与指导为中心，大学缺乏应有的学术逻辑，不得不服从于行政的逻辑。显然，行政权力挤压学术权力，致使行政权力对学术事务介入过多，取代了专家学者和骨干教师对学术事务的管理。教师作为学校的主体，他们不仅不能有效地管理学校和学术事务，反而成了行政管理人员执行权力意志的载体，导致学校管理的主体错位。在大学校园，行政权力挤压学术权力的现象比比皆是：许多学术组织或学术机构负责人都是学校行政领导兼任，行政领导既负责管理行政事务也负责管理学术事务，以行政职务来提升学术水平；行政机关一般干部的权力要大于一名教授，即使是教学、科研、学科建设上的事情，也要受他们的指派。这种行政权力挤压学术权力的现象会造成三种不良后果：一是学术上外行领导内行、行政干预学术；二是学校决策缺少多种声音，特别是权威们的意见，使决策的科学性、民主性得不到保证；三是对大学民主平等、公平公正、追求真理氛围的破坏。其二，学术权力走向行政化。从美国大学管理经验来看，学术性组织和由师生组成的利益群体是大学管理的一支重要力量，其影响举足轻重。在我国大学组织中，由于行政权力过于强大，使学术权力也逐步走向行政化。一是"双肩挑"干部增多，一些业务前景看好的学者也想方设法挤进干部队伍，担任行政管理部门职务；二是学术委员会、学位委员会等专业委员会工作基本上是在行政权力的监控之下，使学术权力的发挥十分有限；三是学术权力必须依赖行政权力才能实现职能的最大化。其后果是："双肩挑"干部由于拥有权力和信息而造成竞争的不公平；学术造诣深厚的学者担任行政职务造成资源的浪费，学校多了一位领导，社会少了一名专家；专家学者和骨干教师学术权力的弱化，造成他们与学校的疏离，不利于调动和发挥他们办学的积极性。其三，缺乏保障学术权力的制度和机制。我国《高等教育法》第 42 条明确规定："高等学校设立学术委员会，审议学科、专业的设置，教学、科学研究计划方案，评定教学、科学研究成果等有关学术事项。"第 43 条规定："高等学校通过以教师为主体的教职工代表大会等组织形式，依法保障教职工参与民主管理和监督，维护教职工合法权益。"学术委员会和教职工代表大会的合法权益虽然以国家法律形式确定下来，但在实际操作中，由于在国家法律与教职工权益之间缺乏具体制度的衔接，没有一个强有力的机制作保证，从而形成行政权力与学术权力界限模糊、学术权力弱化的局面。

三、失衡：我国高校法人治理内部权力结构的时空分析

系统论认为，所谓"结构"，是指"物质系统内各组成要素之间的相互联系，相互作用的方式。"它同"功能"相对，组成一对范畴。"物质结构多种多样，可以分为空间结构和时间结构。任何具体事物的系统结构都是空间结构和时间结构的统一。"（夏征农，1989）[1317]可见，任何事物的内在结构都有两种维度：一是空间维度。"体现为事物内部各要素的可分性，既有独立性，也有关联性，能够呈现一定比例而相互共存，是一种平面的相对稳定性。"二是时间维度。"体现为事物内部各要素存在关联性，能够互相作用、调整和改变，从而使事物的整体结构在时空中呈现一种变化，是一种纵向的

相对不稳定性。"（湛中乐，韩春晖，2005）依据系统论对结构的表述，空间结构主要标识的是事物的独立性即差异性与共存性，时间结构主要标识的是事物在历史发展长河中相互的博弈性与不稳定性。

具体从我国公立高校内部权力结构来看，有悖于系统论中的空间维度与时间维度，并没有体现出差异性与关联性的相互统一。这并非公立高校内部权力结构的相互博弈造就了现今的局面，而是受制于外部的权力。有学者认为，行政权力和学术权力的"二元化权力结构是高等学校组织在权力配置上与企业、政府机关等非学术性组织的重要区别。在高等学校组织内部，既有以校长为首的行政权力，又有以著名学者或专业教师群体为代表的学术权力"，"学术权力作为一种内在力量发挥着支配作用，行政权力则作为一种外在的结构形式维系着高等学校组织的存在和发展"。进一步来说，学术自由和学术民主是行使学术权力的前提，"否则，这种权力的行使，就有可能侵犯其他学者的学术权力——学术自由"。（劳凯声，2002）[175]关于此种认识，需要注意的是，高校内部以校长为首的行政权力并非与政府机关的行政权力完全相同，而且，尽管需要强调它与学术权力之间的区别，但更要看到它们之间的联系，学术自由不仅是学术权力行使的前提，更是行政权力行使的前提。离开这一点谈两种权力的区分，没有太大意义。具体而言：我国公立高校法人治理的内部权力配置存在的问题主要表现为：

从空间维度来看，我国公立高校内部权力结构存在着：行政权（力）与政治权（力）重叠、法人权（利）与学术自由权（利）式微、监督权（力）缺位的现象。从应然层面来讲，《高等教育法》第 39 条所确定的"国家举办的高等教育实行中国共产党高等学校基层委员会领导下的校长负责制"，是高等学校内部领导体制与行政体制的统一，党委行使的是政治权力，校长作为高校的法人代表，行使的是行政权力。但在目前高校管理过程中，"权力集中于政治权力与行政权力，政治权力与行政权力又集中于党委，有的地方甚至集中于党委书记和校长，"（毕宪顺，2006）[103]甚至有的地方院校中党委书记与校长是同一个人。同时，高校作为事业单位法人，依据相关法律法规的规定，其享有法人权力。然而，现实中，高校的法人权力并没有得到充分享有而受到了诸多方面的规限。一般来讲，高校是传授高深学问的场所，学者理应有充分的学术自由权，其在本领域内能够独立自主地进行研究与教学，但是，我国的现实则是相关法律法规"没有对学校的学术组织的权利做出刚性规范，导致学术组织行政化与学术组织功能退化"（陈鹏，祁占勇，2005）[432]。最后，我国公立高等学校内部权力配置中存在着监督权弱化的特点。我们认为，在高校权力配置机制中，教职工代表大会本应行使监督权，因为教代会是教职工行使民主权利，民主管理学校的重要形式。但现实却是教代会既无法行使对学校党委决策权的监督，也无法有效行使对学校行政权的监督。

从时间维度来看，我国公立高校内部权力结构确实呈现出的是一种不稳定性，但并不是经历此消彼长、此起彼伏的结构变迁，而是一种上对下的垂直型的领导与控制，是政府控制与大学自治的博弈，是一种外部权力结构的博弈，从而陷入了"放、乱、收"的怪圈。显然，时间维度层面上的公立高校内部权力结构体现的是政府与学校之间权力的博弈。其实质是一种典型的"国家控制模式"。这种模式下的高等教育制度是缺乏创新的，而且，表现出二者权力的极度不平衡。首先，教育行政关系中过于彰显政府的行政指导、控制与命令，忽视了政府义务和责任的承担，造成信息失真、不对称等现象，难以克服政府失灵的效应。其次，教育行政关系是由行政主体和行政相对人构成的，在彰显教育行政机关的权力时，则必然弱化行政相对人的权利，强调政府的优势地位忽视行政相对人的主体地位，缺乏对行政相对人的权利的研究。再次，《教育法》、《高等教育法》等法律、法规虽然对高校的权利与义务做出了相应的规定，但这些权利是学校基于民事主体或者法律、法规授权的行政主体的资格而取得的办学自主权，并没有对高校作为行政相对人的权利进行说明，容易造成政府与高校间权利与义务的脱离，导致政府对行政相对人权利的侵犯。

通过对我国公立高校内部权力结构的空间维度与时间维度的考察，我们发现，我国公立高校内部权力结构存在着严重的失衡现象。其失衡的主要表现为行政力量对学术力量的僭越，行政力量干涉学术事项过多，以致损害学术自由，比如学术组织结构和功能的行政化，"我国高校的组织结构或原来的校系教研室，或现在'升级版'的校院系，在严格意义上并不是一种学术组织，而是一种教学行政管理组织"（张俊宗，2004）[263]；学术领域与行政领域模糊化；学术人员在评价体系中缺位。

之所以会出现失衡，其原因是多方面的，主要表现为：一是大学主体性地位的缺失——普遍存在着党委的领导权与校长行政权不分、国家法律、法规的执行权与学校自身的自主权不分；二是大学自我目标的迷失——本应以公益性为目标，却以经济效益为自我目标；三是大学功利化的驱使——层出不穷的学位班与课程班、扩大热门专业自费生的招生名额等；四是大学法治化的柔弱——高校自由裁量权的滥用；五是监督权的弱化——教职工代表大会几乎没有说话的权力，成了学校的"行政扩大会议"。

第二节　高校学术权力本位内部治理结构的制度安排与逻辑路向

　　高等学校法人内部治理结构解决的核心问题是高校法人治理中不同利益相关者主体对高校事务的参与以及高校管理体制完善等问题。从高校法人内部治理结构的运作来看，其根本问题是协调好行政权力与学术权力的关系，使行政权力服务于学术权力，不断强化高校行政组织的服务功能，充分发挥学术委员会的主导作用，彰显高校的学术逻辑，追求大学精神，从而建构高校学术权力本位的治理结构。2010 年 7 月 29 日中共中央、国务院颁布的《国家中长期教育改革和发展规划纲要（2010—2020 年）》第四十条"完善中国特色现代大学制度"中，明确指出要"完善治理结构"，"充分发挥学术委员会在学科建设、学术评价、学术发展中的重要作用。探索教授治学的有效途径，充分发挥教授在教学、学术研究和学校管理中的作用。"并进一步指出要"尊重学术自由，营造宽松的学术环境"，在第六十七条"现代大学制度改革试点"中进一步指出要"制定和完善学校章程，探索学校理事会或董事会、学术委员会发挥积极作用的机制"，足以可见国家层面对中国特色现代大学制度建构的重视程度和高度关切。然而，当前我国高校法人内部治理结构具有明显的行政主导色彩，我国行政主导高校法人内部治理结构的形成有其深刻的时代背景与实践遭遇，结合西方高校内部治理结构的先进经验以及我国的现实，建构高等学校学术权力本位的法人治理结构应是我国高等学校法人内部治理结构的必然选择与逻辑路向。

一、高等学校法人内部治理结构的完善与大学精神的追求

自有大学以来，大学不仅是"一个由学者和学生共同组成的追求真理的社团"（Karl Jaspers，1965）[19]，也是研究高深学问的场所，更是思想独立、学术自由的中心，大学自治、学术自由是大学的灵魂和大学生存发展的动力。

从人类大学史的发展来看，大学自治源远流长，大学自治是大学最悠久的传统之一，它可以追溯到中世纪。"传统的大学，无论它的经费来自私人捐赠还是国家补助，也不管它的正式批准是靠教皇训令、皇家特许状还是国家和省的立法条文，学者行会是自己管理自己的事情。"（唐玉光，薛天祥，1994）其必要性已经得到普遍的认同。但是，对于大学自治内涵的界定，学界并不完全一致。有的认为，大学自治"其实是指内部事项。譬如，大学的组织、大学的课程、大学的人事、大学内部经费的运用、大学的发展方向等，应由大学自行订立规范，自行运作，在法律范围内，国家不得加以干预。"（贺德芬，1998）[91]有的认为，"大学自治权指大学内部人员自主性治理校务之权利，由大学内之校长、教师、学生与职员共同'治理校务'。"（林世宗，1998）[17]有的认为，大学自治"一般是指大学应当独立地决定自身的发展目标和计划，并将其付诸实施，不受政府、教会或其他任何社会法人机构的控制和干预。"（程雁雷，2000）还有的认为，大学自治是指"大学可以自由地治理学校，自主地处理学校的内部事务，最小限度地接受来自外界的干预和支配。"（王德耀，薛天祥，1994）但综合来看，大学自治应当满足以下三个基本要求：一是大学治理的主体应当是大学自身内部的力量，可以是校长、教师和学生，但不是国家、社会或学校以外的其他组织；二是大学治理的内容是高校内部的事项，主要包括学术上的自由和管理上的自主；三是治理的目标是保障学术活动只服从真理的标准，而不服从任何学术伦理之外的约束。（祁占勇，2009）[177]

而作为大学灵魂和品格之所在的学术自由制度，既是一种基本组织制度，也是一种学术信念与价值观，更是一种制度环境。虽然中世纪的大学是自治的，却不享有学术层面的自由。将学术自由真正作为一种理念付诸实践的大学是1810年成立的德国柏林大学。然而，当初的学术自由仅仅是一种

信念与价值观，并不是一种制度化的学术自由，在一定层面上是学者的一厢情愿。进入到近代社会以来，学术自由理念不断深入人心，其不仅仅是一种理念，而且在法律层面得到了认可。"今天，学术自由不仅作为一种大学理念为各国的大学所认同，而且已成为一种现代大学制度。各国为了确保大学的学术自由，纷纷颁布相关的法律、法规，通过法律保护大学的学术自由，实现了学术自由的法律化。"（张斌贤，李子江，2003）在我国，虽然在相关的法律法规中没有大学自治、学术自由的直接表述，但有学者研究认为，《宪法》第 2 条规定的"中华人民共和国的一切权力属于人民。人民行使国家权力的机关是全国人民代表大会和地方各级人民代表大会。人民依照法律规定，通过各种途径和形式，管理国家事务，管理经济和文化事业，管理社会事务"是大学自治的法律依据。《宪法》第 35 条规定的"中华人民共和国公民有言论、出版、集会、结社、游行、示威的自由"和第 46 条规定的"中华人民共和国公民有受教育的权利与义务"则是学术自由的宪法渊源。（王伟，2009）故此，我们认为学术自由是我国宪法制度的重要组成部分，是宪法所确定的基本权利，这一认识也与《国家中长期教育改革和发展规划纲要（2010—2020 年）》中"尊重学术自由"的精神相呼应。有学者对这一基本权利做了更深刻的解读，他认为："学术自由作为宪法基本权利，一方面可作为大学教师个人之防御权，另一方面同时可视为是一集体性基本权利，故可谓大学之基本权利。"（湛中乐，2006）[3]

因此，作为与特定社会环境相适应并按照自身内在逻辑结构运行的大学。首先，必须与特定社会环境相适应，即大学与政府、社会的关系中，应体现其服务的功能，为社会发展培养合格的人才，特别是与一个国家的国民经济结构、产业结构相适应，否则就会出现"学非所用、用非所学"的浪费人才的现象。其次，作为社会的有机体，大学的发展离不开社会的支持，社会的发展离不开大学，特别是在现代社会中，大学的繁荣与昌盛已成为社会文明进步的标志。同时，作为一个有机体，要和谐发展，必须体现结构与功能的和谐，而结构是由诸多要素构成的，每一个要素都要发挥其功能，唯有如此，才能实现要素倍率的放大以及系统内部要素的合理流通与要素的组合作用。再次，作为一种组织机构，大学的运行与发展必须遵循组织机构的法则。最后，作为具有自身独特性的大学，是按照自身内在逻辑结构运行的一种学术组织，其自身内在逻辑结构中核心理念是要确保学术自由与大学自治，其中，学术自由是大学的生命与根基，大学自治是学术自由的制度保障。以学术为价值旨趣的大学，创造是学术的本性，创造性价值是大学本体存在的价值，而要实现大学本体存在，消解大学的"本体危机"，唯有依据大学内在的逻辑结构发展大学，完善高等学校法人内部治理结构，追求大学精神。因此，高等学校法人内部治理结构完善的价值旨趣与诉求就在于追求大学精神、凸显学术价值、保障大学自治、彰显学术品格。

同时，在此需要说明的是，高等学校法人内部治理结构与公司治理结构有着重要的区别，这种区别主要体现在高校作为事业单位法人与公司法人存在之根本目标与终极价值追求的差异。高校是非营利法人，不以追求资本利润为目的，更关注的是人的身心的和谐发展和国民整体素质的提升，是提升国家综合国力的重要途径，是引领人们幸福生活的一种有效方式。因此，高校治理比公司治理要复杂得多，因为其不仅关涉个人福祉，而且有利国家和民族大业的发展；不仅关涉个人利益，还更多涉及公共利益。这就说明，高校治理过程不可能像公司法人治理过程那样更多关注公司内部各权利主体之间的利益均衡问题，更多体现出资人的股权利益，更多关注公司法人的发展目标。高校在发展过程中，不仅需要考虑到举办人的利益，也需要考虑到高校发展过程中诸如教师和学生等其他利益相关者的利益，以及国家的整体利益。健全和完善高等学校法人内部治理结构既需要借鉴公司治理结构的精髓，但又必须体现出高校治理过程中的权利冲突和价值诉求，体现出高校治理过程中的独特机制和内在规律，不能简单地照搬或移植。（祁占勇，2009）[249]

二、行政权力主导：我国高等学校法人内部治理结构的现实困境

新中国成立以来，政府在不断地调整高等学校法人内部治理结构，但在现行教育法律、法规以及教育规章的框架下，以行政权力为主导的高等学校法人内部治理结构并没有从根本上得到扭转。

从我国教育法的价值取向来看，我国教育立法侧重从工具价值确定教育立法的宗旨，更多意义上彰显高校服务于政治的目的，受"国家利益"思维定势的影响，政府对高校进行无所不能、无所不包、无孔不入的全面管制与调控，高校具有明显的外部行政化特征，从而导致政府权限极度扩张。一

直以来，"政府在与高校的关系中处于优势地位，要么把高校视为政治的工具，以政治规律替代学术规律，以政治原则组织来规范学校教育教学活动，高校改革也时常带有政治的色彩而成为一种政府行为、政治行为；要么把学校视为经济的工具，高校越发屈从于经济活动的压力，扭曲了自身特性，并且因为单纯适应经济、市场而陷入了功利主义、工具主义泥潭。"（李立国，赵义华，黄海军，2010）"在大学与政府的关系方面，大学作为独立的社会组织，作为面向社会依法自主办学的法人实体还没有形成。大学基本上是隶属于政府的，是面向政府办学的。政府对大学的管理和控制方式是单一的直接行政控制，利用法律的、信息的、评估的、市场的等手段和方式还不够。"（张应强，2006）如《教育法》第1条规定的"为了发展教育事业，提高全民族的素质，促进社会主义物质文明和精神文明建设，根据宪法，制定本法"，《高等教育法》第1条规定的"为了发展教育事业，实现科教兴国战略，促进社会主义物质文明和精神文明建设，根据宪法和教育法，制定本法"等内容都具有明显的政治倾向性。教育立法更倾向于政府对高校的有效管理，而非对高校等其他法律主体权益的保护以及对政府权力的限制与规范，使现行立法在设定政府与高校的权利与义务时，政府权力的开放性与义务模糊性、高校权利限定性与义务的不确定性更加鲜明。《教育法》第28条第1款规定，学校"按照章程自主管理"，从法条的逻辑分析来看，学校自主管理的前提是学校章程的存在。在我国多数高校没有章程或没有真正意义上的学校章程背景下，这一规定只能停留在法律文本层面。在《高等教育法》第32条到第38条规定的高校所享有的7项权利中，多为"高等学校根据社会需要"、"高等学校按照国家规定"等限制性的规定，从实践效果看，高校招生、学科专业调整、内部组织机构设置、教学计划与教材选编、科学研究、技术开发与社会服务、科学技术文化交流与合作等权利或多或少地受到政府行为的控制与牵引，很难独立行使。政府对高校依法享有的任何一项权利的干预，都能找到相应的法律依据。与此相反，教育法对政府权力的规定则更开放与刚性，政府行政自由裁量权不断地走向失范，导致政府权力扩张和学校自主权的式微。其实，政府权力的失范与高校办学自主权的式微同高校与政府构成的教育行政法律关系有密切的关联，从总体来看，我国大学与政府形成的行政法律关系中，行政主体的权力与行政相对人权利之间存在着严重的不平衡，重视实体法权利而忽视程序法权利、彰显行政权而忽视行政相对人权利。具体来讲，一是教育行政法律关系中过于彰显政府的行政指导、控制与命令，忽视了政府义务和责任的承担，造成信息失真、不对称等现象，难以克服政府失灵的效应。二是教育行政法律关系是由行政主体和行政相对人构成的，在彰显教育行政机关的权力时，则必然弱化行政相对人的权利，强调政府的优势地位忽视行政相对人的主体地位，缺乏对行政相对人权利的研究。三是《教育法》、《高等教育法》等法律法规虽然对高校的权利与义务做出了相应的规定，但这些权利是学校基于民事主体或者法律、法规授权的行政主体资格而取得的办学自主权，并没有对高校作为行政相对人权利进行说明，容易造成政府和高校权利与义务的脱离，导致行政主体对行政相对人权力的侵犯。（祁占勇，2009）[173-174]

　　基于工具价值取向的教育立法、政府与高校行政法律关系的不平衡以及政府行政权力的扩张，致使高校内部权力结构的运行与权力配置在很大程度上按照典型的"科层制模式"进行制度安排，高校逐渐走向"泛行政化"，高校实际上充当着"代管人"的角色，高校的学术权力不断萎缩。按照我国《教育法》、《高等教育法》等相关教育法律、法规的规定，高校党委负责执行中国共产党的方针政策，管理学校的思想政治工作和德育工作，在机构设置、人员聘用上具有决定权，对学校发展的重大事项具有决策权；校长负责实施党委的决定，具体开展学校教学、科学研究和行政管理工作，行使行政权；教职工代表大会居于参政、监督地位；学术委员会是学校的"咨询机构"、"审议机构"。但由于受高校内部行政化的影响，这种权力配置导致政治权力、行政权力高度集中、监督机制弱化和学术权力的萎缩。由于我国现行法律、法规没有对各主体之间权力进行合理的分配与制衡，导致权力运行中决策机构与行政职能部门大权独揽。教职工代表大会、学术委员会，在这一场权力博弈中完全处于弱势地位；学校的纪检、监察、审计部门作为学校的内部监督机构也难以实施对上级党委、行政的有效监控，权力的运行在一定程度上形成了"内部人控制"。一是虽然教代会是教职工行使民主权利、民主管理学校的重要形式，是宪法所规定的"人民依照法律规定，通过各种途径和形式，管理国家事务，管理经济和文化事业，管理社会事务"在高等教育领域内的具体体现。《教师法》第7条第5款规定，教师"对学校教育教学、管理工作和教育行政部门的工作提出意见和建议，通过教职工代表大会或者其他形式，参与学校的民主管理"。但在现行治理结构框架下，教代会在学校党委的领导下行使职权，并不对教职工代表大会负责，教职工代表大会无法行使对高校党委的监督。同样，教代会也无法行使对高校行政权的监督。二是高等学校的学生作为受教育权的主体和高等学校法人内部治理结构中重要的利益相关者，应该对学校的教育教学与教育管理工作尤其是涉及自身利益的活动有一定发言权。但《教育法》、《高等教育法》中没有涉及学生参与管理学校事务的问题，更多的是强调学生应服从学校的管理，而且从我国高等学校内部治理的现状看，高校学生参政尚无制度支撑，通过学生制约学校的行政权至少在目前还不成熟。三是在行政权力扩张和监督权力弱化的同时，高校的学术权力在与行政权力的博弈中极度萎缩。在我国《高等教育法》中，虽然对学术组织的性质、任务作了规定，但没有突出学术委员会在高校学术事务中的最高决策地位，没有对学术委员会产生办法、组成方式、运行规则做刚性规定，给行政权力介入学术权力留有非常宽泛的自由裁量空间。高等学校管理者为了有效实施对各级学术组织的管理，将主要领导安排到相应的学术组织中，并主持学术委员会的事务，专家教授的声音在以行政主导的学术委员会当中非常微弱。学术组织中大量兼职人员存在和学术委员组成过程的行政化运作，加剧了学术组织行政化的进程，导致高校学术组织学术功能的退化。"行政人员成为支配学校的核心，大学内的各种行为价值不是取决于学术价值，而取决于它与行政权力的顺应程度；学术人员地位低下，治学治校的积极性得不到最大限度的调动；教育资源分布不均，大量资源消耗于非教学科研的行政和唯行政行为。"（许建领，2001）

三、学术权力本位：西方高等学校法人内部治理结构的动态形成机制

作为现代大学源头的中世纪大学，其产生之初就是"学者行会"，是一个具有行会性质的由学者组成的社团。博伊德和金指出："按'大学'一词的原意，只不过是为了互助和保护的目的，仿照手艺人行会（gild）的方式组成的教师或学生的团体（或协会）。"（博伊德，金，1989）[137]德国教育家雅斯贝尔斯在《大学的理念》的前言中开宗明义地指出："大学是一个由学者和学生共同组成的追求真理的社团。"（Karl Jaspers，1965）[19]美国教育家

赫钦斯也在《学习化社会》中指出："大学是人格完整的象征，保存文明的机构，和探求学术的社会。"（赫钦斯，1976）[11]因此，深处社团、协会之中的学者，拥有学术自由，大学则高度自治，这种传统一直是西方大学得以长久保持生命力的重要保障。而且，从大学内部权力运作的过程来看，行政权力与学术权力的平衡和良性协调，行政权力服务于学术权力，是近现代大学得以真正实现学术自治的标志，也是现代大学追求大学精神品格的价值目标。内部权力平衡与良性协调的实现过程，就是把现代大学权力运作的原则从可能性转化为现实性的过程。从一定意义上讲，这个过程就是建立现代大学自治、自由、秩序的过程。现代大学自治、自由、秩序，意味着通过保障学术权利和约束行政权力来达到二者之间的相对平衡。这种平衡，是通过学者依法行使学术自由权、监督权和大学依法行使学者授予的管理权来实现的。

从世界范围来看，为了处理学术权力与行政权力之间的关系，力争达到二者的和谐，衍生出了诸多的模式。较为有影响的是伯顿·克拉克在《高等教育系统——学术组织的跨国研究》一书中将高等学校法人内部治理结构概括为欧洲模式、英国模式、美国模式和日本模式等四种典型的模式。（范秀仁，2006）

所谓欧洲模式是教授与国家官僚机构相结合，主持讲座的教授是该学科研究领域的主宰，他们对本学科领域中的助理人员和学生进行个人控制，这些教授团体对学院和大学进行集体统治，主要垄断了课程、教师任用和研究方向等方面的决策权，国家官僚机构则掌握着上层的控制权，在欧洲模式中有两个变体：即国家型和联邦型。比如在德国，高等学校的最高权力机关为校务会议，其成员由教授、助教、学生和职工代表组成，它制定学校的一切法令、规定，选举正、副校长。大学设立校评议会，作为校务会议下的最高领导机关，大学的决策与执法工作由评议会主持，校长担任评议会主席，学校的人员任免和校务会的决议要先征得评议会的同意。而在法国，大学的最高权力机关是校务委员会、校科学委员会和校学业与大学生活委员会，三个委员会代表选举校长，三个委员会由教师、科研人员、学生、行政人员、职工和校外知名人士组成，校长主持三个委员会的工作。三个委员会与校长的关系是：校长有决定权，校务委员会有审议权，校科学委员会和校学业与大学生活委员会有建议、表达意见及愿望的权利。但大学校长在决策时要执行三个委员会的决议，听取他们的意见与建议。

所谓英国模式是把教授行会与院校董事及行政管理人员的适度影响结合起来的模式，各学院和大学是获得特许的自治团体，他们自己负责本校的管理。在大学中，教授行会权力兴旺发达，同时董事会权力和某些行政管理权力也渗透其中，并且在地区范围内与行会权力相互渗透、融合。也就是说，英国模式主要表征为学术权威的力量，由学术团体进行管理，高等院校的权力相对较小，该模式是根据代表大学的教师自身利益在全国范围内进行协调。

所谓美国模式也是由教授行会与院校董事会及院校行政管理当局相结合，但相比英国模式，教授的统治力量比较弱，而董事会的影响和院校行政官员的权力则比较大。在大学内部，教授个人和集体的权力都没有欧洲大陆模式和英国模式中那么影响大，与欧洲大陆模式和英国模式相比，美国院校的权力则更具有官僚的性质。具体来讲，美国大学的内部治理基本上都实行董事会制，董事会是大学的最高权力机构，决定大学的宏观政策与发展方向。董事会成员由州政府任命或公众选举，州长、州教育局长、大学校长、大学事务局长都是董事会成员。董事会选举和任命校长，校长作为法定代表人和执行官，具有管理学校日常事务的管理权，而校内的学术事务则由校长主持下的教师评议会负责。正如美国高等教育专家 D. 博克曾指出，美国高等教育的一个突出特征就是远离政府的控制，有非常大的自主权。(D. Bok, 1983)[10-11]因为美国高等教育在长期的发展中逐渐建立起了以行业自律为主的"自我调控机制"，这一机制主要包括两个方面的内容：首先是大学外部监督机制，其中包括大学认证体系、专业学会、大学学会等，其次是研究型大学内部的自我监督机制。(马万华，2004)[74]

所谓日本模式是一个独特的混合物，日本模式与欧洲模式最相像，讲座主持者对下级有很大的个人控制权，讲座主持者在学院和大学中，实行有力的学者团体控制，上层结构中的文部省由官僚组成。但国立大学与私立院校的治理结构有所不同，国立大学没有董事，中间层的行政管理也比较弱，而私立院校则与美国的私立院校有很多相似之处，有董事会，有强有力的院校行政管理层。具体来讲，日本大学的治理结构由校长、评议会和校教授会组成。大学校长由评议会或教授会提名，文部省任命，主持学校行政事务。校评议会由校长、学部长、学部教授、研究所所长等组成，协助校长制定规章制度，提出预算方案，审议校内重大事务；教授会由教授、副教授和其他教学人员组成，负责处理校内主要涉及学术事务和人事方面的重大事务。

显然，西方高等学校法人内部治理结构的四种模式，虽然各有千秋，各具特色，但其共同点是合理配置了行政权力与学术权力，强化行政权力的服务功能，彰显学术自由、教授治学，形成了学术权力本位的高等学校法人内部治理结构。以学术权力为本位的高等学校法人内部治理结构对协调与平衡行政权力和学术权力有着至关重要的作用，而且双方权力的行使都有一定的限度，相互存在着制衡与牵制，无论是校长、董事会、评议会的内部权力结构，还是大学、学部、系三个层次的校务委员会、评议会、理事会、大学副校长的内部权力结构，权力分工明确、具体、合理，共同治理大学的发展。

四、路径选择：高等学校学术权力本位治理结构的重构

当前，我国高校行政权力主导的治理结构导致了行政权力对学术权力的控制与僭越、学术权力的行政化、学术资源配置失范、学术信仰功利化等问题，已严重影响了我国高等教育内在品质的发展与核心竞争力的提升和培育。而解决这一问题的关键是要建立符合我国高等教育发展的学术权力本位的高等学校法人内部治理结构。

（一）确立学术委员会在高校学术事务中的最高决策地位

通过对《教育法》、《高等教育法》的修订或《学校法》的制定，明确确立学术委员会在高校学术事务中的最高决策地位，从而充分发挥学术委员会在学术发展、学术评价、学术规范中的主导作用。"大学本质上是围绕学科和行政单位组织的矩阵组织。作为从事高深专门知识加工和传播的高校，学科知识是组织形式，是大学结构的基础，是学科而不是行政单位把学者组织在一起。"（伯顿·R. 克拉克，1999）[124]因此，高校核心竞争力的提升的关键是建立学术权力本位的高等学校法人内部治理结构。《高等教育法》第42条明确规定："高等学校设立学术委员会，审议学科、专业的设置，教学、科学研究计划方案，评定教学、科学研究成果等有关学术事项。"也就是说，高等学校学术委员会作为学校的"咨询机构"、"审议机构"为学校的教学、科研发展提供保障。然而，由于该规定过于原则且刚性不足，没有具体规定学校、院系学术委员会应如何组成，如何开展学术活动，未对高等

学校学术委员会的产生办法、学术委员会委员的任职资格、学术委员会的构成、学术委员会委员的任期、增补等做出刚性的法律规定，从而导致高等学校在学校学术委员会的组成、程序的安排、内容的确定等方面具有非常宽泛的自由裁量权。高等学校为了有效实施对各级学术组织的管理，将各院系的主要领导安排到相应的学术组织中，并主持学术委员会的事务。院系学术委员会主要由正、副院长组成，学术会议成为院（系）务扩大会议；学校学术委员会主要由校长和各院系院长组成，学术会议成为校务扩大会议。在两级学术组织中，虽然也有少量不带任何行政兼职的专家教授，但这些专家教授的声音在以行政领导为主体的学术委员会当中是非常微弱的，从而导致高校学术组织学术功能的退化。所以对现行法律进行修改或在现行法律框架下制定"高等学校学术委员会实施细则"或其他规则，强化学术委员会对教学、科研等学术事务的决策权，规范高校学术委员会的运行机制是建立学术权力本位的高等学校法人内部治理结构的有效途径。

（二）重构大学基层学术组织

尊重学术自由，营造自由宽松的学术氛围，使学术自由成为"学术人"的一种价值信念、理想追求和生活常态，构建以学科为基础、以研究为主导、以学术为本位的基层学术组织。新中国成立以后，教研室成为我国高校基层学术组织形式，这种以教学研究为主要任务的学术组织在现阶段已经无法有效承担学校学科建设的组织管理和研究生培养、管理的学术责任，不能适应高水平大学建设的需要。正因为如此，打破以教研室为主体的基层学术组织形式，探索并建立多样化的基层学术组织是自 20 世纪 80 年代初期以来我国高校内部学术组织改革的重要内容。在此背景下，研究所、研究中心、研究室等具有研究性质的基层学术组织相继成立，高校基层学术组织呈现出多样化的特征。但由于现行法律、法规及其规章对大学基层学术组织的设置缺乏基本规范，学校对基层学术组织定位不清、要求不明、管理失范、资源配置缺位，除个别运行比较规范外，大多数基层研究机构没有学术活动、没有合作研究、没有机构网站、没有年度研究报告，内部人员各自为战，难以实现高水平大学的使命。因此，建立以学科为基础、以研究为主导、以学术为本位的基层学术组织，实现科学研究与人才培养的一体化，是建构学术权力本位高等学校法人内部治理结构的重要组成部分。正如美国著名学者伯顿·R·克拉克所言："就系统本身以知识任务为中心而言，有关系统操作的一项最重要的事实是，学科和院校的联系方式都会聚在基层操作单位，即学术界的基本工作群体。学系、讲座或研究所既是学科的一部分，也是院校的一部分，它们将两者合而为一，并从这种结合中汲取力量。这种结合使得操作部门既能显示出强大的势力，又能成为系统的核心。"（伯顿·R·克拉克，1994）[37]我们认为，加强高校基层学术组织建设，应在营造自由宽松的学术氛围和充分尊重学术自由的前提下，使基层学术组织置于院（系）之下，接受所在院（系）的统一领导；使基层学术组织成为集人、财、物为一体的实体机构，并享有一定的资源配置权和处事权，具体承担由学院或系分配的教学、科研及社会服务任务；明确基层学术组织负责人的责任和权利、聘用和考核办法，实施所长（主任）负责制，加强对基层学术组织运行管理；保持基层学术组织结构的弹性，使不同的基层学术组织基于目标而组合为不同的研究基地、平台、重点学科、重点实验室或跨学科的研究中心；引入绩效管理的理念，从制度上解决基层学术组织资源分散、资源浪费、效率低下等妨碍学科发展的深层次问题。高校基层学术组织的重建，不仅有利于高等学校法人治理重心的下移、基层组织学术活力的激发和学术创新能力的提升，也有利于高等学校法人内部治理结构的调整，从而在本质上凸显了学术权力在高等学校法人治理中的学术地位。

（三）确立高校行政组织的服务功能

厘定行政权力与学术权力的边界，使行政权力服从于学术权力，强化高校行政组织的服务功能，彰显学术权力在高等学校法人内部治理结构中的核心地位和本体价值。长期以来，我国高等学校是在政府集中控制和行政约束的制度环境中按照自上而下的垂直等级结构来运行。高等学校的设立、经费来源、专业设置、招生计划、科学研究、学科建设、毕业分配、人才引进、社会服务等，都遵循国家或主管部门的指令办事，形成了以单一行政配置机制为主要内涵运行机制的"国家控制模式"。"国家控制模式"的外部权力结构反映到高校内部权力结构中，就形成了典型的高校行政组织"科层制"运行模式，行政组织挤压学术组织，行政组织对学术事务介入过多，大学缺乏应有的学术逻辑，不得不服从于行政的逻辑。高校行政组织中人员的为"官"理念和机关作风浓厚、学习风气和进取精神渐失、形式主义和政绩意识倾向明显，高校行政组织本身机构设置过多、行政分工过细、行政效率低下、服务水准不够等问题长期存在。美国前哈佛大学文理学院院长罗索夫斯基曾明言："在学术工作上没有上司"，"一个工头式的上司会叫你去做什么事，而且要求你一定得做——这是自由的损失。作为一个院长，也就是作为一个行政管理者，我的上司是校长，我为他效劳，按照他的意图工作。他可以，而且也的确向我发号施令。可是作为一个教授，除了同等地位的竞争对手外，我不承认有主宰我的人，或者除了一种不太可能的道德败坏指控外，也不认为有什么威胁存在。"（亨利·罗索夫斯基，1996）[143] 大学需要管理，但其管理具有特殊性，因为"大学的管理根本上是以学术为中心的管理，其目的是为了促进学术的发展。学术管理的基础是学术思想的自由和探索的自由，发挥学术权力的主导作用，贯彻学术自由、民主管理的原则，大学内部营造一种民主的宽松的学术氛围，为科学创造提供良好的学术环境。"（张应强，2001）大学"学术权力的状况涉及学术自由、学术公正、学术民主，涉及真理在学校的实际地位的问题。学术自由、学术公正、学术民主是学术生命得以生存和发展的空气、土壤和阳光。如果因行政权力的强化而造成了对空气和土壤的污染，其后果可想而知。行政权力的强化并不必然导致学术权力的弱化，如果真的不幸出现了后一种情况，学术生命的萎缩是难免的。"（张楚廷，2001）因此，加大高校行政组织改革力度、强化高校行政组织服务功能，是建立学术权力本位高等学校法人内部治理结构的关键。一方面，高校应从整体上强化各职能部门及工作人员对各院、系、所的教学科研活动的服务意识，理顺彼此间的分工合作关系。另一方面，应努力建设一支专家型、高素质的管理队伍，为高水平大学建设提供强有力的支撑。另外，高校行政组织应切实提高服务效率，方便师生员工，改善服务态度，适时地对表现积极向上、品行高尚、作风过硬、成绩突出的干部和部门给予相应表彰，从而彻底解决高校行政组织管理效率不高的问题。同时，在强化高校行政组织服务功能的基础上，应厘定行政权力与学术权力的边界。我们认为，在当前我国学术权力本位高等学校法人内部治理结构中，政治权力完善的首要任务是进一步确立党委在高校的政治领导地位，协调政治权力与行政权力的关系，预防政治权力的越位，保障行政权力的独立运行，同时，要强化党员的民主选举、民主监督权，在制度设计上化解政治权力集中的痼疾。而行政权力改革的当务之急是探索高校理事会或董事会在高校的地位、作用及其与校长的权利和义务，形成权力制衡机制；改革校长遴选机制，克服行政任命制的弊端，保障高等学校、主管机关、社会公众在校长遴选中的权利，努力创造教育家办学的制度环境。（陈鹏，2010）

（四）加强监督力度

凸显教职工代表大会、学生代表大会等利益相关者对高校行政权力与学术权力的刚性监督力度，从而彻底扭转高等学校法人内部治理结构中监督权日益弱化的现象。在高等学校法人内部治理结构中，教职工代表大会居于参政、监督地位，行使审议建议权、审议通过权、审议决定权和评议监督权四项权利。当前，教职工代表大会制度改革的重点是强化其在高校内部治理结构中的制衡作用，凸显其刚性监督的价值，使教职工代表大会在学校年度工作计划、发展规划、改革方案、教职工队伍建设、教职工福利、干部任免等重大问题中有更刚性的权力。具体来讲，高校教代会权力的落实、监督权的强化，一方面要尽快出台"高等学校教职工组织法"。组织法应将教职工代表的选举办法，行政人员、教师、学生及其他职工的比例，教职工代表大会的组织程序等进行明确的规定，以防止高校滥用自由裁量权，侵犯教师及其他职工的权益。另一方面随着内部外环境的变化，需要增强教代会的权力，增加教代会的职权，在新的国家、大学和教师的利益关系中，使教代会能够担负起维护和主张教师重大利益的职能，对教代会进行组织制度变革，扩大教师对教代会的参与，使教代会真正成为教师身份群体的聚合体。（郭卉，2007）同时，在高等学校法人内部治理结构中，我们也要特别重视学生主体在高等学校法人治理中的地位与作用，使学生代表大会在学习事务及其与自身权益相关的领域有充分的话语权，预防行政权力、学术权力对学生受教育权的非法损害。高校学生会是在高校党组织的领导下和共青团组织的指导与帮助下的学生自己的群众组织，是学生行使民主权利，进行自我管理，自我教育，自我服务的组织机构。建立健全学生代表大会制度，对学术权力本位高等学校法人内部治理结构的建构起着举足轻重的作用。基于"以权利为本"的理念，从最大限度地维护受教育者权益出发，我们认为，作为学生利益代表的学生会除了享有"设施享用权、获取物质保障权、获得公正评价与相应证书权、申请法律救济权、参与社会权、法定的其他权"等权利以外，还应当增加有限的学习自由权、有限的校务参与权、有限自治权等内容，以此来对抗行政权力的失范现象，合法地维护学生的受教育权。首先，作为学生利益代表的学生会所享有的有限学习自由权来源于受教育权中的教育选择权，包括选择学校院系的自由、选择专业的自由、选课的自由、上课的自由、选择学习场所的自由以及参与讨论与表达意见的自由等几个方面。其次，作为学生利益代表的学生会所享有的有限校务参与权则在世界范围内已经成为很多国家共同的制度，只不过学生参与的程度和方式在不同的国家、地区有所不同，如大陆法系国家实行校长和委员会（评议会）共同管理学校的体制，学校各个层次的人员都有代表参与委员会，包括学生代表，学生通过自己选举的代表在各个委员会中占有席位，学生通过他们的代表在委员会行使表决权参与校务管理，体现了"效率和民主"相结合的管理理念，同时，在起决策作用的管理委员会或者评议会中，学生代表的比例一般和教师、研究人员代表接近。在我国，2005 年教育部颁布的《普通高等学校学生管理规定》第 41 条规定："学校应当建立和完善学生参与民主管理的组织形式，支持和保障学生依法参与学校民主管理。"而且，我国各级各类学校都有学生会以及各形各色的学生社团。但这些组织基本上成了半行政性组织，并没有成为学生依法参与学校民主管理的渠道。我们认为，学生享有参与学校事务的权利，但学生参与学校事务管理应当是有限的，其判断的一个原则就是相关、能力、责任原则。如从相关原则来看，学生适宜参与的事项有：对于教师教学效果的评价、学术活动设施的管理、针对学生的处理决定、学校内部规则的制定等，其参与的方式可以有直接参与式、咨询交涉式、恳谈会和协议会等形式。再次，作为学生利益代表的学生会享有有限自治权，其主要体现为学生组织有建立和参与学生自治团体的权利。同时，作为学生自治的团体，应该在法律、法规规定的范围内活动，是一种的有限自治。显然，学生会所享有的有限学习自由权、有限校务参与权、有限自治权等权利，使学生在涉及自身利益发展的相关问题上具有了充分的话语权，同时，通过参与学校校务，不仅可以为学生民主意识、自治精神的培养提供场所，也可以为高等学校法人内部治理结构走向权力多元化提供基础。

第六章

结　语

走向共治与自主办学是高校法人内部治理结构的必然选择。

高等学校法人内部治理结构完善的价值旨趣与诉求在于追求大学精神、凸显学术价值、保障大学自治、彰显学术品格。但在实践层面，高校明显的外部行政化特征导致政府的权限极度扩张，高校渐趋行政化以及实际上充当的"代管人"角色导致高校学术权力不断萎缩，从而形成了我国高校行政权力主导的内部治理结构。结合西方高校内部治理结构的有益经验和我国的实际，走向共治与自主办学是现代大学制度视野下高校法人内部治理结构的终极关怀与必然选择。

一、走向共治：高校法人内部治理结构的终极关怀

大学的治理，从法律层面来讲，就是权力的分配与制衡。权力的分配必须考虑三个基本维度：一是权力类型，

即哪些权属于中央控制，哪些权属于地方掌握；二是使用权限的程度，即中央和地方在多大程度上使用这种权力；三是大学自身应拥有的独立自主权。显然，现代大学制度法人内部治理结构重塑的核心就是解决高校与教师、学生的法律关系，明确大学成员在我国法律制度上的权利主体地位，合理配置不同主体的权利，通过法律确定大学成员在法律上的权利与义务，廓清各自所享有的权利边界，从而实现高校法人内部治理中的权利有效保障。其实质就是实现高等学校共同治理，共同治理本质上也是世界范围内高等教育治理的主要模式。近几十年来，共同治理一直是指导美国大学决策的最主要的原则，（Kezar A，2006）起源于1966年由美国大学教授协会、美国教育理事会和大学董事会三方共同制定的《大学治理声明》（American Association of University Professors，2001）。美国高等教育共同治理经验，对完善我国特色现代大学制度具有极高的参考价值，要求我国高等教育体系应在"探索新的共同治理模式、强化教授在共同治理中的作用"（马彦利，胡寿平，2010）等方面不断完善，也就是说，中国特色现代大学制度法治精神的重塑，应在现有法律框架下，协调大学与政府、社会的关系，并厘清内部关系，建立学术本位的高校法人内部治理结构。

自20世纪90年代以来，人类社会政治生活发生的重大变革之一就是社会政治过程的重心开始从统治转向治理。传统的社会管理方式既不能解决市场失灵也不能解决政府失灵问题，必须建立一种新的社会管理机制来取代传统的管理方式，以解决政府和市场的双重失灵。于是"治理"作为一种新的管理理念和管理机制应运而生。1989年世界银行在分析当时非洲国家的形势时，首次使用了"治理危机"的提法。此后"治理"一词在国际学术界广为流行，现代治理理论生成之后也随之成为当今国际学术界最有影响力的理论之一。

从本质上来讲，高校法人内部治理结构就是一系列制度的重新安排，真正的目的在于超越二元对立从而使权力配置走向多中心化，从而实现高校内部权力运作在冲突中寻求妥协、在互动中谋求合作、在均衡中达到和谐，不仅要求高校外部治理中管理者、办学者、举办者三重角色实现分离与互动，而且要求高校内部治理中权力主体——最基本的就是行政权力与学术权力——谋求均衡与和谐，最终走向权力的多中心化。首先，高校法人治理是各权力（利）主体间保持张力平衡的一种双向互动的合作机制。从治理的角度来看，高校法人治理存在着多重的权力主体。为了避免权力走向集中化、单一化，需要各权力主体间保持张力平衡、谋求双向互动的合作机制。在双向互动的合作系统内形成了一个自组织网络。其次，高校法人治理是一种权力主体多元化的合作管理机制。从治理的手段与方式来看，高校法人治理强调各主体之间的自愿平等合作，各主体间需要协调和沟通，而且权力的流动是双向或多向的，不是单一的和自上而下的。权力运行向度是多元的、相互的，强调相互的依赖关系，加强系统内部的组织性和自主性。再次，高校法人治理是一种有利于实现权利——权力正和博弈的妥协性合作机制。任何治理都强调高效的"善治"，而"善治"的构成要素包括：合法性、透明性、责任性、法治性、回应性、有效性。显然，治理理论下的"善治"拥有了更多的民主要素和灵活要素，要求各权力主体形成一种有利于实现权利——权力正和博弈的妥协性合作机制。

教育要实现法治化治理，公立高校的法治化应首当其冲。而要致力于公立高校的法治化，其内部权力结构的法治化是理所当然。我们认为，我国公立高校内部权力结构的法治化，就是要构建各权力（利）主体的公平博弈机制，促进其内部权力结构的逐步均衡化。首先，从立法的角度来讲，相关法律法规应当赋予我国高等学校内部各权力主体平等的法律地位。从我国现有的法律法规来看，高校内部法人治理结构中各权力主体的法律地位并不平等，尤其是教师、学生等核心利益相关者的权力没有得到很好的落实，高校权力的运行以行政权力为主，学术权力受到了极力的挤压和排挤，相关法律法规中也对高校这一特殊组织——以学术为本质——的运行进行规定，从而使学术权力没有得到彰显。其次，从行政的角度来讲，我国高等学校内部权力配置机制应当体现行政公平的博弈原则，保证各权力主体规则的公平。高校作为一种典型的利益相关者组织，涉及多元的利益主体，多元利益主体有着复杂的利益诉求与主张，从而形成争取自身利益的交错的利益表达渠道。这就要求在高校内部权力配置机制中体现行政公平的博弈原则，不允许存在制度安排上或起跑线上的不平等，从而保证各权力主体规则的公平，不允许有利于某个利益团体的游戏规则，否则的话，就会形成不良竞争，从而导致无序、错乱、越位、不到位等现状，更有甚者使利益相关者在心理层面造成失衡，对高校的健康发展是非常不利的。再次，从司法的角度来讲，人民法院应对高校内部的权力进行程序性审查和有限的实体审查，体现司法审查对各权力主体的保障功能。所谓程序性审查，是指人民法院审查具体行政行为是否依照法定程序进行。依照法律、法规确定的方式和步骤从事具体行政行为是依法正确实施具体行政行为的保障，违反法定程序必然导致具体行政行为的不合法，从而影响相对人的合法权益。这就要求高等学校在实施行政行为时，必须遵守正当法律程序。即高校在做出影响相对人权益的行政行为时，应该事先告知相对人、向相对人说明行为理由和根据，听取相对人的陈述、申辩，事后为相对人提供相应的救济途径，以保证所做出的行为公开、公正、公平。所谓有限的实体审查，是指人民法院审查高校行政行为的内容是否合法。审查被诉行政行为所依据的事实是否真实存在，证据是否充分。只有当学校认定事实真实存在，学校的行政行为才具备合法性的基础，否则，其行为必然违法。人民法院对高校行政行为的程序性审查和有限的实体审查，既能维护高校正常的学术活动，尊重高校的办学自主权，有利于高等学校管理行为的规范化，又能保障其相对人的合法权益，体现了司法审查对各权力主体的保障功能。

　　显然，在高校内部的管理控制中出现了两个来源极不相同的"幽灵"：一种是根植于正规集权化的古典科层传统，而另一种则以教师的非正式的特权和专业主义为基础。毫无疑问，底层的力量是不可忽视的力量（"底层"意指那些处于组织金字塔中层和基层位置的雇员/下属）。（E·马克·汉森，2005）[92]由于"大学本质上是围绕学科和行政单位组织的矩阵组织。作为从事高深专门知识加工和传播的高校，学科知识是组织形式，是大学结构的基础，是学科而不是行政单位把学者组织在一起。"（伯顿·R·克拉克，1999）[124]因此，"由于下级本身受到其上级决策的影响，所以他们谋求去影响他们的上级。"（Willard Lane，Ronald Corwin，William Monahan，1996）[135]

　　事实上，大学教师所享有的学术自由权利源于大学教师特殊的性格与功能。剑桥大学的阿什比爵士曾经说道："在文明的国家里，学术自由已发展为一种受到特别保护之思想自由的角落。它并不是学术界有些人士所宣称的乃个人的特权，学术自由是一种工作的条件。大学教师之所以享有学术自由乃基于一种信念，即这种自由是学者从事传授与探索他所见到的真理之工作所必需的；也因为学术自由的气氛是研究最有效的环境。"（金耀基，2001）[173]而且，作为一种职业化的学者，大学教师"学术自由的原则断言，那些花钱买服务的人（在最重大的事情上）不能规定这种服务的性质。"

（刘易斯·科塞，2004）[311]

因此，在现代大学制度法人内部治理结构中，以技术能力为基础的专业权利和以职位为基础的行政权力是有明显差异的。"大学在某些方面是一种独特的'逆权威'类型的组织，它的'顶层管理部门'通常受一套明确的规定支配，限制其权威干涉教员（他们在某种意义上是'下级'）的职权范围。大学强调教员的职务占有性，而且另一个重要方面是实行学术自由的规定，允许在广阔的领域内自由地教学、讨论和协作，而不受干扰。"（帕森斯，1988）[44]而且，二者在某些领域方面存在着相互争夺，以实现自己对这个领域的控制权。

唯有如此，高校法人内部治理结构中的权利配置，才能实现纵横交错、层次分明、权责明晰、分工明确、各司其职等权利链条，使高校法人的权利运行机制更加畅通，发挥多元利益主体的智慧与力量，尽可能地实现多元利益主体的诉求，从而使高校法人治理达到权力多中心化并走向共治，使任何一方都不可能占据绝对优势。

二、自主办学：高校法人内部治理结构的必然选择

"一所好的大学，在于有自己独特的灵魂，这就是独立的思考、自由的表达。千人一面、千篇一律，不可能出世界一流大学。大学必须有办学自主权。"（赵承，2010）诚如温总理所感慨，虽然我国教育法律、法规以及教育规章对高校办学自主权有过较为详细的规定，但教育法律、法规以及教育规章层面的诸多条文并未得到实施，长期以来我国高校没有取得实质意义的办学自主权也被认为是掣肘我国高等教育发展的瓶颈和症结。究其缘由，高校法人内部治理结构完善与否，是高校办学自主权能否得以实现的基础。高校法人内部治理结构的完善，是高校办学自主权落实与扩大的关键，是建构现代大学制度亟待解决的一个重大的实践与理论课题。在当代高等学校发展过程中，权利的分配与协调和制衡不仅是合理建构高等学校法人内部治理结构的基石，也是落实与扩大高校办学自主权的保证。

改革开放 30 年来，中国进入了一个剧烈的社会转型期。在剧烈的社会转型期，经济体制、政治体制和社会结构都在发生着变动，这些变动自然会

引发原有利益格局的重组、整合，利益的些微变动都会产生巨大的社会震动，并以某种形式把这种震动释放出来。可以说，我国目前的社会转型就其深度和广度来说都是空前的，在这种大背景下产生的高校与政府、社会的关系以及高校治理结构等问题，不仅在表现形式、协调机制等方面具有新的特点，而且解决手段、发展趋势等方面出现了新情况、新问题。在改革开放之前，"我国教育自1949年以后，在废除旧教育制度的基础上，建立了一个与当时的计划经济体制相适应的政府举办、计划调控、封闭办学、集中统一的公立学校系统，这是一个由政府举办、公共财政经费维持的学校教育制度，集权化、等级结构、非人格化的规章制度和自上而下的行政管理构成了这一体制的基本调整。"（劳凯声，2010）这一状况一直持续到1985年。1985年以后，高等教育层面的"高校办学自主权"问题，无论是国家政策层面还是学界的研究都给予了足够的精力，倾注了大量心血。

1985年《中共中央关于教育体制改革的决定》（以下简称《决定》）以"简政放权"为主要内容，拉开了我国教育体制改革的先河。其重点就是高等学校办学自主权问题。《决定》明确指出，我国原有高教体制的弊端之一，就是"在教育事业管理权限的划分上，政府有关部门对学校主要是对高等学校统得过死，使学校缺乏应有的活力，而政府应加以管理的事情，又没有很好管理起来。"《决定》在我国第一次突破了高等教育体制仅仅局限在狭小的领导管理权限划分的旧有条框，明确提出"扩大高等学校的办学自主权"。

1993年《中国教育改革和发展纲要》的颁布，为高等教育改革指明了道路。这就是"在政府与学校的关系上，要按照政事分开的原则，通过立法，明确高等学校的权利与义务，使高等学校真正成为面向社会自主办学的实体……学校要善于行使自己的权力，承担应负的责任，建立起主动适应经济建设和社会发展需要的自我发展、自我约束的运行机制。"明确提出要"建立起与社会主义市场经济体制和政治体制、科技体制改革相适应的教育体制"。这充分说明高校要自主办学，必须拥有办学自主权。

1995年国务院关于《中国教育改革和发展纲要》的实施意见中进一步指出，要"深化高等教育体制改革，建立政府宏观管理、学校面向社会自主办学的体制"。1999年中共中央、国务院发布了《关于深化教育改革全面推进素质教育的决定》，提出了要"进一步简政放权，加大省级人民政府发展和管理本地区教育的权力以及统筹力度"、"形成中央和省级人民政府两级管理、以省级人民政府管理为主的新体制"、"切实落实和扩大高等学校的办学自主权,增强学校适应当地经济社会发展的活力"等措施。

2010 年 7 月 29 日中共中央、国务院颁布的《国家中长期教育改革和发展规划纲要 (2010—2020 年)》第十三章"建设现代学校制度"中的第 39 条明确指出要"落实和扩大学校办学自主权。政府及其部门要树立服务意识,改进管理方式,完善管理制度,减少和规范对学校的行政审批事项,依法保障学校充分行使办学自主权。高等学校按照国家法律、法规和宏观政策,自主开展教学活动、科学研究、技术开发和社会服务,自主制定学校规划并组织实施,自主设置教学、科研、行政管理机构,自主确定内部收入分配,自主管理和使用人才,自主管理和使用学校财产与经费。"而第 40 条则强调要"完善治理结构。公办高等学校要坚持和完善党委领导下的校长负责制。健全议事规则与决策程序,依法落实党委、校长职权。完善大学校长选拔任用办法。充分发挥学术委员会在学科建设、学术评价、学术发展中的重要作用。探索教授治学的有效途径,充分发挥教授在教学、学术研究和学校管理中的作用。加强教职工代表大会、学生代表大会建设,发挥群众团体的作用。"

从学理层面来看,高校自主权也是 20 世纪 80 年代以来一直备受研究者关注的热门话题,学者们从不同视角对其进行了多层次的讨论。"有的着眼于政府的职能转换,强调转换政府职能是落实高校办学自主权的前提与关键;有的着眼于政府与高等学校的互动,强调高校自主管理与政府管理宏观控制的关系;有的着眼于高校自身的研究,讨论高校面向社会如何自主办学;有的则从比较的视角,研究西方的大学自治、教授治校与我国高等学校办学自主权的异同;有的从法学的角度对高校自主权问题进行探索,并认为,高校的自主权是高等学校在法律上享有的、为实现其办学宗旨、独立自主地进行教育教学管理、实施教育教学活动的能力和资格。"(陈鹏,2004)

显然,无论是从国家宏观教育法律、政策的角度来看,还是从高等教育研究的角度而言,改革开放 30 年来我国高等教育事业发展中的一个关键问题就是国家在放权过程中,如何落实与扩大高校办学自主权。30 年过去了,高校办学自主权在当下依然是一个悬而未决的问题,"高等学校由政府包办的传统思想观念仍然存在，计划经济体制下形成的管理制度也依然起作用，政府转变职能进展缓慢，高等学校对政府的依赖意识和等、靠、要思想没有从根本上改变，已经规定的办学自主权实际尚未到位，没有得到根本落实，改革的效果不能令人满意。"（甘阳，李猛，2004）[214]可见，高校办学自主权的落实与扩大的关键在于，一是要处理好高校与政府的关系，二是要完善高校内部治理结构。高校与政府关系和谐发展，关键在政府，政府要转变职能，建设服务性政府、法治性政府、有限政府、有为政府。而高校内部治理结构的完善，关键在高校，高校要依法治校，民主管理，学术自由，大学自治。因此，从高校自身的角度而言，能够作为、可以作为、有所作为、必须作为的就是完善自身的治理结构，从而真正实现高校办学自主权，高校内部法人治理结构的完善是扩大与落实高校办学自主权的必由之举。

三、关系重构：高校法人内部治理结构的权利保障

现代大学法人治理结构中，存在着不同的利益主体，不同的利益主体与大学会构成不同的法律关系。一般来讲，现代大学法人内部治理结构中的关系主要指的是大学与教师、学生等内部利益相关者的法律关系。高校法人与内部利益相关者的法律关系中，通过一系列制度的重新安排，真正的目的在于走向权力的多中心化，从而实现高校内部权力运作在冲突中寻求妥协、在互动中谋求合作、在均衡中达到和谐。

在大学与教师的法律关系中，不同的教师管理制度中，二者构成不同的法律关系。在高等学校教师资格制度中，高等学校受教育行政部门委托，认定本校任职人员和拟聘人员的高等学校教师资格，高等学校与教师是委托性质的行政法律关系。在这一关系中，教育行政部门是委托主体，高等学校是被委托主体，高等学校不能以自己的名义，而必须以教育行政部门的名义代为履行行政职责，行为的法律后果由教育行政部门承担。在高等学校教师职务评审过程中，高等学校是法律、法规的授权组织，具有行政权力，是行政主体。国家在对教师进行管理的过程中，根据不同层次、不同类型的高等学校的师资力量、科研水平和学校的整体实力，将教师职务评审权授权于相应的高等学校，高校拥有的这种权力不是高校的法人权利，而是法律、法规授

予的行政权力。教师认为学校侵犯了其合法权益，只能提起行政诉讼，而不能进行民事诉讼。在高等学校教师聘任制度中，高等学校与教师在自愿平等的基础上，以合同的形式确认双方的权利与义务，其性质属于劳动合同而非行政合同；学校与教师之间辞职、辞退及履行聘任合同所发生的争议，适用《中华人民共和国劳动法》；当事人对依照国家有关规定设立的人事仲裁机构所作的人事仲裁不服，可以在法定时间内向人民法院提起诉讼。同时，有关教师人事代理制度中，教师与大学构成的是民事法律关系，双方的合同属于民事合同，受《民法》调整。

在大学与学生的法律关系中，大学生作为一个笼统的概念，需要从三个不同的阶段、三种不同的身份来理解，在不同的阶段大学生与高校会构成不同的法律关系，其中以在学法律关系为核心。大学生在入学阶段与高校构成的法律关系，首要的任务是要分析清楚大学所享有的招生权的性质。我们认为，高等学校的招生录取权是法律、法规授予的行政权力，不是法人权利，它在行使这一行政职权的过程中与考生的关系不是平等主体之间的民事法律关系，而是行政法律关系，且这种行政法律关系是外部行政法律关系，具有可诉性。大学生在入学报到后、尚未取得学籍阶段中，大学由于行使类似于对其内部成员所享有的管理型权力与新生发生的法律关系，新生可能由于未能履行学校规定的义务而被学校取消入学资格。新生与大学之间的这两种法律关系都由于大学行使权力的性质，属于公法上的法律关系。（姚金菊，2007）[223]且是一种外部行政法律关系，当学生的身份发生改变时，学生可以通过行政诉讼的方式寻求救济，即具有可诉性。大学生在在学阶段中，与高校会构成不同的法律关系，其核心问题是当大学生的权利受到侵犯后，是否具有可诉性。我们认为，判断高校行政行为是否具有可诉性，其中最重要的原则应是：如果学生受到的处理决定足以影响其获得或失去作为学校成员这一特定的身份，都应纳入行政诉讼的范畴，如开除学籍的处分、不授予学业证书与学位证书等；而对学校为了达到特定的教育目的而在自己日常的管理中作出的必要安排且没有影响到学生获得或失去其作为学校成员的实质性地位，不适用行政诉讼，属于高校自由裁量权范围内的事项，申诉处理机关针对它们的处理决定，应视为终局决定，如给予的警告、记过、留校察看等处分。

参考文献

爱德华·希尔斯. 2007. 学术的秩序——当代大学论文集 ［M］. 李家永，译. 北京：商务印书馆.

爱因斯坦. 1979. 爱因斯坦文集：3 ［M］. 徐良英，等，译. 北京：商务印书馆.

奥尔特加·加塞特. 2001. 大学的使命 ［M］. 徐小洲，等，译. 杭州：浙江教育出版社.

彼得·贝格拉. 1994. 威廉冯洪堡传 ［M］. 北京：商务印书馆.

毕宪顺. 2006. 权力整合与体制创新——中国高等学校内部管理体制改革研究 ［M］. 北京：教育科学出版社.

别敦荣. 2000a. 学术管理、学术权力等概念释义 ［J］. 清华大学教育研究（2）.

别敦荣. 2000b. 中美大学学术管理 ［M］. 武汉：华中理工大学出版社.

伯顿·克拉克. 1999. 高等教育系统——学术组织的跨国研究 ［M］. 杭州：杭州大学出版社.

伯顿·克拉克. 2003. 建立创业型大学：组织上转型的途径 ［M］. 王承绪，译. 北京：人民教育出版社.

伯里. 2003. 思想自由史 ［M］. 宋桂煌，译. 长春：吉林人民出版社.

博登海默. 1987. 法理学——法哲学及其方法 ［M］. 邓正来，译. 北京：华夏出版社.

博伊德·金. 1989. 西方教育史 ［M］. 任宝祥，吴元训，主译. 北京：人民教育出版社.

蔡蕴琦. 2010. 华中科大校长"根叔"：工资低逼高校老师忙创收 ［R/OL］. ［2010-11-01］. http://learning.sohu.com/20101101/n276877442.shtml.

陈建新. 2006. 对完善公立高校法人制度的思考 [J]. 边疆经济与文化 (6).

陈立鹏. 1999. 学校章程 [M]. 北京：光明日报出版社.

陈鹏，祁占勇. 2004. 高校教师职务评聘中的法律问题探析——对一起诉讼案的法理学思考 [J]. 高等教育研究 (2).

陈鹏，祁占勇. 2005. 教育法学的理论与实践 [M]. 北京：中国社会科学出版社.

陈鹏，祁占勇. 2009. 转型时期政府与高校行政法律关系及其权力边界 [J]. 中国高教研究 (6).

陈鹏. 2004. 论高校自主权的司法审查 [J]. 陕西师范大学学报：哲学社会科学版 (1).

陈鹏. 2006. 我国公立高校法律关系研究 [M]. 北京：高等教育出版社.

陈鹏. 2010. 高校行政化的法理解读与法律重构 [J]. 陕西师范大学学报：哲学社会科学版 (6).

陈平原，孙立平，高原东，等. 2003. 大学改革路在何方巨 [J]. 高教文摘月报 (10).

陈文申. 2002. 公共组织的人事决策 [M]. 郑州：河南人民出版社.

陈晓景. 2004. 高等学校教师管理的法律研究 [J]. 郑州轻工业学院学报：社会科学版 (2).

陈孝彬. 1996. 外国教育管理史 [M]. 北京：人民教育出版社.

陈新民. 2001. 德国公法学基础理论 [M]. 济南：山东人民出版社.

陈新民. 2002. 中国行政法学原理 [M]. 北京：中国政法大学出版社.

陈学飞，茶世俊. 2007. 理论导向的教育政策经验研究探析 [J]. 北京大学教育评论 (4).

陈学飞. 1998. 美国、德国、法国、日本当代高等教育思想研究 [M]. 上海：上海教育出版社.

陈玉琨，戚业国. 1999. 论我国高校内部管理的权力机制 [J]. 高等教育研究 (3).

程介明. 2010. 走向明天的教育学院——对北大教育学院的一些观察 [J]. 北京大学教育评论 (4).

程星. 2006. 细读美国大学 [M]. 北京：商务印书馆.

程雁雷. 2004. 高校学生管理纠纷与司法介入之范围 [J]. 法学 (12).

褚宏启. 2000. 论学校在行政法律关系中的地位 [J]. 教育理论与实践 (3).

戴维·斯沃茨. 2006. 文化与权力——布尔迪厄的社会学 [M]. 陶东风，译. 上海：上海人民出版社.

丹宁勋爵. 1999. 法律的训诫 [M]. 刘庸安，等，译. 北京：法律出版社.

丁丽娟，张卫良. 2005. 我国大学章程的现状及建设［J］. 江苏高教（6）.

丁文珍. 2002. 论教师节聘任制中的教师权益保护［J］. 山东教育科研（3）.

丁学良. 2005. 中国能不能办出世界一流大学［R/OL］.［2005-01-10］. http://edu. sina. com. cn/l/2005-01-10/97655. html.

董保城. 1997. 教育法与学术自由［M］. 台北：元照出版公司.

董世忠. 1997. 法律英语［M］. 上海：复旦大学出版社.

董永亮. 2009. 拿什么来拯救你，中国式学术制造?!［R/OL］.［2009-12-30］. http://bbs. ifeng. com/viewthread. php? tid=4186852###.

樊纲. 1996. 渐进改革的政治经济学［M］. 上海：上海远东出版社.

范秀仁. 2006. 高等学校行政权力与学术权力的研究综述［J］. 南昌航空工业学院学报：社会科学版（1）.

方木. 2004. 制造垃圾：中国学术价值几何［J］. 党政干部学刊（7）.

弗兰斯·F. 范富格特. 2001. 国际高等教育政策比较研究［M］. 王承绪，等，译. 杭州：浙江教育出版社.

傅国云. 1998. 公平在行政自由裁量中的价值定位及其实施［J］. 行政法学研究（2）.

傅维利，刘民. 1988. 文化变迁与教育发展［M］. 成都：四川教育出版社.

甘阳，李猛. 2004. 中国大学改革之道［M］. 上海：上海人民出版社.

高平叔. 1984. 蔡元培全集：第3卷［M］. 北京：中华书局.

高淑贞. 2007. 论受教育权［D］. 长春：吉林大学博士论文.

郜思，黄金晶. 2007. 高校学生会存在问题的调查及其改革措施的探讨［Z］. 北京市社会心理学会2007年学术年会论文摘要集.

关保英. 1997. 行政法的价值定位［M］. 北京：中国政法大学出版社.

郭春发. 2000. 教师聘任制中的两个法律问题［J］. 中小学管理（6）.

郭卉. 2007. 我国高校教职工代表大会制度变迁的历史考察［J］. 高教探索（2）.

郭丽君. 2007. 大学教师聘任制［M］. 北京：经济管理出版社.

郭润生，宋功德. 1997. 论自由裁量权［J］. 山西大学学报：哲学社会学版（3）.

哈特穆特·毛雷尔. 2002. 行政法学总论［M］. 高家伟，译. 北京：法律出版社.

哈耶克. 1997. 自由秩序原理［M］. 邓正来，译. 北京：生活·读书·新知三联书店.

韩大元. 2000. 外国宪法［M］. 北京：中国人民大学出版社.

郝文武. 2006. 教育哲学［M］. 北京：人民教育出版社.

何子伦. 1990-08-03. 保障受教权　勿折伤大学自治［N］. 中央日报.

贺德芬. 1998. 大学法研讨会论文集［C］. 台北：东吴大学法学院.

赫钦斯. 1976. 教育现势与前瞻［M］. 姚柏春，译. 香港：今日世界出版社.

亨利·罗索夫斯基. 1996. 美国校园文化：学生·教授·管理［M］. 谢宗仙，等，译. 济南：山东人民出版社.

胡建华. 2002. 两种大学自治模式的若干比较［J］. 全球教育展望（12）.

胡劲松，葛新斌. 2001. 关于我国学校"法人地位"的法理分析［J］. 教育理论与研究（6）.

胡肖华. 2001. 论学校纪律处分的司法审查［J］. 法商研究（6）.

黄福涛. 2003. 外国高等教育史［M］. 上海：上海教育出版社.

黄宏贤. 1999. 行政法与行政程序［J］. 江汉论坛（7）.

黄葳. 2002. 教育法学［M］. 广州：广东高等教育出版社.

黄小勇. 1998. 自由与国家行为的限度：对"自由"概念的一次思想史考察［J］. 学术界（5）.

江苏省陶行知教育思想研究所，南京晓庄师范陶行知研究所. 1991. 陶行知文集［M］. 江苏：江苏教育出版社.

教育部. 2012. 2010 年全国教育事业发展统计公报［R/OL］.［2012-03-21］. http://www.moe.edu.cn/publicfiles/business/htmlfiles/moe/moe_633/201203/xxgk_132634.html.

教育部人事司. 2000. 高等教育法规概论［M］. 北京：北京师范大学出版社.

教育部中外人学校长论坛领导小组. 2002. 中外大学校长论坛文集［M］. 北京：高等教育出版社.

金锦萍. 2005. 非营利法人治理结构研究［M］. 北京：北京大学出版社.

金耀基. 2001. 大学之理念［M］. 北京：生活·读书·新知三联书店.

金英杰. 2005. 教师适用劳动合同法的必要性探讨［J］. 中国教工（8）.

科恩. 2005. 论民主［M］. 聂崇信，朱秀贤，译. 北京：商务印书馆，2005.

克拉克·科尔. 大学的功用［M］. 陈学飞，等，译. 江西教育出版社，1993.

孔明. 2004. 对学术权力的再审视［J］. 现代大学教育（1）.

莱斯特·M. 萨拉蒙. 2002. 全球公民社会——非营利部门视界［M］. 贾西津，魏玉，等，译. 北京：社会科学文献出版社.

郎益夫，刘希宋. 2002. 高等学校治理结构的国际比较［J］. 北方论丛（1）.

劳凯声，郑新蓉. 规矩方圆——教育管理与法律［M］. 北京：中国铁道出版社.

劳凯声. 2002a. 社会转型与教育的重新定位［J］. 教育研究（2）.

劳凯声. 2002b. 中国教育法制评论：第 1 辑［M］. 北京：教育科学出版社.

劳凯声. 2003a. 变革社会中的教育权与受教育权：教育法学基本问题研究［M］. 北京：教育科学出版社.

劳凯声. 2003b. 中国教育法制评论：第 2 辑［M］. 北京：教育科学出版社.

劳凯声. 2004. 中国教育法制评论：第3辑［M］. 北京：教育科学出版社.

劳凯声. 2005. 中国教育法制评论：第4辑［M］. 北京：教育科学出版社.

劳凯声. 2006. 中国教育法制评论：第5辑［M］. 北京：教育科学出版社.

劳凯声. 2007. 中国教育法制评论：第6辑［M］. 北京：教育科学出版社.

劳凯声. 2008. 中国教育法制评论：第7辑［M］. 北京：教育科学出版社.

劳凯声. 2009. 中国教育法制评论：第8辑［M］. 北京：教育科学出版社.

劳凯声. 2010a. 中国教育的问题是公立学校的问题［J］. 教育研究（2）.

劳凯声. 2010b. 中国教育法制评论：第9辑［M］. 北京：教育科学出版社.

李凤堂. 2003. 教师聘任制问题的法律探析［J］. 天津市教科院学报（4）.

李静荣，雷玉明. 2002. 论学校与学生的性质法律关系［J］. 湖北大学学报（4）.

李立国，赵义华，黄海军. 2010. 论高校的"行政化"和"去行政化"［J］. 中国高教研究（5）.

李连宁，孙葆森. 1997. 学校教育法制基础［M］. 北京：教育科学出版社.

李仁淼. 2003. 大学自治与退学处分——评最高行政法院九十一年度判字第四六七号判决［J］. 月旦法学杂志（3）.

李润洲. 2006. 实践逻辑：审视教育理论与实践的新视角［J］. 教育研究（5）.

李雅婷. 2011. 人民大学副教授称大学学生会成藏污纳垢之地［R/OL］. ［2011–10–04］. http://news. sina. com. cn/c/2011–10–04/090823256670. shtml.

李泽彧. 2001. 关于我国高等学校办学自主权的探讨［J］. 人民大学复印资料·高等教育（7）.

李喆. 2005. 2020年我国高等教育毛入学率将达到40%［R/OL］. ［2005–10–21］. http://www. sdpc. gov. cn/gzdt/t20051021_46228. htm.

李震山，等. 1993. 当代公法理论——翁岳生教授六秩诞辰祝寿论文集［M］. 台北：约旦出版社.

栗洪武，祁占勇. 2008. 滥用与规制：高校自由裁量权的法理透视［J］. 江苏高教（2）.

梁能. 2000. 公司治理结构：中国的实践与美国的经验［M］. 北京：中国人民大学出版社.

梁忠义. 2002. 比较教育专题［M］. 长春：东北师范大学出版社.

廖元豪. 2004. 法律保留与基本权保障之脱钩——评司"法院"大法官释字第563号解释［J］. 台湾地区本土法学（55）.

林惠云. 2000. "台湾"与德国大学自治权之比较研究［D］. 台北：国立暨南国际大学比较教育研究所硕士论文.

林纪东. 1980. 比较宪法［M］. 台北：五南图书出版股份有限公司.

刘北成．2003．以职业安全保障学术自由——美国终身教职的由来及争论［J］．美国研究（4）．

刘剑文．2005．高等教育体制改革中的法律问题研究［M］．北京：北京大学出版社．

刘丽琼．2002．论西方大学的教学［J］．清华大学教育研究（1）．

刘述礼，等，编．1993．梅贻琦教育论著选［M］．北京：人民教育出版社．

刘献君．2003．我国高校教师聘任制的特点及其实施策略选择［J］．高等教育研究（5）．

刘献君．2008．高校教师聘任制中的若干关系［J］．高等教育研究（3）．

刘香菊．2004．公立高校教师法律定位研究：回顾与展望［J］．现代大学教育（4）．

刘易斯·科塞．2006．理念人———一项社会学的考察［M］．郭方，等，译．北京：中央编译出版社．

柳志卿．2008．清华大学校长担忧青年教师买不起房致人才流失［R/OL］．［2008-03-06］．http://news.163.com/08/0306/05/46B1H07A000120GU.html.

龙叶明．2006．柏林大学：现代大学之父［J］．大学时代（4）．

卢晓中．2000．高等教育的学术自由与学术自治——兼论中国高等教育学术权力的提高［J］．有色金属高教研究（2）．

卢祖元，陆岸．2001．论高校和学生的双重法律关系［J］．苏州大学学报：哲学社会科学版（4）．

洛克．1982．政府论：下篇［M］．瞿菊农，叶启芳，译．北京：商务印书馆．

吕可红．2004．日本新一代大学启动——当前日本大学改革初探［J］．外国教育研究（9）．

马凤歧．2004．大学自治与学术自由［J］．高教探索（4）．

马怀德．2000a．公务法人问题研究［J］．中国法学（4）．

马怀德．2000b．行政制度建构与判例研究［M］．北京：中国政法大学出版社．

马俊驹．2004．法人制度的基本理论和立法问题探讨：上［J］．法学评论（4）．

马克·汉森．2005．教育管理与组织行为［M］．冯大鸣，译．上海：上海教育出版社．

马克思，恩格斯．1980．马克思恩格斯全集：46卷：下［M］．北京：人民出版社．

马万华．2004．从伯克利到北大清华——中美公立研究型大学建设与运行［M］．北京：教育科学出版社．

马彦利，胡寿平．2010．高校共同治理及其对完善中国特色现代大学制度的启示［J］．复旦教育论坛（3）．

梅尔茨. 1999. 19 世纪欧洲思想史：第一卷 [M]. 周昌忠，译. 北京：商务印书馆.

梅慎实. 1996. 现代公司机关权力构造论 [M]. 北京：中国政法大学出版社.

孟德斯鸠. 1961. 论法的精神：上册 [M]. 张雁深，译. 北京：商务印书馆.

闵维方. 2002. 中国高等教育运行机制 [M]. 北京：人民教育出版社.

欧阳教，黄政杰. 1994. 大学教育的理想 [M]. 台北：师大书苑有限公司.

帕森斯. 1988. 现代社会的结构与过程 [M]. 梁向阳，译. 北京：光明日报出版社.

潘懋元. 2003. 中国高等教育百年 [M]. 广东：广东教育出版社.

彭虹斌. 2002. 西方五国大学自治的演变及特征 [J]. 湘潭师范学院学报 (4).

彭宇文. 2006. 中国高校法人治理结构研究 [M]. 北京：中国社会科学出版社.

祁占勇，陈鹏. 2008. 治理理论语境下政府与高校关系的"善治" [J]. 中国高教研究 (5).

祁占勇，陈鹏. 2009a. 高校招生权的法律性质与司法审查——对"罗彩霞事件"的行政法透视 [J]. 高等教育研究 (9).

祁占勇，陈鹏. 2009b. 我国高校教师聘任制的困境与理性选择 [J]. 陕西师范大学学报：哲学社会科学版 (4).

祁占勇. 2005. 解构与重构：我国公立高校与政府的行政法律关系 [J]. 高等教育研究 (10).

祁占勇. 2006. 高校内部规则的法理探讨 [J]. 高等工程教育研究 (3).

祁占勇. 2007. 高校处分权的法律缺失及其可诉性探讨 [J]. 高教探索 (1).

祁占勇. 2009a. 高校教师聘任合同法律性质的论争及其现实路径 [J]. 高教探索 (3).

祁占勇. 2009b. 现代大学制度的法律重构 [M]. 北京：中国社会科学出版社.

祁占勇. 2009c. 遮蔽与解蔽：我国公立高校法律地位的合法性探讨 [J]. 江苏高教 (4).

祁占勇. 2010. 高等学校内部治理结构的完善与办学自主权的实现 [J]. 陕西师范大学学报：哲学社会科学版 (4).

祁占勇. 2011a. 高等学校学术权力本位治理结构的现实困境与逻辑路向 [J]. 高等教育研究 (2).

祁占勇. 2011b. 现代大学制度基本特征的法律透视 [J]. 国家教育行政学院学报 (4).

祁占勇. 2011c. 现代大学制度应体现法治精神 [J]. 复旦教育论坛 (1).

钱理群，高原东. 2003. 中国大学的问题与改革 [M]. 北京：人民出版社.

秦毅. 2004. 高校学生权力的探索 [J]. 扬州大学学报：高等教育研究版 (6).

屈满学. 2005. 高等学校与教师间的法律关系及我国教师聘任制度的完善 [J]. 国际商务对外经济贸易大学学报 (6).

瞿葆奎. 1988. 教育学文集·教学：中 [M]. 北京：人民教育出版社.

全国人民代表大会常务委员会. 2001. 中华人民共和国工会法 [M]. 北京：中国法制出版社.

三民书局. 1996. 大法官会议解释汇编 [M]. 台北：三民书局印行.

申素平. 1997. 试论高等学校法人地位问题 [J]. 高等师范教育研究 (4).

申素平. 2001. 中国公立高等学校法律地位研究 [D]. 北京：北京师范大学研究生院.

申素平. 2003a. 公立高等学校与政府的分权理论 [J]. 比较教育研究 (8).

申素平. 2003b. 尽快理顺高校和学生的法律关系 [J]. 中国高等教育 (17).

沈岿. 1999. 平衡论：一种行政法认知模式 [M]. 北京：北京大学出版社.

沈芸. 2004. 教职工代表大会制度的权利边界 [J]. 当代教育科学 (20).

沈宗灵. 2003. 法理学 [M]. 北京：北京大学出版社.

施瓦茨. 1986. 行政法 [M]. 徐炳，译. 北京：群众出版社.

石述思. 2009. 教育部百位"高校教学名师"九成有行政职务 [EB/OL]. [2009-09-11]. http://news.163.com/09/0911/01/5IT3LE990001124J.html.

石正义，蔡琼. 2002. 论学校的两种主体主体资格 [J]. 咸宁师专学报 (10).

史蒂芬·霍尔姆斯，等. 2004. 权利的成本——为什么自由依赖于税 [M]. 毕竞悦，译. 北京：北京大学出版社.

世界银行，联合国教科文组织高等教育与社会特别工作组. 2001. 发展中国家的高等教育：危机与出路 [M]. 蒋凯，主译. 北京：教育科学出版社.

室井力. 1968. 特别权力关系论 [M]. 东京：劲草书房.

斯蒂芬·J. 鲍尔. 2002. 教育改革——批判和后结构主义的视角 [M]. 侯定凯，译. 上海：华东师范大学出版社.

苏力，等. 1999. 规制与发展——第三部门的法律环境 [M]. 杭州：浙江人民出版社.

孙海华，雷宇，叶铁桥. 2009. 西安交大长江学者状告老师侵犯名誉权案再度开庭 [R/OL]. [2009-08-01]. http://www.chinanews.com.cn/edu/edu-xyztc/news/2009/08-01/1799959.shtml.

孙学华. 2005. 论高等院校工会的法律地位 [J]. 云南师范大学学报 (3).

覃壮才. 2005. 我国公立高度学校法人治理结构的基本模型探析 [J]. 教育学报 (4).

唐纳德·肯尼迪. 2002. 学术责任 [M]. 阎凤桥，等，译. 北京：新华出版社.

唐宁. 2006. 高校人力资源管理若干热点问题的经济分析 [J]. 厦门理工学院学报（3）.

唐玉光，薛天祥. 1994. 大学自治与高校办学自主权 [J]. 上海高教研究（4）.

陶行知. 1991. 陶行知全集：第一卷 [M]. 成都：四川教育出版社.

陶行知. 1996. 中国教育改造 [M]. 北京：东方出版社.

陶然. 1994. 中国教师百科全书 [M]. 北京：中国国际广播出版社.

汪启疆. 2001. 法治——中国市场经济的独特视角 [M]. 北京：群众出版社.

王保树. 2002. 商事法论集：第6卷 [M]. 北京：法律出版社.

王德耀，薛天祥. 1994. 略论大学自治 [J]. 上海高教研究（2）.

王建华. 2004. 走向第三部门的高等教育 [J]. 比较教育研究（6）.

王军. 1997. 可持续发展 [M]. 北京：中国发展出版社.

王名扬. 1995. 美国行政 [M]. 北京：中国法制出版社.

王绍光. 1999. 多元与统一：第三部门国际比较研究 [M]. 杭州：浙江人民出版社.

王伟. 2009. 我国学术自由的宪法规范分析 [J]. 前沿（7）.

王一兵. 2001. 大学自主与大学法人化的新诉求——全球化知识经济带来的挑战 [J]. 高等教育研究（3）.

威廉·韦德. 1996. 行政法 [M]. 徐炳，译. 北京：中国大百科全书出版社.

魏晓青. 2010. 美国《科学》杂志主编：中国论文被拒最多 [R/OL]. [2010-10-12]. http://www.cnxz.com.cn/newscenter/2010/2010101231587.shtml.

魏振瀛. 2000. 民法学 [M]. 北京：北京大学出版社.

邬大光，王建华. 第三部门视野中的高等教育 [J]. 高等教育研究（2）.

巫春华. 2005. 高等学校非行政化：国际经验与对策 [J]. 高等教育研究（8）.

吴开华，覃伟桥. 2002. 论教师聘任制的法律性质 [J]. 教育评论（5）.

吴全华. 2002. 我国教师资格制度的法制化进程 [J]. 当代中国史研究（1）.

夏征农. 1989. 辞海：缩印本 [M]. 上海：上海辞书出版社.

肖建国，林志强. 2004. 法治视野中的高校学生工作 [J]. 青少年犯罪问题（5）.

肖雪慧. 2000. 教育：必要的乌托邦 [J]. 社会科学论坛（7）.

肖远军，高振强. 2000. 试论学校法人 [J]. 宁波教育学院学报（9）.

萧榕. 1997. 世界著名法典选编：宪法卷 [M]. 北京：中国民主法制出版社.

谢晖. 1994. 论权力与权利界分及其对我国改革的意义 [J]. 天津社会科学（2）.

谢瑞智. 1996. 教育法学：增订版 [M]. 台北：文笙书局.

熊庆年. 2002. 大学法人化趋势与我们的对策 [J]. 江苏高等教育（4）.

熊跃根. 2001. 转型经济国家中"第三部门"的发展：对中国现实的解释［J］. 社会学研究（1）.

徐勇. 2005. 法制视角下的高校教师聘任制［J］. 国家教育行政学院学报（4）.

许建领. 2001. 论大学学术权力扩张的可能与限度［J］. 江苏高教（3）.

亚伯拉罕·弗莱克斯纳. 2001. 现代大学论——美英德大学研究［M］. 徐辉，等，译. 杭州：浙江教育出版社.

严海良. 2005. 学术自由、大学自治与宪政［J］. 学术论坛（2）.

杨东平. 2005. 现代大学制度的形成、演变和创新［J］. 国家教育行政学院学报（5）.

杨汉平. 2001. 教师与学校权益法律保护［M］. 北京：西苑出版社.

姚金菊. 2007. 转型期的大学法制——简论我国大学法的制定［M］. 北京：中国法制出版社.

叶必丰. 2002. 行政法学［M］. 武汉：武汉大学出版社.

易运升. 1998. 西学东渐与自由意识［M］. 长沙：湖南人民出版社.

殷建光. 2005. 教师呼唤货真价实的教代会［R/OL］.［2005 - 10 - 12］. http//education.163.com/edu2004/school/040608_141171.html.

尹力. 2001. 以法治教下的新人才观［J］. 清华大学教育研究（2）.

应松年. 2003. 非政府组织的若干法律问题［J］. 北京联合大学学报：人文社会科学版（1）.

原春琳. 2003. 大学堂震荡：北京大学人事制度改革启幕［J］. 人才瞭望（36）.

约翰·布鲁贝克. 1998. 高等教育哲学［M］. 王承绪，等，译. 杭州：浙江教育出版社.

约翰·穆勒. 1982. 论自由［M］. 严复，译. 北京：商务印书馆.

湛中乐，韩春晖. 2005. 论大陆公立大学自主权的内在结构——结合北京大学的历史变迁分析［J］. 教育管理研究（3）.

湛中乐. 2003. 高等教育与行政诉讼［M］. 北京：北京大学出版社.

湛中乐. 2006. 大学自治、自律与他律［M］. 北京：北京大学出版社.

张斌贤，李子江. 2003. 论学术自由在美国的制度化历程［J］. 沈阳师范大学学报：社会科学版（5）.

张弛，韩强. 2005. 学校法律治理研究［M］. 上海：上海交通大学出版社.

张楚廷. 2001. 品味大学的品位［J］. 高等教育研究（4）.

张海民. 2010. 基于学术主导的高等学校权力运行机制探析——兼评大学行政化［J］. 江苏高等教育（5）.

张俊宗. 2004. 现代大学制度：高等教育改革与发展的时代回应［M］. 北京：中

国社会科学出版社.

张立驰. 2005. 试论高校学生会、学生社团组织的差异及对其成员的影响 [J]. 学校党建与思想教育 (11).

张立文. 1996. 和合学概论——21 世纪文化战略的构想：上卷 [M]. 北京：首都师范大学出版社.

张庆福. 1999. 宪政论丛：第 1 卷 [M]. 北京：北京大学出版社.

张维平. 2000. 教育法学基础 [M]. 沈阳：辽宁大学出版社.

张维迎. 2004. 大学的逻辑 [M]. 北京：北京大学出版社.

张文山，等. 2005. 自治权理论与自治条例研究 [M]. 北京：法律出版社.

张文显. 1999. 法理学 [M]. 北京：高等教育出版社，北京大学出版社.

张雪蓉. 2006. 1920 年代我国现代大学学生自治制度研究——以国立东南大学为中心 [J]. 教育学研究 (12).

张应强. 2001. 大学管理思想现代化研究 [J]. 高等教育研究 (4).

张应强. 2006. 把大学当做学术组织来建设和管理 [J]. 中国高等教育 (19).

张永庆. 2005. 大学生自治的理念与实践 [D]. 武汉：华中师范大学研究生院.

赵承. 2010-02-02. 温家宝总理：一所好的大学在于有自己独特的灵魂 [N]. 光明日报.

赵庆典. 2000. 我国高校教师职务制度 50 年回顾与展望 [J]. 江苏高等教育 (2).

中国教育事典编辑委员会. 1994. 中国教育事典：中等教育卷 [M]. 石家庄：河北教育出版社.

中华全国总工会，中共中央文献研究室. 2002. 毛泽东、邓小平、江泽民论工人阶级和工会工作 [M]. 北京：中央文献出版社.

周辅成. 1964. 西方伦理学名著选辑：下册 [M]. 北京：商务印书馆.

周光礼. 2003a. 高校教师聘任制度与教师权益法律保护 [J]. 高等教育研究 (5).

周光礼. 2003b. 学术自由的实现与现代大学制度的建构 [J]. 学术界 (2).

周光礼. 2005a. 教育与法律——中国教育关系的变革 [M]. 北京：社会科学文献出版社.

周光礼. 2005b. 学习自由的法学透视 [J]. 高等工程教育研究 (5).

周小明. 1996. 信托制度比较法研究 [M]. 北京：法律出版社.

周远清. 2001. 21 世纪中国的高等教育 [M]. 北京：高等教育出版社.

周志宏. 1989. 学术自由与大学法 [M]. 台北：蔚理法律事务所.

周作宇. 2001. 美国终身教授制的变迁与启示 [J]. 高等教育研究 (1).

朱建华. 2010. 博士质量报告披露半数导师每月指导学生不超两次 [R/OL]. [2010-12-07]. http://www.edu.cn/gao_jiao_news_367/20101207/t20101207_549416.shtml.

Abraham Flexner. 1930. Universities: American, English, German [M]. Oxford: Oxford University Press.

Alan B. Cobban. 1975. The medieval universities: their development and organization [M]. London: Methuen & CoLtd.

Alan B. Cobban. 1990. Universities in the Middle Ages [M]. Liverpool: Liverpool University Press.

Brody Alexander. 1986. The American State & Higher-Education T. H. Aston, The University as a Corporate Body: The History of Oxford: I [M]. Oxford: Charendon Press.

C. Kerr, M. Gade. 1986. The Many Lives of Academic Presidents: Time, Place and Character [M]. Washington D. C. : Association of Governing Boards of Universities and Colleges.

D. Bol. 1983. Higher Learning [M]. Cambridge Mass. : Harvard University Press.

D. J. Farrington. 2006. The law of higher education [M]. Oxford: Oxford University Press.

Dennis A. Rondinelli. 1981. Government Decentralization in Comparative Perspective: Theory and Practice in Developing Coutries [J]. International Review of Administrative Science (47): 133–145.

Donald Willower. 1984. School Principals, School Culture and School Improvement [J]. Educational Horizons (63).

Duryea Edwin D.. 2002. The Academic Corporation: A History of College & University Governing Board [M]. New York: Falmer Press.

Ketleen Florestal, Rob Cooper M. 1997. Decentralization of education: Legal Issues [M]. Washington D. C. : World Bank.

Kezar A, Lester J. G.. 2006. Challenging Stereotypes that Interfere with Effective Governance [J]. Thought & Action, 22 (2): 121–134.

North. D.. 1990. Institutions, Institutional Change and Economic Performance [M]. Cambridge: Cambridge University Press.

Paolo Nardi, Relation with Authority, Hilder De Riddler-Symoens, ed. 1992. The Universities in the Middle Ages [M]. London: Cambridge University Press.

R. E. Kelly. 1999. The Power of Followership [M]. New York: Doubleday.

See Henry Hansmann. 1980. The Role of Nonprofit Enterprise [J]. Yale Law Journal (89): 840–845.

See James J. , Fishman, Stephen Schwarz. 2000. Nonprofit Organization: Case and Materials: Second Edition [M]. New York: Foundation Press.

T. H. Aston. 1986. The University as a Corporate Body: The History of Oxford : I [M]. Oxford: Charendon Press.

Terrence J. Mac Taggart. 1998. Seeking Excellence Through Independence [M]. San Francisco: Jossey-Bass Publishers.

Thorndike Lynn. 1944. University Record & Life in the Middle Ages [M]. New York: Columbia University Press.

Verger J, Patterns. 1996. In Hilde De Ridder-Symones. Ed. A History of the University in Europe. Volume 1. University in the Middle Ages [M]. London: Cambridge University Press.

Willard Lane, Ronald Corwin, William Monahan, 1996. Foundations of Educational Administration: A Behavioral Analysis [M]. New York: Macmillan.

后　记

　　本书是教育部人文社会科学研究青年基金项目"现代大学制度视域下的我国公立高等学校法人内部治理结构研究"（项目编号：09YJC880066）的最终研究成果。

　　在课题研究过程中，恰逢《国家中长期教育改革和发展规划纲要（2010—2020年）》（以下简称《教育规划纲要》）颁布。《教育规划纲要》第四十条明确指出要"完善中国特色现代大学制度"，并指出要"完善治理结构。公办高等学校要坚持和完善党委领导下的校长负责制。健全议事规则与决策程序，依法落实党委、校长职权。完善大学校长选拔任用办法。充分发挥学术委员会在学科建设、学术评价、学术发展中的重要作用。探索教授治学的有效途径，充分发挥教授在教学、学术研究和学校管理中的作用。加强教职工代表大会、学生代表大会建设，发挥群众团体的作用。"《教育规划纲要》的颁布是新世纪以来中国教育改革与发展的重大里程碑事件，不仅为中国未来十年的教育发展指明了前进的方向，而且为研究者反思中国教育问题提供了基本的政策文本。

　　本课题研究根植于中国高等教育发展中的"现代大学制度"问题，从法人治理结构的视角，对高等学校法人内部治理结构进行了研究，既符合中国高等教育改革与发展的趋势，也是对中国重大高等教育政策的回应，具有强烈的时代感、紧迫感和责任感。事实上，建设适合中国国情的、有中国特色的现代大学制度，是当前我国高等教育面临的重要制度创新，是对高等教育领域内权力利益再分割与权利资源再确认的解构与建构。虽然对中国特色现代大学制度可以从不同视野和维度进行研究，但在中国特色社会主义法治体系基本形成之际，如何从法律视角审视现代大学制度建设则既是实践的客观要求也是研究者的理性选择。解决现代大学遭遇的制度性障碍需要法治精神的支撑，建立和完善现代大学制度，不仅关系着我国高等教育管理体制改革的进程，而且关系着高校法律地位与法人地位的完善与落实，更与高校内部管理制度的健全、高校依法办学、创建和谐的法治校园密切相关。法律视野下现代大学制度建构的核心内容是高等学校法人内部治理结构。高等学校法人内部治理结构主要研究在所有权与办学权分离的基础上产生的权利配置和权利运行机制的构造问题，即高等学校法人各权利主体之间的权利配置与权利运行机制问题，它是现代大学制度建设的核心内容之一。

如果说本课题研究有所创新和建树的话，主要体现在研究从解读《教育法》、《高等教育法》及其他法律、法规和规章中有关高校法人内部治理结构的相关条款入手，对高校法律地位、高校法人内部治理结构的法律依据、高校法人治理的目标、高校法人内部治理结构的独特性、党委领导下的校长负责制与高校法人治理的相容性、校务委员会与校长的权限边界、学术委员会的功能定位等核心问题进行了研究，从而构建权力相互制衡的以学术权力为本的高校法人内部治理结构模式，为完善我国现行教育法律、法规提供法律依据和理论支撑。

在课题研究过程中，非常感谢我在硕士、博士研究生期间的导师栗洪武教授和陈鹏教授。老师不仅是我学术道路上的引路人，更是我生活工作上的帮助者。老师为人正直、与人为善，为学严肃认真、精益求精，为事一丝不苟、注重细节。老师身上散发出的智慧光芒是我为人、为学、为事学习的楷模，我将在今后的人生历程中时刻铭记导师的教导，"虽不能至，但心向往之"。感谢陕西师范大学教育学院院长郝文武教授，本书的出版直接得益于他所提供的直接经费支持。感谢我的爱人张旸，她对家庭的付出和奉献为我的学习和研究提供了衣食无忧的舒适条件。

感谢陕西师范大学"教师教育优势学科创新平台建设项目"和"'211工程'重点学科建设项目"的大力支持，将本书纳入"教育科学研究新视野"丛书，为本书提供了出版的机会。感谢"陕西师范大学优秀著作出版基金"的资助。

　　感谢教育科学出版社学术著作编辑部主任刘明堂先生和责任编辑夏辉映先生等为本书出版所付出的辛勤劳动。

　　"路漫漫其修远兮，吾将上下而求索"。由于个人学术水平和能力所限，书中肯定还存在着诸多不足与谬误，希望大家不吝赐教。

祁占勇

2012 年 10 月

出 版 人　所广一
责任编辑　夏辉映
版式设计　孙欢欢
责任校对　贾静芳
责任印制　曲凤玲

图书在版编目（CIP）数据

高等学校法人内部治理结构研究/祁占勇著. —北京：
教育科学出版社，2012.12
（教育科学研究新视野）
ISBN 978-7-5041-7101-6

Ⅰ．①高…　Ⅱ．①祁…　Ⅲ．①公立学校—高等学校—
法人治理结构—研究—中国　Ⅳ．①G647.22

中国版本图书馆 CIP 数据核字（2012）第 263274 号

教育科学研究新视野
高等学校法人内部治理结构研究
GAODENG XUEXIAO FAREN NEIBU ZHILI JIEGOU YANJIU

出版发行	*教育科学出版社*			
社　　址	北京·朝阳区安慧北里安园甲9号	市场部电话	010-64989009
邮　　编	100101	编辑部电话	010-64989363
传　　真	010-64891796	网　　址	http://www.esph.com.cn
经　　销	各地新华书店			
制　　作	北京鑫华印前科技有限公司			
印　　刷	保定市中画美凯印刷有限公司			
开　　本	169毫米×239毫米　16开	版　　次	2012年12月第1版
印　　张	18.5	印　　次	2012年12月第1次印刷
字　　数	293千	定　　价	45.00元